MEMORIA COLONIAL E INMIGRACIÓN:
LA NEGRITUD EN LA ESPAÑA POSFRANQUISTA

Serie General Universitaria - 64

ROSALÍA CORNEJO PARRIEGO (ED.)

MEMORIA COLONIAL
E INMIGRACIÓN:
LA NEGRITUD EN LA ESPAÑA
POSFRANQUISTA

edicions bellaterra

Diseño de la cubierta: Joaquín Monclús

© Rosalía Cornejo Parriego, 2007

© del prólogo, Juan Goytisolo, 2007

© Edicions Bellaterra, S.L., 2007
Navas de Tolosa, 289 bis. 08026 Barcelona
www.ed-bellaterra.com

Quedan rigurosamente prohibidas, sin la autorización escrita de los titulares del copyright, bajo las sanciones establecidas en las leyes, la reproducción total o parcial de esta obra por cualquier medio o procedimiento, comprendidos la reprografía y el tratamiento informático, y la distribución de ejemplares de ella mediante alquiler o préstamo públicos.

Impreso en España
Printed in Spain

ISBN: 978-84-7290-358-6
Depósito Legal: B. 14.544-2007

Impreso por Romanyà Valls. Capellades (Barcelona)

*Para mi familia, de aquí y de allá,
que con tanta gracia
tantas fronteras ha cruzado.*

Índice

Agradecimientos, 11

Prólogo, *Juan Goytisolo*, 13

Introducción: De la mirada colonial a las diferencias combinables, *Rosalía Cornejo Parriego*, 17
  Hacia una España más oscura, 17 • Memoria colonial, 21 • Miradas africanistas, 26 • Miradas transnacionales, 29 • Hacia las miradas éticas y las diferencias combinables, 33

PRIMERA PARTE
Memoria colonial

1. «Americanos», indianos, mulatas y Otros: Cataluña y Cuba entre el deseo colonial y la nostalgia imperial, *Galina Bakhtiarova*, 39

2. De *Cristo negro* a Cristo hueco: formulaciones de raza y religión en la Guinea española, *Susan Martin-Márquez*, 53

SEGUNDA PARTE
Miradas africanistas

3. «No somos unos zulús»: música de masas, inmigración negra y cultura española contemporánea, *Jorge Marí*, 81

4. Paseo con la negra flor: sujetos subalternos en la canción popular de la «movida», *Alberto Villamandos*, 103

5. Masculinidad y negritud en *Se buscan fulmontis*, de Álex Calvo-Sotelo, *Salvador Oropesa*, 125

TERCERA PARTE
Miradas transnacionales

6. Desde la mirada oscura: geografías fílmicas de la inmigración en España, *Olga López Cotín*, 143

7. Migración, racismo e identidad cultural dominicana en *Flores de otro mundo*, de Icíar Bollaín, *Fernando Valerio-Holguín*, 157

8. El proceso de construcción de la otredad en *Las voces del Estrecho* y *Las cartas de Alou*, *Simplice Boyogueno*, 167

9. Alianzas marginales entre Camerún y Galicia: el discurso contestatario del inmigrante africano en *Calella sen saída*, de Víctor Omgbá, *María P. Tajes*, 191

CUARTA PARTE
Miradas éticas

10. ¿Miradas éticas o fascistas? Representaciones de inmigrantes africanos en *Salvajes* y *Poniente*, *Dosinda García-Alvite*, 217

11. Lucrecia Pérez en el imaginario cultural de España: del racismo a la ética del perdón, *Silvia Bermúdez*, 239

Bibliografía, 251

Colaboradores, 267

Índice onomástico, 271

Agradecimientos

Como hija de una pareja que, al igual que muchos españoles, hizo las maletas y se marchó a Alemania en los años sesenta, que creció rodeada de vecinos y amigos turcos, griegos y alemanes, que en la actualidad vive a caballo entre Estados Unidos, Canadá y España y que posee, además, una familia muy variopinta, este libro no constituye para mí un trabajo académico cualquiera. El cruce de fronteras, las percepciones de la inmigración, la transnacionalidad, distan mucho de constituir un objeto de investigación lejano, experiencia que sin duda comparten la mayoría de las personas que han participado en este proyecto, y que son las primeras a las que quiero dar las gracias por unos trabajos en los que el apasionamiento se combina con el rigor crítico. Me gustaría destacar en especial la entusiasta colaboración de Simplice Boyogueno que, lamentablemente, falleció en enero de 2007, sin llegar a ver el libro publicado. También quiero expresar mi agradecimiento a Josefina Cornejo, por su excelente traducción de dos de los capítulos, y a Alberto Villamandos, por la lectura del texto completo y su valiosa ayuda editorial. Gracias, asimismo, a la Facultad de Artes de la Universidad de Ottawa por la subvención que me concedió para hacer posible esta edición. Por otra parte, todos los que hemos colaborado en este libro deseamos expresar nuestra profunda gratitud a Juan Goytisolo por el honor de poder contar con unas palabras suyas como prólogo, pero, ante todo, por ser un imprescindible referente de reflexión ética en el mundo intelectual español.

Quisiera también que este libro fuera un tributo a aquellas personas que forman parte de mis primeros recuerdos de emigrante y que de manera indirecta lo han inspirado. Para Margarete Funke, por su casa siempre tan acogedora y sus visitas de los sábados; para Eugen Funke, que me regaló un libro de aventuras; para Edeltraud Suchanek, mi vivaracha y guapísima maestra de primaria; y para Sophia Konstantinidou, Neijla Cabukogullari y Sabine Raschka, de cuya fidelidad a lo largo de los años no me queda la menor duda. De manera especial quiero expresar mi agradecimiento a Hilde y Heinrich Schumacher (a éste, *in memoriam*): su vitalismo, su generosidad, su genuino interés y respeto por las diferencias culturales, su espíritu progresista y viajero, que han mantenido más allá de los noventa años cumplidos, siempre han sido, y seguirán siendo, un ejemplo de conducta y motivo de inspiración.

Termino con el el deseo de que tantas personas que están situadas entre naciones, razas, comunidades étnicas y religiones, sean conscientes del profundo privilegio que esto entraña. Va por vosotros, Alejandro y Andrea.

Prólogo

Juan Goytisolo

En su introducción al volumen colectivo *Memoria colonial e inmigración: la negritud en la España posfranquista*, Rosalía Cornejo Parriego apunta con acierto a una paradoja: cuando, tras más de dos siglos de esfuerzo de nuestros ilustrados, liberales y demócratas por entrar en el concierto de naciones europeas y dejar atrás lo de *l'Afrique commence aux Pyrénées*, la España uniformemente blanca y cristiana entra, en 1986, en la Europa comunitaria, ésta es un continente «coloreado» y mestizo, poblado por millones de inmigrantes oriundos de África y el subcontinente indostánico, amén de los descendientes de esclavos de las antiguas colonias de Francia, Inglaterra y Holanda en las Antillas. Ese fenómeno —para alguien educado como yo en la convivencia multiétnica del barrio parisiense en el que viví por espacio de cuarenta años— llamó mi atención a mi regreso a España a la muerte del dictador. La sociedad hispana, homogénea y blanca, me pareció anacrónica y desaborida: ¡sólo se veían «rostros pálidos»! Años después, con motivo de la recepción del premio Europalia, coincidiendo con la entrada de España en la Unión Europea, expuse mi convicción de que esos nuevos europeos que asimilaban la cultura del país en el que vivían sin dejar por ello la propia —«sumar, siempre sumar», decía Gaudí— serían a la larga europeos en más. Frente al etnocentrismo reinante en muchos sectores de la sociedad, incluso entre gente culta y supuestamente liberal, defendí mi experiencia personal fundada en la heterogeneidad y el hibridismo, mi esfuerzo por acercarme a otras culturas y aprender en París el árabe magrebí y el turco.

Desde entonces, las cosas han cambiado por completo, y España, país tradicional de emigración, se ha convertido en otro, en el que la población inmigrante se ajusta a la media europea. Los magrebíes, subsaharianos, paquistaníes, iberoamericanos y rumanos forman parte no sólo del paisaje urbano de Madrid, Barcelona o Valencia, sino de las zonas de agricultura intensiva, de monocultivo y de pastoreo. España ha «oscurecido», presenta una faz mucho más morena que hace cinco o diez años. La transformación ha sido espectacular y provoca tensiones y fenómenos de rechazo. «¿Quién nos iba a decir, me comentó un vecino del Raval, que el tendero de la esquina sería de Pakistán, el carnicero de Marruecos y el vendedor de la tienda de electrodomésticos de Senegal o de Ghana?» La pesadilla del protagonista de mi novela *Paisajes después de la batalla* al verificar que «África empieza en los bulevares» es una realidad en España, después de haberlo sido en Francia, Bélgica, Inglaterra, Alemania u Holanda. Los niños de padres malienses hablan catalán y, según me contó un testigo, quien mejor marcaba el compás de las sardanas en la playa de Viladrau ¡era un nigeriano!

Nuestras identidades castizas han saltado en añicos y suscitado el retorno de lo reprimido: las expulsiones de 1492 y 1609, las pragmáticas contra los gitanos, el recuerdo traumático de la esclavitud que enriqueció a los indianos. Junto a ello, la reaparición de los viejos clisés racistas, la xenofobia ordinaria del ciudadano medio, la predecible aversión al islam. España es ya una nación europea como las demás.

El conjunto de ensayos editados por Rosalía Cornejo Parriego abordan el vasto campo de esta temática: la memoria colonial (incluida la de la antigua Guinea española, esclavizada luego por Macías y Teodoro Obiang); las miradas africanistas (con sus estereotipos y prejuicios); las visiones transnacionales (con el discurso contestatario del escritor camerunés Víctor Omgbá), la reflexión ética. La lectura de los trabajos universitarios que integran el volumen refleja, desde prismas distintos, la profundidad de los cambios sociales y culturales de España en los comienzos del nuevo milenio. La reciente llegada de decenas de millares de africanos a las costas canarias ilustra de forma dramática las desigualdades brutales de una globalización en la que circulan sin trabas capitales y bienes, pero no nuestros semejantes.

Sólo la lucha eficaz contra el hambre, las pandemias y la cleptocracia que asuelan y expolian el continente vecino y afectan a centenares de millones de africanos puede parar su tentativa desesperada de escapar de la miseria. Entre tanto, no me cabe la menor duda de que la nueva España del siglo XXI «oscurecerá» más y más.

Introducción
De la mirada colonial a las diferencias combinables

Rosalía Cornejo Parriego

> Un mundo interdependiente y multicultural es un mundo de identidades comunicables o es un mundo en pie de guerra. Y una España viable sólo puede ser identitariamente plural y fundida en una Europa multiétnica. Volver a las esencias imperiales es invitar a una danza de muerte»
>
> MANUEL CASTELLS, *El poder de la identidad*
>
> Cide Hamete Benengeli, autor arábigo y manchego
>
> MIGUEL DE CERVANTES, *Don Quijote de la Mancha*

Hacia una España más oscura

En el prefacio a *Blackening Europe*, Paul Gilroy afirma que la sinonimia de los términos «europeo» y «blanco» se ha hecho insostenible en la actualidad (p. xii). Con las sucesivas olas de inmigración de las antiguas colonias y de la Europa meridional[1] y, más recientemente, los múltiples desplazamientos propiciados por la globalización, es evidente que Europa ha ido experimentando un progresivo «oscurecimiento» a lo largo de los siglos XX y XXI. En esta aldea global en la que las fronteras se tambalean y las demarcaciones de Primer-Tercer Mundo se muestran inestables y a menudo imbricadas, Europa ha pasado de poseer una identidad segura, cómodamente instalada sobre «tradiciones inventadas y comunidades imaginadas» a convertirse en una inquietante e inestable entidad política, económica y cultural caracterizada por la fluidez y el dinamismo (Tawadros, p. 9). De ahí, como proponen Salah Hassan e Iftikhar Dadi en *Unpacking Europe*, la necesidad de examinar las contradicciones entre las narrativas oficiales homogeneizadoras y la experiencia concreta de la vida urbana donde hace tiempo que imperan la heterogeneidad y el hibridismo. En ese contexto, el concepto de «migrante poscolonial» representa para

---

1. Merece la pena destacar la frontera de color que separa la Europa nórdica y central, la Europa próspera y rubia, de la Europa meridional, morena, tradicionalmente más pobre y por eso exportadora de emigrantes hasta hace pocas décadas.

Gilroy un anacronismo vinculado a la pérdida de un pasado imperial que debe eliminarse de la cultura europea: «We need to conjure up a future in which black Europeans stop being seen as migrants» (Gilroy, Foreword, p. xxi). En el caso de España, todo este proceso aparece marcado por una profunda ironía. Tras una larga aspiración a la europeización, convertida ésta en verdadera utopía fundacional (Delgado, p. 211) por encarnar la modernidad y constituir la vía para escapar al atraso y la acusación de que África comienza en los Pirineos, la entrada de España en la Comunidad Europea en 1985, después de una dictadura de cuarenta años, supone la realización de un sueño.[2] La conversión en nuevos europeos (y nuevos ricos, apostilla Juan Goytisolo no sin sarcasmo),[3] permite un fundamental desplazamiento en el imaginario español: «otros son ahora los marginales, los no-europeos, los "verdaderos" africanos» (Delgado, p. 211). Este complejo proceso de redefinición de la identidad nacional se caracteriza, por tanto, por un eurocentrismo, según observa Jorge Marí, que prefiere ignorar los lazos con Latinoamérica y África (cap. 3). Sin embargo, con la llegada de la democracia y pasar de ser un país de emisión a uno de acogida de emigrantes, la España oficialmente homogénea y monocultural desde la época de los Reyes Católicos se transforma en una sociedad plurirracial y pluricultural. Es decir, el blanqueamiento simbólico de la identidad española que aporta la europeización coincide, no sólo con el progresivo «oscurecimiento» de la población europea, en general, sino también, y aquí reside la ironía, con la aparición en el territorio nacional de individuos africanos que no dejan de interpelar y desconcertar a la cultura española, haciendo que el tema racial adquiera un protagonismo inusitado. En relación a esto, cabe recordar la aguda viñeta de Máximo aparecida en el periódico El País el 13 de julio del 2000 —año, asimismo, de los trágicos acontecimientos de El Ejido[4] —donde el imperativo «Africanicémonos» cubre todo un mapa

---

2. Para la problemática relación de la cultura española con el concepto de Europa, véase Torrecilla, *El tiempo y los márgenes*. De gran interés es el análisis que hace del pensamiento de Unamuno, que, en parte de su producción, reivindicó la africanía española frente a la europeización, pp. 164-172.
3. Véase su ensayo «Nuevos ricos, nuevos libres, nuevos europeos» en *El bosque de las letras*, pp. 223-232.
4. La muerte de una joven almeriense a manos de un joven marroquí en tratamiento psiquiátrico desencadenó tal ola de violencia contra los magrebíes de El Ejido (Al-

Introducción _____ 19

de la Península. La viñeta parece indicar que todos los esfuerzos de España por escapar de su africanidad han resultado vanos y que, a pesar de su «europeización», el fantasma de su «yo» africano (¿el regreso de lo reprimido?) sigue rondándola. Cambiar la perspectiva de Europa a África significa constatar, asimismo, la pertenencia de España a otra «comunidad imaginada», según indica Olga López Cotín (cap. 6): la comunidad multirracial y multiétnica que se establece alrededor del Mediterráneo. En esa comunidad se congregan los países europeos más «morenos» y más desfavorecidos del siglo XX y, por consiguiente, exportadores de emigrantes (Italia, Grecia, Turquía, etc.), y en ella, España se reencuentra con sus raíces semíticas, porque, como recuerda Eduardo Subirats, «las claves de la memoria medieval española ... hay que encontrarlas en Salónica o en Jerusalén, en Fez y en Marrakech, donde se refugiaron las lenguas y culturas que protagonizaron su renacimiento espiritual y científico» (*Memoria*, p. 17). Estas raíces semíticas se erigen, por otra parte, como el hecho diferencial de España frente al resto de naciones europeas.[5]

Tampoco puede olvidarse la pertenencia española a la comunidad constituida en torno al Atlántico, espacio fundacional, para Joseba Gabilondo, que permite hablar de un «Atlántico hispano» construido sobre los complejos vínculos existentes entre España y las naciones hispanoamericanas que datan de la expansión imperialista peninsular y que están adquiriendo nuevas dimensiones en la época de la globalización (Introduction, p. 93). Componentes clave de esta comunidad atlántica son los miembros de la diáspora africana, muchos de los cuales también están llegando al territorio nacional español. Es fundamental, por lo tanto, enfatizar la «multiposicionalidad» de la Península que lleva a encuentros y diálogos plurales y diversos con la alteridad negra.

---

mería), que aquellos acontecimientos se han convertido en un momento emblemático en la conciencia colectiva. En palabras de Goytisolo, los sentimientos que afloraron en la España del 2000 recuerdan «los de los cristianos viejos disfrazados de europeos nuevos» (*España y sus ejidos*, p. 39).
5. Subirats recuerda las siguientes palabras de Américo Castro en *España en su historia* y *La realidad histórica de España*, respectivamente: «La historia del resto de Europa puede entenderse sin necesidad de situar a los judíos en un primer término; la de España, no»; «[existen] maneras de vivir y de hablar españolas que carecen de sentido al ser privadas de su marco islámico» (en Subirats, *Memoria*, p. 163).

Partimos de que la negritud, como toda categoría racial, no constituye una esencia fija sino una construcción cultural de carácter fluido, inestable y abierto, que no impide, sin embargo, que los elementos que le dan visibilidad —el color de la piel, ante todo— no hayan desempeñado y desempeñen un papel fundamental. Como señala Anne McClintock en *Imperial Leather*, aunque se discrepe con la noción de raza como una esencia fija y trascendente, es innegable que la invención de las diferencias raciales ha tenido efectos perniciosos tangibles (p. 8). De ahí que en el séptimo capítulo, Fernando Valerio-Holguín, afirme que, mientras las diferencias culturales son negociables, las raciales (en cuanto a sus signos visibles), no lo son. No obstante, hablamos de una negritud plural, de una negritud que posee diversos orígenes geográficos y trayectorias históricas, que se define dialógicamente frente a distintos grupos étnicos y raciales y, por ello, constituye una noción que oscila a lo largo del tiempo. La inestabilidad de la categoría racial explica, por ejemplo, que los términos de «moro» y «negro» hayan tenido usos metonímicos intercambiables a lo largo de la historia, como señala Dosinda García-Alvite (cap. 10).[6] Por lo tanto, resulta fundamental destacar la heterogeneidad de la negritud para evitar caer en el estereotipo racista que homogeneiza y borra la individualidad, algo que acusa el escritor camerunés Víctor Omgbá en su novela *Calella sen saida* (Tajes, cap. 9) y de lo que con frecuencia adolecen las producciones culturales españolas, según lo muestran varios de los ensayos de este libro (Marí, Boyogueno, Villamandos).

Dada la relevancia cada vez mayor del tema racial en la sociedad española, el objetivo de esta colección de once ensayos es reflexionar sobre el encuentro de la cultura española posfranquista con un Yo/Otro negro, que puede ser de procedencia africana o americana, a través del análisis de textos literarios, fílmicos y musicales. Los ensayos permitirán comprobar que se trata de un encuentro marcado por el pasado histórico que sin duda es perturbador, conflictivo, ambiguo, pero, en ocasiones, también solidario. Conscientes de la complejidad del continente africano, a pesar de que se divida habitualmente a

---

6. Antonio Olliz-Boyd y Gabriel Asoanab Abudu al enfatizar la presencia negra en la España islámica también señalan el uso intercambiable de «moro» y «negro» en dicha época (p. 284).

grandes rasgos y de forma bastante simplificadora entre la zona magrebí y la subsahariana, este libro se centra de forma específica en el análisis del diálogo con los inmigrantes africanos negros llegados a España. Es decir, no tiene como objeto el estudio de la inmigración magrebí por sí misma. No obstante, como se verá en varias de las obras que se analizan, dicho deslinde es, en ocasiones, difíciles de realizar puesto que magrebíes y subsaharianos aparecen con frecuencia compartiendo espacios, símbolos, iconos, narrativas y lazos amistosos y solidarios.[7] Se aborda, asimismo, la inserción negra en España proveniente del Caribe que presenta importantes diferencias, aunque también semejanzas, respecto a la africana. En este caso, existen unas vinculaciones transatlánticas muy concretas que se manifiestan, entre otras cosas, en un *continuum* cultural y en una tradición literaria y musical compartida que llega hasta nuestros días, lo cual no impide que los inmigrantes hispanos negros se enfrenten a percepciones similares a las de los africanos.[8]

Los ensayos se han distribuido en cuatro partes que se corresponden a grandes rasgos con los apartados de esta introducción que aparecen a continuación. Dada la recurrencia de ciertos temas en varios de los capítulos, la distribución no deja de ser hasta cierto punto arbitraria. El mantenerla, a pesar de todo, obedece al deseo de enfatizar algunos aspectos que se consideran clave en la reflexión que se realiza a lo largo del libro.

Memoria colonial

El encuentro con África y la diáspora africana no constituye un fenómeno nuevo en la historia española. De hecho, este contacto se inició

---

7. Recuérdese, por ejemplo, la amistad que se establece entre Alou y Mucef en *Cartas de Alou*, película de la que se hablará más adelante. Sin duda, el tema de la solidaridad y los vínculos que se establecen entre subalternos de distinta procedencia en sociedades hegemónicas merece un estudio en profundidad, pero escapa a los objetivos de este libro.
8. Ejemplos de ese *continuum* son el entronque de las canciones de Radio Futura con la música afro-caribeña que constata Villamandos (cap. 4) y los vínculos de «Canción para Lucrecia», de Carlos Cano, con la poesía afro-antillana del cubano Nicolás Guillén o del portorriqueño Luis Palés Matos, a los que alude Bermúdez (cap. 11).

en la España medieval y continuó con la expansión imperial, colonización de América, y la consiguiente trata de esclavos, adquiriendo mayores proporciones y nuevas dimensiones. Asimismo, es importante reconocer con Eduardo Subirats, la conexión entre la violenta eliminación de la España plurirreligiosa, plurirracial y multiétnica con la que concluye la Edad Media y el comienzo de la construcción de la España imperial, hasta tal punto que puede entenderse «la llamada "Reconquista" como modelo fundacional de la "Conquista"» (Subirats, *Memoria*, p. 154).[9] El encuentro actual de la cultura española con individuos de la diáspora africana aparece, por tanto, inevitablemente marcado por las huellas de un pasado colonial e imperialista que se forjó mediante la profunda imbricación de los conceptos de nación, raza, género y clase. En palabras de McClintock, estos conceptos «come into existence *in and through* relation to each other- if in contradictory and conflictual ways ... they exist in intimate, recíproca and contradictory relations» (pp. 4-5).

En primer lugar, el pasado colonial inevitablemente interpela la identidad colectiva y el concepto de nación, planteando, como señala Paul Gilroy, los límites entre lo que él considera «sentimientos nacionales aceptables» y el «racismo xenofóbico», y la necesidad de una fundamental reflexión: «We must find de courage to reflect on the history of political nationalism that has been entangled with the ideas of race, culture, and civilization, and to understand how Europe's imperial and colonial dominance brought racisms and nationalisms together in ways that still impact upon present conditions» (Foreword, pp. xvii-xviii). Evidentemente se trata de un proceso incómodo, inquietante y doloroso que desestabiliza, en ocasiones, nuestros más profundos convencimientos y firmes principios. En ese sentido, cabe recordar el descubrimiento horrorizado por parte de Juan Goytisolo de unas cartas de esclavos, testimonio inequívoco de la participación de sus antepasados en la empresa negrera cubana, que desencadena un proceso de revisión de la historia familiar y colecti-

---

9. Subirats se refiere a «un largo proceso de destrucción de lenguas, cultos religiosos y formas de vida de hispanomusulmanes e hispanojudíos, a lo largo de una ocupación territorial, a la vez militar y religiosa, concebida a partir del siglo XIII como una cruzada. Y señalo, al mismo tiempo, la transferencia de sus estrategias militares, religiosas y administrativas de aquella guerra santa al proceso colonizador del llamado Nuevo Mundo» (*Memoria*, p. 12).

Introducción _____ 23

va. Resulta muy revelador que dicho descubrimiento no sólo lo plasme de forma paródica y grotesca al comienzo de *Juan sin tierra* (1975), sino que, a modo de narración del pecado original, constituya el punto de partida de *Coto vedado* (1985), la primera parte de su autobiografía. En fechas más recientes, Carme Riera recrea en *Por el cielo y más allá* (2001), la Cuba decimonónica inmersa en una serie de paradojas y aquejada de profundas tensiones nacionalistas, raciales y genéricas. En la «Nota» que incluye al final exhorta a la conservación de la memoria histórica y destaca la importancia de enlazar el pasado con el presente:

> Con *Por el cielo y más allá* intento pagar una deuda con mi abuela y con la isla de Cuba, a la que tantos mallorquines emigraron hasta bien entrado el siglo XX. También trato de reflexionar sobre la historia de nuestro pasado y las contradicciones de nuestro presente, que nos abocan a la más absoluta desmemoria. No hace tanto que fuimos emigrantes y también negreros. La Cataluña *rica i plena* y el industrializado País Vasco, por ejemplo, se levantaron, en gran parte, con capital proveniente de los ingenios esclavistas, y aunque no nos guste, quizá el hecho de reconocerlo nos permitiría ser más generosos y tolerantes con los inmigrantes, con cuantos son diferentes o, simplemente, no piensan lo mismo que nosotros (p. 452).[10]

No deja de llamar la atención que Riera apele de forma explícita a la memoria de las dos comunidades autonómicas que con más vigor han defendido su nacionalismo histórico, y en cuyo imaginario colectivo, sobre todo en el caso de Cataluña, el recuerdo de Cuba ocupa un lugar señero. Por ello no parece coincidencia que la década de los noventa, en la que se debate intensamente la identidad nacional catalana en diversos ámbitos, sea la década en que aparecen varios obras que recrean las relaciones coloniales de Cataluña y Cuba y que Galina Bakhtiarova analiza en el primer capítulo: la miniserie de televisión *Havanera 1820* (1993), de Antoni Verdaguer y las novelas *En el mar de les Antilles* (1998), de Manel Alonso i Catalá, y *Habanera: El*

---

10. En *Malena es un nombre de tango* (1994), de Almudenas Grandes también se establece una conexión entre los orígenes mestizos de la nación española y la aceptación del hibridismo que propicia la inmigración de la actualidad. Véase mi estudio de esta obra, «Genealogía esquizofrénica e identidad nacional».

reencuentro con un oculto pasado antillano (1999), de Ángeles Dalmau. Destaca en éstas la emblemática figura del *americano* o *indiano*, figura mitificada y heroica, de gran arraigo en el imaginario colectivo catalán, que, sin embargo, es caracterizado ahora de forma antiheroica. Frente a una identidad colectiva erigida, en parte, sobre una narrativa nacional que representaba la inmigración de los catalanes como una fuente legítima de ascenso y riqueza, en estas obras se enfatiza el tráfico de esclavos como origen de la fortuna de los *americanos*, convertidos en negreros sin escrúpulos, y se refleja el fracaso de la empresa colonial.

El imperialismo precisó de una teoría racial, pero también de género para asegurar el éxito del proyecto colonial (McClintock, p. 7).[11] Eso explica la importancia de la política sexual, establecida de forma muy clara y precisa por la metrópoli que, entre otras cosas, regulaba las divisiones genéricas de colonizadores y colonizados, establecía la jerarquización de la familia y expresaba el horror al mestizaje. En esta confluencia de raza, género y sexualidad la figura de la mulata ocupa un lugar destacado y, como indica Bakhtiarova, constituye otro elemento de gran arraigo en el imaginario colectivo catalán, elemento ambivalente y paradójico, al constituir un Otro deseado y, al mismo tiempo, repudiado por el colonizador. Si se manifiesta la clara intersección de género y raza en la relación del hombre blanco con la mulata, también es importante señalar, por otra parte, que el sistema colonial afectó a las relaciones entre las mujeres, estableciendo una jerarquía en la que la mujer negra o mulata se encontraba irremediablemente subordinada a la blanca.[12] En última instancia, en las obras analizadas por Bakhtiarova, Cuba y su símbolo más preciado, la mulata, quedan reducidas a nostalgia.

Si Cuba ha pervivido de manera importante en la memoria cultural española y su pérdida en 1989, junto a Puerto Rico y Filipinas, se percibió como la liquidación de la empresa imperial y desató, o mejor dicho, constituyó el catalizador de una crisis nacional que se

---

11. Para el tema de mujer y nación, véase McClintock, pp. 352-389.
12. La literatura cubana tiene numerosos ejemplos narrativos de la configuración de la mulata y la dinámica racial durante la colonia, siendo el más famoso, verdadero texto fundacional cubano, *Cecilia Valdés* (1839), de Cirilo Villaverde. La textualización estereotipada de la mulata puede rastrearse hasta obras recientes como *Trilogía sucia de La Habana* (1998), de Pedro Juan Gutiérrez.

había venido incubando, esto no es totalmente cierto, puesto que Guinea Ecuatorial fue colonia española hasta 1968. Frente a este tradicional olvido de la presencia colonial española en África (tampoco se puede prescindir del Protectorado marroquí), es notable la atención crítica que se ha prestado recientemente a lo que fue, en realidad, la última colonia española y el único país africano de lengua castellana.[13] Dentro de esa creciente atención crítica, el ensayo de Martín-Márquez sobre el pasado colonial guineano ofrece una doble perspectiva de extraordinario interés: examina la misión colonial española en algunas películas «africanistas» de la era de Franco (*Misión blanca* [1946], de Juan de Orduña y *Cristo Negro* [1963], de Ramón Torrado) y, a la vez, la desconstrucción irónica que Donato Ndongo-Bidyogo, autor guineano residente en España, realiza del sistema colonial y la dictadura nacional-católica, sustituida con posterioridad por el régimen tiránico de Macías, en *Las tinieblas de tu memoria negra* (1987) y *Los poderes de la tempestad* (1997), novelas publicadas durante el posfranquismo.

El ensayo de Martin-Márquez confirma en el contexto colonial africano la importancia de la regulación de la sexualidad, a la que ya se ha aludido, que explica la vinculación de política sexual y religiosa en las películas «africanistas», y el intento de convertir la religión en un medio de neutralizar el peligro sexual. Así, el modelo patriarcal de familia postulado por el franquismo se impone a la relación establecida entre el colonizador y el nativo y, aunque se evita la condena explícita del mestizaje, se expresa el miedo a los encuentros interraciales mediante la fascinación por la violencia transrracial y la vinculación del deseo del Otro a la violación y depravación.

---

13. Pueden recordarse los monográficos que le han dedicado a Guinea Ecuatorial, *Afro-Hispanic Review* y *Arizona Journal of Hispanic Cultural Studies*, y los múltiples trabajos de M'baré N'gom, entre ellos, *Diálogos con Guinea: panorama de la literatura guineoecuatoriana de expresión castellana a través de sus protagonistas*. A diferencia de Cuba, Guinea Ecuatorial ha estado menos presente en las producciones culturales españolas hasta el momento, aunque hay que destacar la novela *Historia de una maestra* (1990), de Josefina Aldecoa, en la que la protagonista, maestra republicana ejerce durante un tiempo en la colonia española y llega a enamorarse de una médico guineano, relación que se verá interrumpida por la enfermedad de la protagonista y su regreso a la Península. Se puede recordar también la película *Lejos de África* (Bartolomé, 1996) que a través de la narración de la amistad interracial entre una niña negra y una niña blanca, afronta la temática colonial desde una perspectiva femenina y poscolonial. Para un estudio de esta película, véase Santaolalla, *Los «Otros»*, pp. 243-256.

En *Las tinieblas de tu memoria negra* se pasa de la construcción de la nación española bajo el franquismo a la construcción de la nación guineana por los propios guineanos. Si las películas «africanistas» se oponían a la mezcla racial biológica, la novela de Ndongo plantea preguntas sobre la mezcla cultural derivada de la imposición colonial, adoptando, según Martin-Márquez, una postura ambivalente ante el legado del colonialismo español. La novela reconstruye, asimismo, el discurso imperialista del franquismo, destacando su xenofobia y retórica anticomunista y antisemítica, así como su racialización de la izquierda. En *Los poderes de la tempestad*, se analiza la imposición de una dictadura doble sobre Guinea, la del franquismo y el colonialismo, que con posterioridad culminó en la dictadura de Macías, período durante el cual, concluye Martin-Márquez, se hizo irónicamente realidad la retórica africanista de fraternidad entre Africa y España dada la similitud de los procedimientos de sus respectivos dictadores.

Miradas africanistas

Junto a la recreación explícita del pasado, la memoria colonial se expresa y pervive asimismo a través de un régimen visual colonial. Si el imperialismo y la «invención» de la raza constituyen los pilares fundamentales de su modernidad industrial (McClintock, p. 5), es inevitable que Occidente siga atrapado en una forma de ver y mirar, colonial y colonizadora, propia de la mentalidad hegemónica. Como puntualiza Gilroy, las mentalidades imperiales se llevaron a casa (a las metrópolis europeas) mucho antes de que llegaran los inmigrantes (Foreword, p. xx), mediatizando inevitablemente la mirada y, por tanto, la textualización de la otredad negra. Toni Morrison en *Playing in the Dark* utiliza el término de «africanism», concepto paralelo al de «orientalism» acuñado por Edward Said, para denominar la red de discursos que han construido al «negro» y la «negritud» desde una visión eurocéntrica.[14] Mencionando de forma explícita a España entre el

---

14. También es innegable el paralelismo con el término «africanista» en el sentido en que se utiliza en el ensayo de Martin-Márquez, aunque se trate de una de aplicación más concreta y restringida cronológica y geográficamente.

grupo de naciones que han tejido dicho discurso, la Premio Nobel de Literatura 1993 define «africanismo», del siguiente modo:

I use it as a term for the denotative and connotative blackness that African people have come to signify, as well as the entire range of views, assumptions, readings, and misreadings that accompany Eurocentric learning about these people. ... The United States, of course, is not unique in the construction of Africanism. South America, England, France, Germany, Spain—the cultures of all these countries have participated in and contributed to some aspect of an «invented Africa» (p. 7).

El estudio del «africanismo» constituye, en su opinión, una extraordinaria oportunidad de analizar a los autores de dicha construcción y trasladar la mirada crítica del objeto al sujeto racial o, «from the described and imagined to the describers and imaginers» (Morrison, p. 90).[15] En ese sentido, resulta pertinente la observación de López Cotín de que los los inmigrantes no generan conductas racistas, sino que catalizan «ciertas pulsiones internas preexistentes» (cap. 6). Como muestran varios ensayos de este libro, las representaciones del Otro negro revelan más sobre los productores de imágenes, textos y discursos, en definitiva, sobre el imaginario español, que sobre los sujetos negros representados.

La «mirada africanista» sigue muy presente en la cultura popular de la España democrática, según se observa en varios de los textos posfranquistas estudiados en este volumen. En concreto, se percibe en la música, a pesar de ser el medio artístico que primero dio testimonio de la inmigración (Bermúdez, cap. 11). En su análisis de varias canciones «pop» de los años ochenta y noventa («Africanos en Madrid», de Amistades peligrosas, «Todos los negritos tienen hambre y frío», de Glutamato Ye-Yé y «El blues del esclavo», de Mecano), Jorge Marí subraya la ambivalencia de esta música que, a pesar de su deseo de denunciar de forma «bastante amable» el racismo y animar a la solidaridad con los inmigrantes, comete «deslices» que delatan las ansiedades, miedos y prejuicios colectivos que pretenden criticar y que expresan, a su vez,

---

15. En otro lugar Morrison señala: «The fabrication of an Africanist persona is reflexive, an extraordinary meditation on the self; a powerful exploration of the fears and desires that reside in the writerly conscious. It is an astonishing revelation of longing, of terror, of perplexity, of shame, of magnanimity» (p. 17).

las tensiones existentes en el ya citado proceso de redefinición nacional dentro de la Comunidad Europea. La homogeneización y descontextualización de la negritud, su identificación con pobreza y conversión en una vaga otredad, el paternalismo hacia el sujeto negro, así como la carencia de voz y la pasividad de éste, que exhiben las canciones, confirman la permanencia de elementos que ya aparecían en el cine colonial y misionero franquista que analiza Martin-Márquez.

Fenómeno emblemático de la cultura de la Transición fue sin duda la «movida», movimiento lúdico de liberación personal y sexual que Alberto Villamandos examina como parte del «nuevo relato nacional» surgido tras la democracia que articulaba los deseos modernizadores y europeístas, al tiempo que se enfrentaba, según se ha venido señalando, a la necesidad de integrar las diferencias culturales y raciales que propiciaban los movimientos transnacionales y la globalización. Además de reseñar las opiniones encontradas que ha merecido la movida —entre considerarla un fenómeno progresista o libertario, por un lado, y reaccionario, por otro— así como apuntar a ciertas proclividades de extrema derecha de algunos componentes, sin llegar a saberse a ciencia cierta si se trataba simplemente de una peligrosa pose provocativa o de algo más, Villamandos se centra en la producción musical del grupo Radio Futura, creado en 1979. Este grupo se hace eco de una noción de lo moderno que incluye el mestizaje e incorpora la negritud no sólo a través de algunos sujetos protagonistas de sus canciones, sino también de intertextos musicales afrocaribeños. Sus canciones no constituyen proclamas antirracistas, sino, apunta Villamandos, historias cotidianas destinadas a normalizar al inmigrante negro en un ámbito urbano híbrido. A pesar de lo anterior, también las canciones de Radio Futura se debaten, en ciertos momentos, con ambiguas visiones africanistas en las que se muestra la violencia del estereotipo simplificador reapareciendo imágenes primitivistas y animalizadoras y la otredad amenazante y a la vez excitante, sobre todo, de la mujer negra y mulata, convertido su cuerpo en objeto de transacción comercial. Reaparece, por tanto, el deseo del hombre blanco por el cuerpo de la mujer negra o mulata, motivo de larga tradición literaria que, según se ha visto, tiene su origen en la dinámica colonial.

La confluencia de imágenes estereotípicas de raza y género, en este caso en torno a conceptos de masculinidad, también persisten en

Se buscan fulmontis (1999) de Alex Calvo-Sotelo, película que analiza Salvador Oropesa. Al exotismo de la negritud y el mito de la hipersexualidad del negro, que replica el de la sensualidad atractiva y amenazante de la mulata, la película de Calvo-Sotelo, con la inclusión de la categoría de clase, añade un elemento más a la conjunción de los factores de nación, raza y género que se han mencionado hasta el momento. En ese sentido, *Se buscan fullmontis*, centrada en la clase trabajadora, establece un inevitable paralelismo con otras películas europeas, fundamentalmente con *The Full Monty* (Cattaneo, 1997), que, según analiza Oropesa, cuestionan al mercado neo-liberal, con el desempleo como problema clave, señalan las ironías de las identificaciones nacionalistas y proponen reformulaciones de masculinidad en el contexto de la clase trabajadora que incluyen la pluralidad racial y, en el caso de la película de Cattaneo, también de orientación sexual.

Miradas transnacionales

En la representación de la inmigración negra en España, la película *Cartas de Alou*, de Montxo Armendáriz (1990) ocupa indudablemente un lugar destacado, ya que inaugura «el "género" de las narrativas de inmigración» (Santaolalla, *Los Otros*, p. 120). En ella se plantea de forma muy gráfica el motivo del viaje, motivo recurrente en muchas de estas narrativas. *Cartas de Alou*, por otra parte, con su final cíclico en el que el protagonista, después de su deportación, se embarca de nuevo para volver a España, muestra la identidad del inmigrante africano irremediablemente escindida entre dos mundos, o mejor dicho, configurada por los dos. Remite, así, al concepto de Homi Bhabha de la identidad «intersticial» («interstitial») o del «entre» («in-between») que se forma a partir de las múltiples ubicaciones del sujeto y constituye el lugar desde donde se articulan nuevas subjetividades y se crean nuevos colectivos.[16] Asimismo, la importancia real

---

16. Según Bhabha, se necesita «awareness of the multiple subject positions ... that inhabit any claim to identity in the (pos)modern world. What is theoretically innovative, and politically crucial, is the necessity of thinking beyond initial categories and initiatory subjects and focusing on those *interstitial* moments or processes that are produced in the articulation of «differences». These spaces provide the terrain for ela-

y simbólica del viaje no sólo obliga a «repensar las culturas como sitios de residencia y de viaje», según propone James Clifford (García Canclini, p. 61), sino también a entender que el espacio comprendido entre el punto de partida y el de llegada, como señala Gilane Tawadros, constituye el espacio geográfico, intelectual y cultural más representativo de la actualidad. Es el espacio, continúa Tawadros, que

> is traversed and intersected by different cultures, languages, and histories and one that we all inhabit to differing degrees as a consequence of a process of globalization that began many centuries ago. ... In moving between the place of departure and the place of arrival, the modern Europeans are inevitably transformed by the journey but so too is their place of arrival, irrevocably (p. 9).

En esa línea, López Cotín plantea el desafío que presenta el sujeto inmigrante cuando se introduce en la nación y obliga a ésta a enfrentarse a su resistencia a la diferencia, cuestionando sus fronteras colectivas e individuales (cap. 6). Por ello sostiene en su análisis que *Cartas de Alou*, pese a que su dialéctica conciliadora adolece de cierta ingenuidad, expresa con acierto la transformación final del inmigrante que ya habita en la otra orilla y, por tanto, inscribe su propia identidad dentro de un discurso que le excluía, pero del que se ha apropiado. La afirmación de López Cotín evoca la crítica que Leslie Adelson realiza en «Against Between: A Manifesto» del concepto del «entre», expresado a menudo mediante la imagen de un inmigrante suspendido sobre un puente, imagen inadecuada para Adelson, al considerar que los inmigrantes no se quedan suspendidos de forma indefinida sobre ese puente, sino que aterrizan transformando la sociedad de acogida y cuestionando las fronteras nacionales.[17]

---

borating strategies of selfhood and communal representations that generate new signs of cultural difference and innovative sites of collaboration and contestation. ... How are subjects formed "in-between" ...» («Frontlines», p. 269).

17. Adelson se basa en su estudio de algunos autores turco-alemanes: «Migrants are at best imagined as suspended on this bridge in perpetuity; critics do not seem to have enough imagination to picture them actually crossing the bridge and landing anywhere new. ... The Turkish diaspora and its lies of affiliation cannot be traced or contained by the borders of the Turkish Republic, certainly not by these alone. Beyond the Cold War, German culture is already forever changed, and Turco-German literature is part and parcel of this cultural transformation» (p. 246).

Introducción _____ 31

En efecto, lo que Néstor García Canclini denomina la «permeabilidad transnacional» (p. 56) y la consiguiente desterritorialización hacen inevitable el hibridismo de las nuevas comunidades transnacionales que conduce a negociaciones y renegociaciones identitarias y a nuevos conceptos de nación. A ese propósito, el autor de *La globalización imaginada* plantea una pregunta clave: «¿Cómo pensar una nación que en gran medida está en otra parte?» (García Canclini, p. 52). Resulta significativo que varios ensayos de este libro, aborden el análisis del tema de la negritud en la España posfranquista, no desde la identidad española, sino desde otras identidades nacionales, mostrando que los textos que examinan no sólo entablan un diálogo con la cultura española, sino también con «nacionalidades» desterritorializadas o cuyo territorio no ha sido tradicionalmente el español y que, sin embargo, ahora se encuentran aquí. Ése constituye el punto de partida de Fernando Valerio-Holguín que, al abordar la laureada película de Icíar Bollaín, *Flores de otro mundo* (1998) se enfoca en la identidad dominicana analizando el desplazamiento y la violencia de la alteridad, así como la necesidad de negociar la identidad sobre la discontinuidad. Bollaín, en ese sentido, no plantea la migración como una disociación entre el ahora-antes o el aquí-allí, sino como un diálogo polifónico en el que el hogar se convierte en el lugar principal de negociación y, por consiguiente, la familia en alegoría de la nación multirracial y multicultural. La familia, en definitiva, señala Valerio-Holguín, «es la metáfora fundamental para la articulación y negociación cultural», si bien *Flores de otro mundo* presenta la familia patriarcal como la única posibilidad de integrar a la mujer inmigrante negra en la nación española (cap. 7).

Simplice Boyogueno constata un fenómeno semejante en su estudio de *Las voces del Estrecho* (2000) y *Las cartas de Alou*. La novela de Andrés Sorel y la película de Armendáriz proponen la necesidad de la España posfranquista de abrir fronteras físicas e ideológicas una vez que se ha constatado el debilitamiento y la ineficacia de «los límites convencionales de la nacionalidad, del estereotipo y de la ideología dominante» (Boyogueno, cap. 8). En la misma línea, estas obras subrayan que la estructura tradicional de construcción de la otredad,[18] cuyo origen se sitúa en la época colonial, en la que se opo-

18. El término «otredad» no es una traducción totalmente acertada del inglés «othering»; más exacto sería algo así como «el proceso de construcción/producción del

nían un Yo europeo y un Otro no europeo, ha perdido validez, puesto que en la época poscolonial los lugares ocupados por el Yo y el Otro no son fijos. Boyogueno, de manera semejante a Valerio-Holguín, constata la bidireccionalidad de un proceso que implica la crisis del concepto de nación, tanto de las antiguas colonias africanas o americanas como de las antiguas metrópolis europeas. En ese sentido, *Las voces del Estrecho* plantea no sólo las renegociaciones identitarias españolas, sino también las tensiones de género y familiares que se producen por el contacto del hombre y la mujer africanos con la modernidad occidental.[19]

A pesar de que tanto Armendáriz como Sorel adoptan en sus obras la perspectiva del subalterno, predomina en la cultura española la visión de la inmigración de los españoles, testigos del fenómeno, pero no de los protagonistas, de ahí que contar con la novela testimonial *Calella sen saida* (2001) del autor camerunés Víctor Omgbá, constituya una oportunidad única de acceder al inmigrante no sólo como objeto, sino también como sujeto del discurso. Para María Tajes, esta novela representa una respuesta al discurso homogeneizador dominante al plantear la existencia de distintas categorías de inmigrantes africanos y denunciar la ignorancia de la sociedad española sobre éstos. La simple presencia de un letrado africano como protagonista narrativo constituye ya, según Tajes, un desafío de la visión reduccionista de la inmigración y del negro.[20] Señalando, como otras obras ya citadas, la bidireccionalidad de los movimientos migratorios, esta novela ofrece a la vez, su visión de la situación del continente africano, enfatizando la necesidad de cambio en los países de origen para reducir la inmigración y el papel clave que debe jugar el intelectual africano. Tajes considera, asimismo, significativo que esta novela, que defiende la pluralidad lingüística africana y fue escrita originalmente en francés, haya sido publicada en gallego y catalán, en lo que parece un gesto de identificación con las comunidades perifé-

---

Otro», «proceso de producción de la diferencia», etc., aunque, por simplificar, mantendremos en muchos casos «otredad».
19. La idea de bidireccionalidad también se afirma en *Ahlan* (1997), excelente obra teatral de Jerónimo López Mozo.
20. En la misma línea, Ballesteros opina que las cartas del protagonista de *Las cartas de Alou* muestran el dominio de varios registros narrativos destruyendo el estereotipo del inmigrante analfabeto (p. 219).

ricas españolas. Pero, ante todo, *Calella sen saida* constituye un claro ejemplo de la compleja dinámica transnacional que caracteriza la aldea global: las propias vicisitudes lingüísticas de esta novela de un autor camerunés sobre la inmigración africana en Galicia constituyen una clara expresión de la inestabilidad actual de las fronteras de todo tipo.

Hacia las miradas éticas y las diferencias combinables

La observación de la realidad así como de los textos que se analizan en este volumen permite constatar, en muchos casos, una España ambivalente y ambigua, oscilante entre la solidaridad y el racismo, o para utilizar los términos de García-Alvite, fluctuando entre «miradas éticas» y «miradas fascistas». En su análisis de las películas *Salvajes* (2001), de Carlos Molinero y *Poniente* (2002), de Chus Gutiérrez, esta crítica primero destaca la xenofobia y el racismo vinculados a conceptos de masculinidad que exigen la violencia contra el extranjero, en movimientos contemporáneos de inspiración fascista. Esto conduce a una violencia ética y física insostenible, algo que también observa López Cotín a propósito de *Bwana* (1996), película donde aparece, asimismo, la violencia neonazi (cap. 6). En estas películas, como señalan las dos críticas citadas, se invierte la tradicional aplicación del binomio civilización-barbarie, al destruirse las expectativas de que sea el grupo «civilizado» el dueño del discurso racional. Si en el caso de *Bwana*, la sexualidad, entre hombre negro y mujer blanca, apunta, según López Cotín, a un «nativismo liberador del bagaje cultural que los separa» que permite vislumbrar un punto de encuentro, por otra parte representa una imperdonable transgresión cuyo castigo es la castración que restaura el orden patriarcal y colonial, mostrando de nuevo la indisoluble vinculación de raza y género. Por ello, tanto García-Alvite como López Cotín, concluyen que películas como *Bwana*, *Salvajes* y *Poniente* afirman la necesidad de una rearticulación de fronteras y naciones y el replanteamiento de una identidad nacional abierta y fluida, si uno no quiere verse abocado al horror de una violencia contra el Otro que acaba siendo auto-destructiva. No obstante, en las películas de Gutiérrez y Molinero, García-Alvite constata que, junto a las miradas fascistas, conviven propuestas éticas que se reflejan en el diálogo y las amistades que se forjan entre inmigrantes y españoles y en la construcción de nuevos espacios: espacios mestizos, multiétnicos y solidarios. El horror ficticio de las películas anteriores, si bien inspirado en la realidad, da paso al horror por la muerte real de Lucrecia, la inmigrante dominicana asesinada en 1992 en Madrid, en una España en plena euforia por los Juegos Olímpicos, la Exposición Universal de Sevilla y las celebraciones del Quinto Centenario. El impacto de este asesinato puso al descubierto una España racista, como señala Silvia Bermúdez, y llevó al prematuramente fallecido Carlos Cano (1946-2000) a componer su «Canción para Lucrecia» (1994),[21] que se enmarca dentro de la corriente de respuestas éticas concretas en la sociedad española. Un «gesto solidario y dolorido», en palabras de Bermúdez, esta canción perteneciente al género testimonial, que pretende ser parte de la historia no oficial del racismo, constituye un acto de contrición por una culpa colectiva y, como afirma la autora del último ensayo, punto de partida imprescindible para una España éticamente comprometida con el Otro. En definitiva, se puede pensar que la solidaridad individual es insuficiente, mientras no cambie el sistema, sin embargo, los gestos concretos apuntan de forma innegable, como sostiene Boyogueno, a la ruptura de algunos ciudadanos españoles con su propia cultura, ciudadanos que se niegan a participar en el proceso de producción de la alteridad.

En el discurso que leyó en Estrasburgo ante el Consejo de Europa en 1991, Juan Goytisolo señalaba que para los instalados en la fortaleza, léase Europa, se imponía una elección entre dos modos de concebir este continente (Goytisolo, *El bosque de las letras*, p. 244).[22]

---

21. Así se describe su asesinato en *Ahlan*: «Lucrecia Pérez pagó cuarenta mil pesos, unas cuatrocientas cincuenta mil pesetas al cambio, para viajar desde Vicente Noble, en la República Dominicana, hasta Madrid. A los pocos meses regresaba en ataúd de zinc. Cuando el avión despegaba, alguien escribió en una pared: "Lucrecia, ¡jódete!" Unos días antes, cuatro fascistas borrachos irrumpieron a media noche en las ruinas de la vieja discoteca en que vivía con otros compatriotas y dispararon tres balazos a bocajarro. Tres plomos para que se los repartieran como pudieran. Uno mató a Lucrecia» (pp. 204-205).
22. La idea de Europa como fortaleza es la que plasma López Mozo en *Ahlan*. Aunque centrada principalmente en la inmigración magrebí, esta obra incorpora la larga tradición de patologización africana. Así el Comisario, que contempla África desde la orilla española, le pregunta al Diputado: «¿No le parece que aquella orilla tiene el aspecto de una herida abierta e infectada?» (p. 22).

La encrucijada a la que, para el autor de *Paisajes después de la batalla*, se enfrentaba Europa es la misma que define a España, situada ante el dilema de decidir qué tipo de sociedad quiere construir o qué tipo de comunidad imaginar.[23] De los ensayos que integran este libro se deduce que los distintos nacionalismos que componen el Estado español han de redefinirse desde su «multiposicionalidad» y su identidad colectiva «intersticial» (europeos, mediterráneos, transatlánticos). A esa identidad «intersticial» deben incorporar la negritud, negritud que remite, a su vez, a otras identidades fronterizas, con el convencimiento de que se trata de «de inventar y compartir recursos materiales y simbólicos. No de disolver las diferencias, sino de volverlas combinables» (García Canclini, p. 123). Si en el siglo XVI, el anónimo escritor de *Lazarillo de Tormes* creó una familia híbrida para Lázaro con un padrastro negro y un hermano mulato, y si Cervantes fue capaz de imaginarse hace cuatrocientos años un autor ficticio para *Don Quijote* que afirmaba de forma tajante su doble identidad de «arábigo y manchego», la España contemporánea debe embarcarse en un proceso de nueva autorrepresentación en el que aprenda a verse de *Otra* manera y, en ese proceso imaginativo, tendrá que llegar el momento en que negro y español no sean conceptos excluyentes.[24]

---

23. El estallido de violencia en octubre del 2004 en las barriadas francesas fue un claro recordatorio de los retos a los que se enfrenta la sociedad europea y, por otra parte, confirmó el carácter premonitorio de la novela goytisoliana *Paisajes después de la batalla* (1985). Véase su artículo de opinión «París después de la batalla». Resulta profundamente alarmante el incremento de los ataques racistas en Alemania, Bélgica, Holanda, etc. A propósito de los desafíos que está experimentando Europa por su encuentro con diversos Otros, véase Beiter, *The New Europe at the Crossroads*.
24. En ese sentido es muy ilustrativo, el excelente reportaje titulado «Afrogallegos» que publicó Manuel Rivas en *El País semanal*. En él leemos: «África en Galicia. Burela se ha convertido en una extensión de Cabo Verde. En este pueblo de Lugo, la inmigración no es algo nuevo: los afrogallegos viven aquí desde hace décadas».

PRIMERA PARTE
MEMORIA COLONIAL

1.
«Americanos», indianos, mulatas y Otros: Cataluña y Cuba entre el deseo colonial y la nostalgia imperial*

Galina Bakhtiarova

El objetivo de este trabajo es examinar el modo en que la conexión catalana con el Caribe, evocada en canciones, películas y novelas contemporáneas, revela la representación que de sí misma hace Cataluña como una nación con lugar propio en la empresa colonial e imperial europea. Se puede afirmar que, al describirse como una comunidad que posee una historia de implicación colonial, Cataluña se declara un estado europeo donde Barcelona es la autoproclamada capital del Mediterráneo. El renovado esplendor de la ciudad se intensificó con el éxito de los Juegos Olímpicos de 1992. Gracias a un importante esfuerzo político y a la voluntad de negociar, se logró el objetivo de integrar Cataluña en una Europa cambiante, representándola, por un lado, como parte de una España heterogénea, y, por otro, como miembro de una más amplia comunidad europea.[1] Recientemente, el Fórum Barcelona 2004 realizó un enorme esfuerzo propagandístico para subrayar el especial espacio cultural y político barcelonés. La propuesta de reforma del Estatuto de autonomía de Cataluña aprobada por el Parlamento catalán en septiembre de 2005 indica que Cataluña continúa buscando una posición que va más allá de la de una nación sin estado dentro de una España pluralista.

Nuestro análisis se centrará en la miniserie de televisión *Havanera 1820* (1993), de Antoni Verdaguer, y en las novelas, *En el mar de les Antilles* (1998), de Manel Alonso i Catalá, y *Habanera: El re-*

---
* Traducción de Josefina Cornejo.
1. Hargreaves analiza el papel de los Juegos Olímpicos de Barcelona en la afirmación del nacionalismo catalán y la identidad española.

encuentro con un oculto pasado antillano (1999), de Ángeles Dalmau. Las tres obras evocan figuras de «americanos» o indianos y describen el deseo de éstos por mujeres mulatas de Cuba, la última y más «querida» colonia española. Nuestra intención es demostrar que estas obras, al reinventar el mito del «americano», profundamente arraigado en la conciencia colectiva de esta nación marinera, permiten contemplar su conexión con Cuba como un signo cultural que añade nuevos matices y modifica las representaciones tradicionales de la nación e identidad catalanas.[2] Desde el siglo XIX, la identidad cultural de Cataluña se construyó sobre dos pilares principales: el apego a su lengua, en la que se escribieron las obras maestras de la literatura de la *Renaixença*, y su carácter nacional, un complejo de creencias, prácticas y valores atribuidos a la nación. Según el filósofo Ferrater i Mora, los catalanes poseen las siguientes virtudes: *ironia* (ante la vida), *mesura* (una visión equilibrada de las cosas), *continuïtat* (trabajar de forma constante durante un largo período para alcanzar los objetivos) y *seny* (sentido común) (pp. 239-275). Se puede afirmar que los términos idealistas en los que Ferrater i Mora y otros describieron el carácter nacional de Cataluña no representan la riqueza del carácter nacional. Así, John Hargreaves menciona *rauxa*, «a propensity to seek relief, on occasion, from social constraint by indulging in uncontrollable emotion and outbursts of irrational behavior: from getting drunk and fornicating to burning churches and convents» como la otra cara del *seny* (p. 22). Los indianos y el entorno asociado a ellos —mujeres exóticas; los ostentosos chalets, llamados casas de americanos, en los paseos marítimos de las ciudades costeras catalanas, que se distinguen a menudo por una voluptuosa palmera en el jardín delantero, o las torres, mansiones tierra adentro— son hasta hoy en día un recuerdo de los placeres que se dejaron atrás en el paraíso tropical del Caribe.

Havanera 1820, estrenada en medio de la euforia originada por los Juegos Olímpicos de 1992, explora la participación de Cataluña

---

2. La figura del indiano, un próspero emigrante que viaja a las Américas y regresa con una fortuna, ha estado presente en la imaginación cultural española desde los tiempos de Lope de Vega, Francisco de Quevedo y Benito Pérez Galdós. Podemos señalar *Doña Rosita la soltera* (1935), de Federico García Lorca, y «Cuba dentro de un piano» (1936), de Rafael Alberti. Entre las obras más recientes, véanse *La ciudad de los prodigios* (1986), de Eduardo Mendoza, y *El heredero* (2003), de José María Merino.

en la empresa colonial e imperial en el Caribe.[3] Sus creadores expresaron de forma explícita su intención de incluir esta «gran aventura melodramática» como parte de la revisión europea de la historia colonial. Las palabras del productor Carles Jover en el folleto promocional de la película reiteraban este esfuerzo:

> No hay nada más europeo que la revisión de un período en el que las grandes naciones occidentales se debatían entre las contradicciones de esclavitud y liberalismo, tradición y progreso industrial, política y economía. No hay nada más moderno en la Europa unificada de los años noventa que recrear la bases de sus relaciones con el Tercer Mundo.

Havanera 1820 invoca la relación catalana con el Caribe desde una perspectiva alimentada por el reciente discurso histórico.[4] En el siglo XIX, cuando la emigración masiva a las Américas se convirtió en una realidad, los comerciantes catalanes invirtieron en su tierra el capital traído de ultramar, convirtiendo a Cataluña en la región con la industria y la economía más desarrolladas de España. Gracias al capital importado del Caribe se construyeron edificios públicos, hospitales y villas privadas, y el primer ferrocarril de España.[5] Hasta aho-

---

3. *Havanera 1820* fue producida por la compañía independiente IMATCO en colaboración con la televisión catalana TV-3, el Ministerio de Cultura, el Instituto de Cine, la Generalitat de Catalunya y la Comissió Amèrica i Catalunya 1992. En 1993 se presentó como una miniserie de televisión de cuatro partes de cincuenta minutos; más tarde, se produjo una película de ciento veinte minutos para su distribución en vídeo. En 1993, el guión de la miniserie se publicó como una obra de ficción, *Havanera: Adaptació literària del guió cinematogràfic a càrrec de Jaume Fuster*, a la venta en Sant Jordi, la fiesta nacional catalana vinculada a la feria del libro.
4. En 1974, la obra pionera de Jordi Maluquer de Motes, «La burgesia catalana i l'esclavitud colonial: modes de producció i pràctica política», a la que siguieron numerosos estudios, desencadenó un nuevo planteamiento y un amplio debate en los círculos académicos sobre la experiencia catalana en las colonias. Entre 1985 y 1993, la Generalitat, el autogobierno de Catalunya, patrocinó cinco congresos que, bajo el título Jornades d'Estudis Catalano-americans, exploraron los aspectos económicos, políticos, sociológicos y culturales de la inmigración catalana al Caribe. En 1998, cuando España reconsideraba el final del imperio español, se celebraron varias exposiciones en museos de Barcelona y otras ciudades y pueblos catalanes. Consúltese Comissió Catalana del Cinquè Centenari del Descobriment d'Amèrica, *Jornades d'Estudis Catalano-americans* (Barcelona, 1985, 1987, 1990, 1992, 1993); *Catalunya i Ultramar: poder i negoci a les colonies espanyoles (1750-1914)* (Barcelona, 1995); *Escolta Espanya: Catalunya i la crisis del 98* (Barcelona, 1998).
5. El primer ferrocarril de España entre Barcelona y Mataró se construyó en 1848, gracias a la inversión del capital obtenido en Cuba, donde el primer ferrocarril se había construido en 1837.

ra, los nombres de Josep Xifré, Salvador Samà y Joan Güell —el fundador de la familia que posteriormente favorecería al arquitecto Antoni Gaudí— no sólo se asocian con la expansión económica, sino que están vinculados directamente a famosos monumentos de Barcelona y otras ciudades costeras catalanas.[6] Pocas eran las posibilidades de adquirir la excepcional riqueza y prosperidad que posibilitó la creación de poderosas instituciones financieras, como, entre otras, el Banco Hispano Colonial, en 1876, la Compañía General de Tabaco de Filipinas y la Compañía Trasatlántica, detrás del mostrador de una tienda.[7] Durante siglos, el tráfico de esclavos fue una incomparable fuente de riqueza. Si bien, los inmigrantes provenientes de diferentes regiones de España se unieron a esta práctica más tarde que otras naciones, se beneficiaron de la misma durante, seguramente, más tiempo que aquellas naciones donde fuertes movimientos abolicionistas protestantes pusieron final al vergonzoso comercio a principios del siglo XIX.

Según el director de cine Antoni Verdaguer, *Havanera 1820* fue concebida como un melodrama de aventuras y una habanera.[8] Las habaneras son seductoras y nostálgicas canciones marineras, que ocupan un lugar especial en la imaginación cultural catalana. Se popularizaron en la década de los setenta, cuando no sólo las tradicionales habaneras españolas, que cantaban los pescadores en las tabernas de la costa Brava, sino también habaneras nuevas en catalán, comenzaron a resonar con fuerza en las playas y plazas mayores de los pueblos mediterráneos. Cantadas, a menudo, por pequeños grupos de cantantes que, vestidos con atuendos marítimos (camisa a rayas, gorra de capitán y pañuelo al cuello), invitan a la audiencia a unirse a ellos (algunos de estos grupos publican y distribuyen los cancioneros), las habaneras cuentan historias de marineros y soldados, y la añoranza de éstos por el mar, los barcos y las exóticas mujeres mula-

---

6. Una visión panorámica sobre las obras arquitectónicas más destacadas relacionadas con el legado de los indianos o «americanos» puede encontrarse en Imma Julián, Cristina Cadafalch y Carmen Grandas, «Academicisme i modernitat en l'arquitectura dels indians a Catalunya», pp. 225-233; Jaime Aymar Ragolta, «La huella americana en Barcelona»; *«Americanos» «Indianos»: arquitectura i urbanisme al Garraf, Penedès i Tarragonès (Baix Gaià), segles XVIII-XX.*
7. Los tres eran propiedad de Antonio López y López, Marqués de Comillas, quien, tras regresar de Cuba, se instaló en Barcelona.
8. Antoni Verdaguer, en una entrevista con la autora celebrada el 26 de julio de 2000.

tas.[9] Es frecuente que, durante algunas canciones, como la popular habanera catalana «El meu avi», los miembros de la audiencia se pongan en pie, se abracen y, balanceen al ritmo de la música, representando, así, la unión de la nación catalana. La conocida «La bella Lola», habanera en español, suele acompañarse de una gran ola de pañuelos blancos que simboliza la despedida de la mulata, evocando, así, un mito cultural cada vez que se entona la canción. La inclusión, casi obligatoria, de las habaneras junto al baile tradicional catalán, la sardana, en los programas de las fiestas mayores de verano subraya, sin duda, la autoafirmación de Cataluña como una comunidad marítima.[10]

Havanera 1820 gira en torno a los intereses de los comerciantes catalanes en el vergonzoso negocio triangular que se estableció entre Cataluña, la costa africana y Cuba a comienzos del siglo XIX. Sin embargo, al convertir en núcleo narrativo la historia de dos protagonistas femeninas, una catalana/blanca y una cubana/mulata, la película enfatiza y subvierte simultáneamente los estereotipos familiares. La protagonista de esta habanera cinemática, Amèlia Roig (Aitana Sánchez-Gijón) abandona una pequeña ciudad costera catalana a bordo de un barco con un nombre emblemático, *El Català*, con destino a Cuba, para casarse con un próspero inmigrante catalán que marchó a la isla cuando ésta era una niña; matrimonio concertado por su tío. De forma inesperada, *El Català* altera su ruta y se dirige a la costa africana, donde recoge un gran grupo de africanos convirtiéndose, así, en una empresa negrera. Cuando, al fin, llega a La Habana, el atractivo marido, Ton Massana (papel interpretado por un carismático Abel Folk), la recibe con frialdad. Para este rico inmigrante catalán, Amèlia es sólo parte de un negocio, garantía de un pacto comercial. Aun-

9. La habanera, una de las raíces musicales del tango, surgió en Cuba, primero como un baile y más tarde como una canción, en el siglo XIX. A finales del mismo siglo, el género de la habanera se encontraba entre los más populares en los salones musicales europeos, y compositores como Bizet, Saint Saëns y Ravel, entre otros, crearon numerosas habaneras para piano, ópera y zarzuela, siendo la más famosa, sin lugar a dudas, la «habanera» de *Carmen*, de Bizet. En la segunda mitad del siglo XX, las habaneras se asentaron con fuerza en la península Ibérica, con festivales anuales y numerosas *cantadas* en toda España.
10. El baile nacional, la sardana, se destaca como una característica distintiva de la sociedad catalana y una base del catalanismo, la teoría y práctica del movimiento nacionalista catalán. Véanse Balcells, p. 52; Brandes, pp. 24-40; Conversi, pp. 133-134.

que en cierto modo atraído hacia ella, Massana continúa manteniendo relaciones sexuales con una esclava mulata, Consuelo (Ikay Romay). Indignada por su comportamiento, Amèlia, que atrae hacia sí a Consuelo, se enfrenta a Massana y decide liberarse de un matrimonio que le ha sido impuesto por acuerdos familiares paternalistas. Su lucha personal con el marido y la complicidad de otras poderosas figuras masculinas precipitan la liberación de los esclavos. Animada por Amèlia, Consuelo apuñala a Massana a bordo de *El Català* y libera a un gran grupo de esclavos recién llegados del continente africano que escapan del barco negrero. Mientras Consuelo lucha con Massana, *El Català* se incendia y arde en la bahía de La Habana junto a dos de los negreros más despiadados, Massana y su cómplice, apodado «Cremat» (Quemado).

Havanera 1820 apuntó, probablemente por primera vez en el cine catalán, al tráfico de esclavos como el origen de las fortunas de los «americanos». La ambientación de la película se basaba en el discurso sobre la participación de Cataluña en la empresa colonial en Cuba, discurso que representaba a la inmigración catalana como una diáspora comercial basada en estrechos contactos familiares y amistosos. En el siglo XIX, la trata de esclavos se veía como una transacción comercial normal y los matrimonios concertados en beneficio de la capitalización constituían una práctica socioeconómica aceptada en la creciente sociedad capitalista catalana. Al enfocarse en la participación catalana en el comercio colonial, la película cuestiona el mito del «americano» y, en cierto modo, renegocia la identidad catalana. Durante siglos, Cataluña basó su identidad cultural en el principio de representarse a sí misma como una nación de trabajadores duros, racionales y diligentes, opuestos al Otro castellano, que maltrataba y abusaba del mundo colonizado. Al mostrar una empresa colonial fracasada y describir a los protagonistas como negreros sin escrúpulos, *Havanera 1820* socava la percepción tradicional de la inmigración como una fuente legítima y muy respetada de capital, y consiguiente ascenso social. La ruina económica, moral y social de los personajes principales, Ton Massana y Francesc Valeri, y la destrucción del bergantín *El Català*, emblema de la riqueza y prosperidad de la nación marítima, desafían la imagen del «americano». Francesc Valeri, tío de Amèlia, el cerebro que se halla detrás de una próspera empresa naval, encarna la lucha de Cataluña por llegar a ser uno de los mayores poderes imperialistas de la época. Miembro de una logia masónica y un liberal que alaba los ideales de la Revolución francesa, Valeri, no obstante, empuja a sus compañeros a participar en el sucio negocio de los negreros. La bonanza económica y el progreso técnico se convierten en un ídolo deseado a toda costa, y el tráfico de esclavos constituye un medio para cumplir su sueño de convertir Cataluña en un importante poder marítimo —mediante la adquisición de barcos de vapor que personifican el progreso—, evocando, así, la dominación del Mediterráneo perdida a lo largo de la historia.[11] Al arruinarse la empresa de Valeri, la maqueta de un barco de vapor ardiendo en la chimenea se convierte en una metáfora de los deseos no satisfechos de una nación marítima.

La historia de Ton Massana cuestiona la leyenda del «americano» de forma más compleja. Massana es una figura colonizadora agresiva, un inmigrante catalán con éxito, un propietario ávido de esclavos, tierras y mujeres. Al parecer, la participación directa de Massana en el tráfico de esclavos cubano y en la represión de una sublevación de éstos tiene como objetivo subvertir el romanticismo que rodea a los «americanos». Sin embargo, una espléndida cinematografía y la atención prestada al lujo asociado con su riqueza sugieren un discurso más tradicional. Massana vive en una ostentosa mansión equipada con suntuosos muebles de caoba y obras de arte. La cámara se deleita en recrear paradisíacos paisajes caribeños y exquisitos interiores coloniales, que recuerdan la percepción de Baudelaire del exotismo de ultramar: «Là, tout n'est qu'ordre et beauté, luxe, calme et volupté» (p. 72). La recreación de la atmósfera histórica se consiguió filmando en los museos del período romántico de Sitges y Vilanova, asociados a la prosperidad de los inmigrantes que regresaban, y en el Valle de los Ingenios, en la provincia cubana de Las Villas, don-

---

11. Jaime I el Conquistador (1213-1276) extendió el dominio catalán a las islas Baleares y expulsó a los musulmanes de Mallorca. Su sucesor, Pedro el Grande de Cataluña, invadió Sicilia en 1282. La expansión catalana por el Mediterráneo culminó con la conquista de Cerdeña, que comenzó en 1323. Los comerciantes catalanes desarrollaron una amplia red de representantes en los puertos mediterráneos. Este fenómeno suele describirse como la diáspora comercial catalana. La expansión por el Mediterráneo y la prosperidad continuaron hasta la fragmentación de Cataluña, durante la primera mitad del siglo XIV y la pérdida de control sobre Mallorca y Sicilia. A mediados del mismo siglo, la región fue atacada mortalmente por la peste que condujo a un descenso sin precedentes de la población y a un debilitamiento general.

de todavía pueden encontrarse vestigios de lo que fue una floreciente industria azucarera. En medio de este lujo, una mirada un tanto «voyeurística» —encuadrada en marcos de ventanas y puertas, o tras cortinas transparentes— sobre la relación cargada de erotismo entre Massana y Consuelo, un hombre blanco y una esclava mulata, recuerda lo que Robert J. Young define como deseo colonial: «a covert, but insistent obsession with inter-racial sex, hybridity and miscegenation» (p. xii). Young argumenta que la ambivalencia entre el deseo y el rechazo simultáneos de una mujer de otra raza y tierra constituye un tema dominante en el discurso vinculado a las relaciones entre el hombre blanco, protagonista de la ficción colonial y poscolonial, y una mujer nativa, un objeto de deseo y lujuria. El deseo colonial es un tema intrínseco tanto a las habaneras tradicionales como a las nuevas, convirtiéndose la mujer mulata en un Otro deseado y alienado, un objeto de pasión, lujuria y desprecio al mismo tiempo. Subrayando la unión y el predominio de dos figuras marginadas, una esposa y una esclava mulata, *Havanera 1820* parece subvertir los discursos de género y raza tradicionales sobre las actividades de Cataluña en la última y más «querida» colonia. Sin embargo, el repetido enfoque en la relación sexual entre Massana y Consuelo y su relación de amor/odio, intensificada por una voluptuosa banda sonora que evoca el sensual ritmo de la habanera, reinventan el deseo colonial en el lenguaje cinematográfico de finales del siglo XX.[12]

Aparentemente, el tema antiesclavista de la película se articula a través de Amèlia Roig, que sigue a su marido al Nuevo Mundo y que se muestra contraria a la esclavitud, una situación poco frecuente en el discurso de la emigración, ya que sus principales protagonistas son, por lo general, hombres. Sin embargo, el enfoque en la mujer blanca «liberal» y la posición subordinada de la mulata ponen de relieve, en cierta manera, la reciente tendencia a la nostalgia imperial, implícita, por ejemplo, en *Indochine* (1992), de Régis Wargnier, y en películas experimentales de Marguerite Duras.[13] Ella Shohat afirma que este tipo de narrativa cinemática «foregrounds a

---

12. La banda sonora original del compositor Carles Cases obtuvo el premio Círculo de Escritores Cinematográficos de España (CEC) en 1993.
13. C. A. Holmlund sostiene que «despite its oblique critiques of British India and despite its reworkings of how otherness and identity are seen and heard» la narrativa de Duras está impregnada de «nostalgia for colonial society» (pp. 10-11).

female protagonist, presumably appealing to feminist codes, while reproducing a colonialist narrative and cinematic power arrangements» (p. 64).[14] En *Havanera 1820* esto sucede cuando Amèlia, asumiendo «la carga de la mujer blanca» («white womans's burden»), libera a los esclavos y trata con cierta condescendencia y da órdenes a Consuelo, cuya posición, tradicionalmente marginada, se mantiene. Amèlia, figura que en los términos de una alegoría nacional puede ser vista como la invocación de la «tierra madre», Cataluña, continúa en la posición de poder y autoridad con respecto a Consuelo, quien, aun sin entender los motivos de su ama blanca, la sigue. Si bien la balanza del poder se traslada de la tradicional dominación masculina y la unión de dos mujeres que se rebelan contra la autoridad destruye una empresa colonial, la distribución de los roles de raza y género evocan, de nuevo, un discurso más tradicional en el que la mujer mulata sigue siendo, por un lado, objeto de fantasía sexual del hombre blanco y, por otro, sirviente que obedece a su ama blanca.

Aunque, la fascinación por una mulata constituye el centro de la narración de *En el mar de les Antilles* y *Havanera*, y las dos narraciones reinventan los motivos del deseo colonial y cuestionan la leyenda del «americano», las perspectivas de los autores difieren de forma significativa. *En el mar de les Antilles* transporta a los lectores a Cuba en la época en que España pierde la última guerra colonial. El título de esta novela alude a la habanera «El meu avi», que alaba la heroica muerte de soldados catalanes durante la guerra de 1898 a bordo de un barco que recibe el evocador nombre de *El Català*.[15]

El protagonista es Josep Amigó, un campesino que, en contra de su voluntad, es llamado a filas desde su Valencia natal —uno de los históricos Països Catalans— y llevado a Cuba para luchar contra los insurgentes mambises. Una serie de *flashbacks* relata la vida anterior de Amigó: su juventud como jornalero en su tierra natal, su primera experiencia sexual con una prostituta en un encuentro organizado por su

---

14. Al referirme a «nostalgia imperial» recurro al artículo de Ella Sohat, «Gender and Culture of Empire».
15. Esta habanera, con el significativo verso «Visca Catalunya! Visca el Català!», es considerada por muchos en Cataluña como, de alguna manera, el segundo himno nacional. Para un análisis sobre ésta y otras habaneras, véase mi artículo «Transatlantic Returns: The Habanera in Catalonia».

padre, y su breve noviazgo y posterior matrimonio con Maria. Después de tres años de guerra en Cuba, Amigó y su amigo Escrivà aceptan la oferta de bombardear el buque de guerra *Maine*, en el puerto de La Habana, a cambio de ser remunerados, promesa hecha por un oscuro individuo que parece estar vinculado a Randolph Hearst, el magnate americano de la prensa.[16] Al destacar la participación de soldados catalanes en uno de los acontecimientos más notorios de la larga guerra, *En el mar de les Antilles* subraya el lugar especial que ocupó Cataluña en la última empresa imperialista de España.

La vida de Amigó en la isla caribeña puede describirse, en cierta manera, como su llegada a la mayoría de edad. Tres encuentros importantes en tierra cubana influyen en el radical cambio que experimenta: con una prostituta mulata, La Negra Lola, que despierta su sensualidad; con un antiguo estudiante de Barcelona, Ramon Calls, que le enseña a leer y a apreciar la poesía y la filosofía, y con un compañero soldado, Bernat Escrivà, que le involucra en un crimen de excepcionales proporciones, el bombardeo del *Maine*. El dinero le permitirá cumplir el sueño de su vida, la independencia económica que le ayudará a poseer un trozo de tierra y salir de la pobreza, una variante de la leyenda del «americano». Mientras que *Havanera 1820* representa a los «americanos» como negreros sin escrúpulos, el protagonista de *En el mar de les Antilles* y sus compañeros del ejército son antihéroes, un desafío a la leyenda del «americano» que habla de prosperidad y riquezas obtenidas en ultramar por medio del autosacrificio y del trabajo duro, y contrastan con las heroicas figuras que pueblan las habaneras populares.

La relación de Amigó con La Negra Lola, cuyo apodo hace alusión a la popularísima habanera catalana «La Bella Lola», reinventa el deseo colonial al revelar lo que se ocultaba tras las sutiles metáforas de las seductoras habaneras cultivadas en la península Ibérica. El tradicional vocabulario que evoca la belleza de las mujeres y el anhelo de esa belleza incluye flores, frutas o partes del atuendo femenino, como el delantal o la cola, dejando a los oyentes y cantantes la tarea

16. La explosión del buque de guerra *Maine* en el puerto de La Habana, en febrero de 1898, desencadenó la participación de Estados Unidos. en la guerra hispano-cubana, que culminó en una derrota que la historia de España ha denominado «el Desastre». Se desconoce la causa de los bombardeos y son cientos las versiones y los estudios que se han dedicado a este suceso.

de decidir qué se esconde tras esos eufemismos. *En el mar de les Antilles* transcribe el mito de la voluptuosidad y maestría sexual de la mujer mulata, en un lenguaje destinado a los lectores del siglo XXI. Desde el momento en que el protagonista conoce a su amante cubana, vive en un mundo nuevo en el que despierta a una sensualidad que no había conocido en su matrimonio con Maria, a quien dejó en Valencia sin haber visto su cuerpo desnudo. El deseo de ver el cuerpo de una mujer se convierte en una obsesión para el protagonista, que se cumple con su amante cubana y su sofisticada sexualidad. El deseo carnal de Amigó no va más allá de su admiración por las cualidades físicas de la mulata y el placer de su maestría sexual. Sin embargo, la pasión de Amigó por La Negra Lola le hace sentirse culpable y lleno de remordimientos por la infidelidad a su esposa. La mujer mulata constituye un remedio contra la nostalgia y una fantasía erótica que se hace realidad. El final de la novela reitera una familiar situación que culmina con la fertilización de las tierras/mujeres colonizadas. Amigó deja Cuba para siempre sin saber que La Negra Lola está embarazada de su hijo. Al igual que en numerosas habaneras, los años pasados en La Habana serán una melodía nostálgica que evoca el pasado, «Aviat l'Havana no seria més que un record, un parèntesi en la seua vida» (p. 155). La situación es similar a la habanera creada por Manuel Valls Gorina como *leitmotiv* de la banda sonora de *La ciutat cremada* (1976), una película épica que muchos contemplan como el comienzo del cine catalán de la era posfranquista:

> *Mulata meva, no tornaré*
> *a cantar l'havanera*
> *dels teus ulls presoner.*
> *A Catalunya em quedaré:*
> *perquè en retornar a aquesta terra*
> *oblido la pena, retrobo al meu cor;*
> *perquè a la bella pàtria nostrada*
> *terra catalana retrobo l'amor.*

Xavier Febrés, *Les havaneres, el cant d'un mar*, 12

En *Habanera: Un reencuentro con un oculto pasado antillano* (1999), novela ganadora del prestigioso VIII Premio Internacional de

Novela Luis Berenguer, su autora, Ángeles Dalmau, ofrece un enfoque no tradicional del tema de la mulata. Escrita en español, esta obra puede leerse en el contexto más amplio de España, pero, al mismo tiempo, está comprometida con un discurso sobre la experiencia en ultramar específicamente catalán. La novela explora la historia más reciente y las últimas oleadas de inmigrantes a Cuba desde la perspectiva de una mujer que rememora su infancia en la isla como hija de acomodados inmigrantes catalanes. La anónima protagonista/narradora es una artista de mediana edad de Barcelona, que creció en Cuba, donde su familia había emigrado en busca de riqueza y prosperidad. En la década de los noventa, movida por la nostalgia, emprende un viaje a Cuba y se dirige a las casas donde fue feliz de niña en busca de su pasado. Una serie de *flashbacks* revelan la historia de una familia de indianos que, tras abandonar Cataluña y marchar a Cuba en 1936, cuando estalla la Guerra Civil, regresan nueve años después con la esperanza de que Franco renunciara pronto al poder. Después de más de cincuenta años, la búsqueda de la protagonista se convierte en un viaje en el tiempo, un proceso en el que su memoria recrea la vida de varias generaciones de indianos en Cuba y España. La novela de Dalmau se centra en el papel de la mujer en la inmigración. En el discurso tradicional sobre los viajes a ultramar, el papel de la mujer se reducía con frecuencia a una figura en la sombra que seguía a un marido o prometido en matrimonios concertados por figuras paternales para el beneficio económico de las familias. En *Habanera*, vista a través de los ojos de la hija, la madre ocupa un lugar equiparable, sino más importante, al del padre, en lo que a la toma de decisiones sobre la familia y los negocios se refiere. La voz narrativa femenina y el énfasis en la participación femenina desafían el discurso tradicional sobre inmigración y su tendencia a centrarse en el protagonista masculino y una mujer nativa.

Mientras visita Cuba cuarenta años después de que su familia abandonara la isla, la narradora y su hijo descubren un secreto familiar guardado con celo: su abuelo tuvo una aventura amorosa cuyo fruto fue una hija mulata. Tras visitar espacios abandonados hace tiempo, la protagonista recuerda que de pequeña su padre la llevó a visitar a su media hermana. El resultado de la aventura amorosa de su abuelo en la isla se mantuvo en secreto durante décadas ante familiares y amigos, debido a un claro prejuicio racial: «Quizás intuyó que no tenía un lugar en la familia, y que para mi abuelo no podría ser más que un recuerdo antillano» (p. 186). Sin embargo, la existencia de una tía mulata hace que se sienta ahora más vinculada a la isla mientras busca sus raíces. Una relación de parentesco con la tierra de su infancia, deseada con nostalgia, intensifica su afecto por Cuba y su renovada añoranza por los tiempos de prosperidad de los inmigrantes catalanes en la isla, que desdibuja la realidad del «período especial», durante el cual descubre «su» Cuba.[17] La nostalgia de la protagonista difiere de la nostalgia de las habaneras tradicionales, impregnadas de deseo sexual, pero, en su imaginación, la isla tropical es una metáfora de su hogar y felicidad perdidos hace tiempo. La identificación con la Cuba imaginada de su infancia —«casi soy cubana» (p. 26)— hace pensar en nostalgia de un pasado imperial imaginario, que evoca una analogía con *Indochine* y su protagonista femenina.

Más significativo aún es que la añoranza por «lo que se perdió en Cuba» se transmita a las nuevas generaciones a través de la memoria y la seductora música asociada a la isla. La protagonista actúa como un vínculo entre la generación de indianos y sus propios hijos, que han heredado de los abuelos y los padres el embrujo cubano. Javier, su hijo, que la acompaña en sus visitas a los escenarios donde su familia fue una vez feliz y próspera, percibe la añoranza de Cuba explícita en las habaneras como parte de su propia identidad. Comparte con su madre la fascinación por la tierra que atrajo a las generaciones de indianos y también siente Cuba como su hogar, lo que lleva a la protagonista a preguntarse si los hijos y los nietos han heredado la memoria colectiva de la tierra que nunca han visto. Es más, la narradora recupera su identidad cuando asume la misión de transmitir sus recuerdos del pasado familiar a sus hijos:

> «¿Acaso al hablar tanto de la isla a nuestros hijos habíamos conseguido transmitirles, sin darnos cuenta, esa mágica e irreal familiaridad que provocan los paisajes heredados? Su reacción de cercanía con ese entorno, desconocido para él, evidenció que los lazos con esta tierra no terminaban conmigo» (p. 25).

---

17. El último decenio del siglo XX, denominado el «período especial», se convirtió en la etapa más dura y difícil para la sociedad y economía cubanas, al perderse el apoyo económico que provenía de los países del bloque socialista a partir de la desintegración de éste, sin que se levantara el embargo por parte de Estados Unidos.

En las tres obras analizadas se descubre un acercamiento nostálgico a las actividades coloniales catalanas en Cuba. *Havanera 1820* recrea una «realidad» colonial a través de la belleza y el lujo cinematográficos; *En el mar de les Antilles* se centra en el deseo del protagonista por los placeres sexuales asociados a la mujer cubana; *Habanera* está impregnada de una añoranza por una feliz infancia colonial —en la cubierta del libro se puede ver una foto de acicalados niños blancos rodeados de un exuberante paisaje tropical. Un acercamiento nostálgico a la conexión con el Caribe puede contemplarse como una reivindicación de Cataluña para inscribirse en un modelo europeo de relación con el mundo colonial, mediante el cual los grandes imperios coloniales —Gran Bretaña, Francia, Rusia y España— se afirmaron como naciones. Canciones, películas y ficción que desarrollan el tema de la participación catalana en Cuba y en el Caribe cuestionan la construcción tradicional de la identidad catalana, construida en oposición al Otro, el castellano, con su leyenda negra sobre su participación en el tráfico de esclavos, y crean una nueva identidad, que subraya el complejo espacio de Cataluña dentro de una España y una comunidad europea heterogéneas.

2.
De *Cristo negro* a Cristo hueco: formulaciones de raza y religión en la Guinea española*

Susan Martin-Márquez

La pasmosa hipocresía de la retórica neoimperial de España sobre la «hermandad» de los españoles y los africanos que colonizaron se hace patente gracias al reciente descubrimiento de la ultrasecreta política segregacionista del régimen de Franco para con el protectorado marroquí: con el objetivo de proteger «la Raza» se destruyeron, de forma sistemática, las relaciones amorosas entre mujeres españolas y hombres marroquíes. Durante los años cuarenta y cincuenta, tanto los administradores coloniales como los burócratas metropolitanos espiaron a parejas, escucharon sus conversaciones telefónicas e interceptaron cualquier carta o telegrama de amor que pudieran intercambiar. Si se consideraba necesario, los funcionarios del gobierno contactaban, con discreción, a los miembros varones de la familia de la mujer, instándoles a que prohibieran el contacto; aquéllas sin vínculos familiares podían ser acusadas y juzgadas como prostitutas. Si esas medidas fallaban se separaba a la pareja por la fuerza mediante la deportación de una de las partes (si tanto la mujer como el hombre vivían en España o en el Protectorado) o la denegación de los papeles obligatorios para entrar (si ya se encontraban geográficamente alejados el uno del otro). Se rompían los legítimos matrimonios musulmanes y la presencia de hijos no constituía necesariamente un impedimento para la implementación de esta política; sólo si el hombre se había convertido al catolicismo y la Iglesia había santificado la unión se respetaba la relación, eso sí, con reticencia.[1]

---

* Traducción de Josefina Cornejo.
1. Las relaciones homosexuales también fueron objeto de vigilancia y control. Los archivos que documentan esta política, incluidos los registros sobre parejas bajo in-

Por el contrario, esta política secreta no fue necesaria en la Guinea española, el tema central de este estudio. La legislación consideraba simplemente impensables las relaciones sexuales y/o amorosas entre españoles y guineanos; incluso así, estrictas leyes y normas sociales conspiraban para regular cualquier relación que pudiera surgir. Ya había pasado la época en que un español podía proponer la mezcla racial como el camino más seguro para civilizar a los habitantes nativos sin destruir, así, su cultura, como había hecho el explorador del siglo XIX Amado Osorio (citado en Fernández-Fígares, p. 143). Durante la era de Franco, las mujeres solteras tenían vetada la entrada a la colonia a menos de que tuvieran familiares residiendo allí que se hicieran responsables de su comportamiento (Fleitas, p. 61). En un principio, las compañías agrícolas establecidas en el país (dedicadas a las plantaciones forestales, de café y cacao) se abstuvieron de contratar a europeos casados para cubrir los puestos administrativos y evitar, por tanto, la carga de proporcionar acomodación adecuada a sus esposas e hijos (Fleitas, pp. 72-73; García Gimeno, p. 46). No es de extrañar, entonces, que durante muchos años sólo el diez por ciento de los españoles en Guinea fueran mujeres (Nerín, p. 108). Según el discurso oficial, tanto los civiles varones españoles (por lo general, con contratos laborales de dos años) como los soldados debían mantenerse célibes durante su estancia. A los hombres jóvenes que se dirigían a la colonia se les advertía: «Comer mucho. Quinina a diario. ¡Cuidado con el sol! Un poco de ejercicio. Dormir con mosquitero. Evitar el relente. El amor, proscrito. (¡Países sin amor!)» (citado en Nerín, p. 121). En teoría, el amor estaba proscrito, ya que el conocido mandato del «Artículo cinco» permitía al gobernador de la Guinea española expulsar a todo aquel cuyo comportamiento se considerara impropio para España; mientras que sólo en ocasiones se enviaba a los borrachos y vagos a casa, eran los españoles implicados en relaciones extramaritales y/o relaciones homo o heterosexuales con gui-

---

vestigación (muy a menudo repletos de cartas de amor confiscadas), se encuentran en el Archivo General de la Administración en Alcalá de Henares. Fernando Rodríguez Mediano ha publicado un excelente análisis preliminar de este material. En mi libro (en vías de publicación), «Disorientations: Spanish Colonialism in Africa and the Cultural Mapping of Identity», que escudriña la retórica «fraternal» que durante dos siglos ha modulado la formulación de la política colonial en África y la construcción de la identidad nacional en España, realizo un estudio más amplio de esos archivos. Este ensayo es un extracto de dicho libro.

neanos los que se devolvían a la metrópolis (Fleitas, pp. 111-114). Pero en la práctica, los encuentros sexuales entre españoles y mujeres nativas —a menudo coaccionadas física o económicamente— no eran inusuales; el «doble estándar» genérico que se aplicaba a las relaciones mixtas en el norte de África (donde las uniones entre los españoles y las marroquíes no se reprimían) también predominaba en el territorio subsahariano. Los soldados destinados en la colonia cantaban sobre las dificultades de sus puestos, incluyendo la convivencia con mosquitos y monos, y la necesidad de recurrir a mujeres guineanas, llamadas «miningas»: «Aquellas chicas de España, ya no las podré contemplar / y a cambio de una mininga me tendré que conformar» (citado en García Gimeno, p. 72). Las compañías establecidas en Guinea advertían a sus empleados de que evitaran las relaciones con mujeres blancas, casadas o solteras, pero el sexo con nativas, siempre que se llevara a cabo con discreción, no se desaprobaba (Fleitas, pp. 63 y 73). Incluso así, como la discreción algunas veces daba pie a licencias, y la amenaza de la expulsión era importante, algunas empresas comenzaron a reconsiderar los beneficios de contratar a hombres casados. Como resultado, la proporción de mujeres españolas en Guinea comenzó a crecer y, para 1962, constituían más o menos la tercera parte de los colonos (García Gimeno, p. 46; Nerín, p. 109).

La política sexual se moduló de forma diferente en la Guinea española que en el norte de África, no sólo por la conceptualización más comúnmente aceptada de la inconmensurabilidad racial de españoles (blancos) y guineanos (negros), sino también por el radicalmente divergente estatus religioso de la colonia. El régimen de Franco había reconocido la imprudencia del proselitismo en el Protectorado marroquí y el Sáhara español, instituyendo una estricta política de respeto para con el Islam. La presencia de sacerdotes y otros representantes de la Iglesia sólo servía para atender a los católicos españoles, no para convertir a la población musulmana (o la minoría judía). Sin embargo, las creencias religiosas autóctonas del África subsahariana nunca se consideraron merecedoras de atención, y convertir a la población nativa fue siempre uno de los principales objetivos establecidos por la colonización española de Guinea, que seguía de forma explícita el modelo de la conquista de las Américas (Negrín Fajardo, pp. 18, 144-145; Mateo Dieste, pp. 85-86). Además, al igual que con la participación de España en el comercio de esclavos, la explotación de africanos se consideraba justificada siempre que estuviera acompañada de esfuerzos para concederles el bien mayor de la salvación de Dios. A partir de la década de 1880, las misioneras claretianas y las monjas concepcionistas entablaron una feroz competición con sus homólogos protestantes en el golfo de Guinea para conquistar las almas de los nativos y guiarles hacia matrimonios patriarcales y monógamos, y, así, hacer de ellos trabajadores más productivos y dóciles para los intereses coloniales de la metrópoli (Negrín Fajardo, pp. 35, 78, 83). Bajo el franquismo, se obligaba a todos los hombres nativos a trabajar, aunque muchos preferían la agricultura de subsistencia familiar a servir de contratistas en plantaciones coloniales (donde trabajaban miles de nigerianos); asimismo, se les exigía contribuir a los proyectos de infraestructura gubernamentales a través de un programa denominado «Prestaciones personales», eufemismo bajo el que se escondía un régimen de trabajos forzados. La educación primaria obligatoria preparaba a los niños para estas tareas, y a las niñas, para los trabajos domésticos, mientras que se enfatizaba la alfabetización española y la formación religiosa. El Estatuto de Educación de 1943 declaraba que «los conceptos de cristiano y español coinciden en nuestra escuela colonial de tal modo que por ellos se comprende la misión ideal de esta institución social» (citado en Negrín Fajardo, p. 227).

Demostrar su ortodoxia se convirtió en esencial para aquellos guineanos que aspiraran a avanzar dentro del sistema colonial. Hasta 1958, cuando los dos mayores territorios geográficos de la colonia fueron declarados provincias y, por tanto, todos los residentes nacidos nativos se convirtieron en ciudadanos españoles, el patronato de Indígenas «protegía» a la amplia mayoría de los guineanos. Formulado por primera vez en 1904, y revisado en numerosas ocasiones en décadas sucesivas, el Patronato caracterizaba a los nativos como menores legales; incluso los venerados ancianos tribales se contemplaban como niños grandes, incapaces de comprar o vender tierras, testificar en juicios, comprar alcohol o poseer armas. Sin embargo, una ley de propiedad de 1944 permitía a los granjeros expertos que se hubieran casado por la Iglesia y fueran buenos cristianos adquirir terrenos un poco mayores, siempre que cultivaran aquello que se necesitaba en la Península (Ndongo, «Guineanos», pp. 115-130). Asimismo, unos pocos guineanos elegidos podían declararse «emancipados» y disfrutar de una serie de derechos legales y responsabilidades equivalentes a los de los blancos. En un principio, sólo los acaudalados fernandinos (descendientes de los negros libres de habla inglesa que alcanzaron gran importancia en la isla de Fernando Po a finales del siglo XIX) se consideraban emancipados. Con posterioridad, otros guineanos que demostraron las cualidades religiosas y morales esenciales para una «misión» más elevada, y que obtuvieron la formación avanzada y los diplomas necesarios para ocupar puestos administrativos, médicos y educativos, pasaron a engrosar sus filas (Negrín Fajardo, pp. 106-107; 233; Ndongo, «Guineanos», p. 120). Por lo tanto, adoptando los valores católicos, convirtiéndose en «hermanos en Cristo» (una opción que, por lo general, no estaba disponible para la población local en las coloniales españolas en el norte de África), algunos guineanos podían alcanzar un estatus más similar, pero nunca igual al de los colonizadores blancos —con tal de que aceptaran, o simularan aceptar, la difamación por parte de los españoles de sus tradicionales prácticas religiosas y culturales. Incluso así, había pocos emancipados, y hasta finales de los años cincuenta y principios de los sesenta, la colonia parecía una sociedad marcada por la segregación racial, con escuelas primarias separadas, salas de lectura en bibliotecas separadas, salas separadas en hospitales, asientos en autobuses, acontecimientos deportivos, cines e incluso iglesias separados, y clubes sociales separados para las élites blanca y negra (García Gimeno, p. 123; Ndongo, «Guineanos», pp. 118, 200; Negrín Fajardo, p. 147; Nerín, pp. 48-49).

Como se detallará en las páginas que siguen, las tremendas contradicciones de la política española en la colonia guineana, en especial la relacionada con la formulación de la identidad racial y religiosa, se filtra a través de las fisuras y grietas de las películas «africanistas» de la era de Franco, como *Misión blanca* (1946), dirigida por Juan de Orduña, y *Cristo negro* (1963), dirigida por Ramón Torrado. Esas contradicciones también se ponen de manifiesto mediante la brillante e irónica deconstrucción del escritor guineano Donato Ndongo-Bidyogo en sus dos novelas del período posfranquista (y posindependentista), *Las tinieblas de tu memoria negra* (1987) y *Los poderes de la tempestad* (1997).

Las dos películas más populares ubicadas en la Guinea española y producidas durante el régimen de Franco, *Misión blanca* y *Cristo negro*, destacan la misión cristianizadora de España y exponen cuestiones de contacto y conflicto raciales, enfoque que ya se hace patente en sus títulos. *Misión blanca* está dedicada a los misioneros en Guinea, pero como ha observado Jo Labanyi, la conversión de los nativos queda eclipsada por una narrativa centrada en Javier, un joven sacerdote español que llega a la colonia para redimir a su padre, con el que está enemistado, el despiadado colono Brisco, descrito como un hombre blanco con alma negra («Internalisations», p. 33). Brisco se presenta claramente como abusador y antirreligioso; un *flashback* de su vida anterior en la Península le muestra abofeteando a su mujer y arrancándole una cruz del cuello antes de abandonarla. Sin embargo, la película vincula de forma explícita la persistente perversión de Brisco a su contacto con mujeres guineanas. Javier debe casar a Souza, la atractiva esclava de su padre, con un hombre nativo, no sólo para proteger a la mujer, sino también para salvar a Brisco; como el narrador principal de la película, el sacerdote Urcola, explica en su relato de la historia a un misionero recién llegado: «Uno de los peligros de Guinea que no incluyen los tratadistas es el peligro sexual. La lejanía de los centros de cultura, la escasez de mujeres blancas, dan un mayor atractivo a la raza negra. Lentamente, se van borrando los prejuicios del hombre blanco, y cuando cae en manos del ébano, es muy difícil librarle de él... Cuando lleve algún tiempo en Guinea, se dará cuenta del cambio que se opera en los hombres dominados por el ébano». *Misión blanca* refleja, por lo tanto, los prejuicios raciales que circularon a lo largo de los años en la prensa guineana controlada por España, donde se podía leer, por ejemplo, que «la fusión entre razas de diferentes colores produce una raza intermediaria que... hereda las peores condiciones morales, peculiares de cada una de ellas» (citado en Fernández-Fígares, pp. 133-134). Aunque cabe suponer que la «amenaza de ébano» continúe en el presente, la película relega a los colonos españoles explotadores a un pasado distante, gracias, en parte, a un estratégico marco narrativo. La historia de Brisco se desarrolla en 1910, y el Padre Urcola narra la historia a su joven protegido en 1935, poco antes de que la colonia pasara a manos del bando nacionalista. El sacerdote insiste en que la explotación pertenece al pasado: «El explotador sin escrúpulos ha desaparecido». Irónicamente, sin embargo, fueron los cambios en política de la era republicana los que habían pretendido mejorar las condiciones de los guineanos, imponiendo, por ejemplo, una jornada laboral de ocho horas y duras multas a los colonos que maltrataban físicamente a sus trabajadores.

Lo que la película no cuenta —ya que se mantiene convenientemente fuera de su selectivo marco temporal— es que la explotación floreció de nuevo durante el régimen de Franco, cuando se redujeron las multas por maltrato a los nativos y sólo los castigos que dejaban marcas se consideraban significativos (Fernández-Fígares, pp. 103-109).

Si *Misión blanca* apareció en una época en que la posesión de colonias todavía podía aumentar el estatus de una nación en el mundo, así como sus fondos, cuando se produjo *Cristo negro*, a comienzos de la década de los sesenta, se esperaba que las modernas naciones occidentales declarasen la «misión civilizadora» finalizada (sino, simplemente, en bancarrota conceptual) y reconocieran el derecho de los pueblos colonizados a la autodeterminación (Campos Serrano, pp. 41-43). La entrada, esperada durante largo tiempo, de España en las Naciones Unidas había coincidido con la concesión de la independencia a Marruecos. La insistencia de esa organización en la completa descolonización de África obligó al régimen franquista a buscar nuevas vías para justificar la presencia continuada de España en Guinea (al igual que en el Sáhara español). En un principio, Franco tomó el ejemplo de Antonio Salazar, su autoritario homólogo en Portugal, y declaró que las colonias africanas eran, de hecho, provincias españolas, iguales a las otras regiones históricas de la nación. En 1958, la Guinea española fue dividida en dos provincias (la isla de Fernando Po y el territorio continental de Río Muni), y todos los guineanos se convirtieron —sobre el papel— en ciudadanos españoles. La ONU no se dejó impresionar. Al aumentar la presión, tanto interna como externa, en diciembre de 1963 se organizó un referéndum, en el que los guineanos decidirían si su tierra debería continuar siendo dos provincias españolas o convertirse en una región autónoma y prepararse para una futura independencia. De esta manera, el régimen intentaba tranquilizar a la ONU, mientras retrasaba todo lo posible la pérdida de la colonia (Campos Serrano, pp. 86-92, 111-228).

Con este telón de fondo, *Cristo negro* pretende arrojar dudas sobre la preparación de Guinea para la independencia, destacando su vulnerabilidad en manos de intereses extranjeros y un pequeño grupo de nacionalistas despiadados, al tiempo que subraya la dedicación desinteresada de los españoles a la mejora de sus «hermanos» africanos. La película evita deliberadamente la condena directa del mestizaje que hace *Misión blanca*, al igual que cualquier reconocimiento de explotación pasada o presente por parte de los españoles. Al contrario, intenta desvincular a éstos de la feroz violencia racista que se atribuye en exclusiva a los colonizadores de Europa del norte. De hecho, la movilización de lo que Gustau Nerín ha apodado «hispanotropicalismo» es particularmente notable. Mientras que el discurso hispanotropicalista se construye sobre la omnipresente conceptualización del español como un africanista «natural», preparado de forma especial para ocupar territorio africano (debido a la proximidad geográfica del continente y a los muchos siglos de contacto con africanos), también insiste en que los objetivos espirituales y religiosos prevalecían sobre los intereses económicos del proyecto colonial de España. El relativo atraso de las colonias españolas puede convertirse, así, en una peculiar fuente de orgullo, mientras que el supuesto rechazo español de la explotación racista se atribuye a la ferviente devoción católica, que aboga por la hermandad de todas las razas ante Dios. Así, en *Cristo negro*, los colonos españoles se representan sólo mediante misioneros católicos: varias monjas, incluida la vivaracha hermana Alicia, y un bondadoso sacerdote, el padre Braulio (Jesús Tordesillas). Éstos dedican su vida al bienestar físico y espiritual de los africanos a su cargo: una secuencia del montaje muestra cómo a lo largo de los años un pueblo se transforma con la construcción de una iglesia, un hospital y una escuela que se convierten en centros de animada actividad. La explotación económica del territorio, por el contrario, la llevan a cabo sólo los colonos nórdicos, que esclavizan e incluso matan a los nativos, a quienes consideran «bestias». El cruel racismo de los blancos no españoles se enfatiza ya en la primera escena, que muestra a un grupo de hombres y niños africanos intentando mover con grandes esfuerzos un enorme tronco de árbol bajo la vigilancia de un capataz con látigo en mano. Cuando se castiga a uno de los trabajadores, sediento y exhausto, por parar a tomar un trago de agua, se desencadena una lucha entre el capataz y otro hombre negro, cuyo resultado es la muerte de este último a tiros.

Esta primera escena termina con el hijo del hombre muerto —nuestro héroe Mikoa— llorando sobre el cuerpo de su padre y jurando venganza. Sin embargo, gracias a las enseñanzas de los misioneros españoles que le acogen y educan hasta su madurez, pronto aprenderá que la venganza no es un sentimiento cristiano. En marcado contraste con los nórdicos, aunque en ocasiones llamen «cariñosa-

De *Cristo negro* a Cristo hueco... _____ 61

mente» a los africanos «niños» o «diablillos», los españoles insisten en que, como afirma el padre Braulio, «las almas no tienen raza ni color». Braulio emplea palabras propias del hispanotropicalismo, por lo general atribuidas al fundador de la Falange, José Antonio Primo de Rivera, y citadas con frecuencia por los africanistas. De hecho, el consejero principal de Franco (y sucesor previsto), Luis Carrero Blanco, apuntó en un discurso pronunciado en la Guinea española, el mismo año en que *Cristo negro* se estrenó, que «para nosotros el hombre es, según frase feliz de José Antonio, un portador de valores eternos, y estos valores eternos son el alma, que no tiene ni forma ni color» (citado en Nerín, p. 134). El padre Braulio es el responsable de la destacada presencia en la iglesia de la misión de una talla de un santo peruano negro, Martín de Porres, cuyo nombre adopta Mikoa cuando recibe el bautismo. Más tarde, al contemplar la figura de un Cristo que Mikoa ha tallado en madera de ébano, el padre Braulio reitera que no hay nada inusual en imaginar a Cristo como negro. De esta manera, los representantes de la Iglesia católica tratan a los nativos como iguales espirituales (en potencia). Cuando la película termina, se autorizará a Mikoa a administrar los últimos ritos al moribundo padre Braulio, y se transformará incluso, literalmente, en el «Cristo negro» del título. Asimismo, se anima a la audiencia a que empatice con Mikoa, personaje interpretado con sensibilidad por el actor cubano negro René Muñoz, que en poco tiempo había adquirido gran popularidad en España promocionado por el director Ramón Torrado y su anterior película. Cabe la posibilidad de que la presencia de Muñoz en *Cristo negro* contribuyera al éxito en taquilla de la película (fue la tercera película que más tiempo estuvo en cartel ese año [Camporesi, p. 124]), así como su aparente tono antirracista. En este aspecto contrasta de nuevo con la anterior *Misión blanca*, cuyo discurso abiertamente racista no se desestabilizó por la identificación de la audiencia con las estrellas que interpretaron a los personajes de los nativos, ya que esas estrellas eran, de hecho, españoles blancos (Jorge Mistral y Elva de Bethancourt) «disfrazados de negros», con maquillaje oscuro para la cara y el cuerpo.

Aunque *Cristo negro* evita la clara condena del mestizaje presente en *Misión blanca*, el texto está, sin embargo, impregnado del miedo a los encuentros sexuales «interraciales». Labanyi ha analizado la apropiación pretenciosa del tropo del mestizaje del discurso colonialista español, prestando especial atención al escritor fascista Ernesto Giménez-Caballero, quien, en 1932, describió España como un «país fecundo, genital, genial. Somos raceadores, donjuanes, magníficos garañones varoniles de pueblos» (citado en Labanyi, «Women», p. 384, y Labanyi, «Internalisations», pp. 28-29). «Racear» o «hacer raza» (es decir, el blanqueamiento de las comunidades más oscuras) se caracteriza, por tanto, como una actividad masculina por excelencia, mediante la cual a las pasivas nativas se les «inyectan» a la fuerza las fecundas semillas del hombre español. El mestizaje, cuyos efectos se documentaron con tanta «exactitud científica» en la pintura de castas que proliferó en Hispanoamérica en el siglo XVIII, se convirtió en un principio clave del discurso hispanotropicalista. Aunque otras naciones colonizadoras también habían intentado afirmar que las relaciones «interraciales» confirmaban que sus prácticas coloniales no eran racistas, tenían dificultades para mostrar las exhaustivas pruebas visuales —o la abultada retórica— con la que contaban los españoles. Pero como ha demostrado Labanyi, a finales de los años cuarenta y a comienzos de la década siguiente, las películas misioneras de España comenzaron a suplantar al «raceador» hiperviril por un hombre «feminizado» y maternal, parecido a Cristo, y a representar la incorporación racial en las colonias con medios no sexuales (aunque de obvio carácter genérico) («Internalisations», p. 29). Esta tendencia todavía se percibe en *Cristo negro*: a Mikoa se le acoge en una peculiar forma de domesticidad colonial española, ya que está bajo el cuidado y guía del asexual «padre» Braulio, y recibe los mimos de la casta «hermana» Alicia. Así, la película consigue mostrar una familia interracial alternativa, no corrompida por la trasgresión sexual y racial.

Sin embargo, como el protagonista crece junto a Mary Janson, la hija de colonos nórdicos, la película debe intentar abordar con sutileza la cuestión del mestizaje. Al ser un hombre negro que se enamora de una mujer blanca, Mikoa amenaza el cuidado modelo genérico de mestizaje exaltado en el discurso hispanotropicalista (y regulado a través de normas tanto públicas como encubiertas). Mientras el padre Braulio es incapaz de reconocer que el interés de Mikoa en Mary podría escapar al paradigma de la familia asexual —asume que es natural que los dos se quieran «como hermanos»— el padre de Mary exclama alarmado «que de ese cariño fraternal, puede nacer una

De *Cristo negro* a Cristo hueco... _____ 63

pasión». Ya que Walter Janson es del norte de Europa, y no español, su firme oposición a cualquier relación amorosa entre su hija y Mikoa puede atribuirse a un racismo «extranjero», en vez de a la hipocresía de los católicos españoles que predican que «las almas no tienen raza ni color». Más aún, la confabulación tácita del padre Braulio y la hermana Alicia con el deseo de Janson de separar a los dos jóvenes se enmascara, de nuevo, a través de su estatus de «familia»: como cualquier padre, Braulio intenta proteger a Mikoa de la ira de Janson mandándole lejos del pueblo, con la excusa de que otro misionero requiere de sus servicios (mientras Mikoa se halla fuera, Mary pasa más tiempo con el médico blanco recién llegado a la misión, con quien acabará comprometiéndose). De igual manera, cuando la hermana Alicia decide no entregar un brazalete a Mary —un regalo de Mikoa— y en su lugar se lo da al padre Braulio, se está comportando como lo haría cualquier hermana preocupada, ahorrándole el dolor por el rechazo de Mary a Mikoa «incluso admitiendo asimismo la mayor autoridad del "padre"». De hecho, el tratamiento que el padre Braulio y la hermana Alicia dispensan al protagonista está marcado por la condescendencia que se podría esperar dentro del modelo patriarcal de familia postulado por el franquismo, pero también es característico de la relación establecida en la Guinea española entre el colonizador y el nativo. El mismo Mikoa ha internalizado la lógica colonialista que declara a los guineanos menores legales, ya que trata como a niños a los nativos varones a los que enseña en la escuela de la misión —muchos de los cuales son ya adultos—. A pesar de su posición elitista, el personaje también es infantilizado para desactivar su potencia sexual.

El esfuerzo de *Cristo negro* por establecer el colonialismo español como fundamentalmente distinto enmascara con sutileza un miedo a la diferencia subyacente —o, para ser más precisos, miedo a la peligrosa atracción por la diferencia—. A este respecto, cabe destacar tres escenas de especial interés. Mikoa le pregunta a la hermana Alicia si habría considerado casarse con un hombre negro antes de tomar los votos, y ella responde, con una sonrisa: «¿Por qué no?». Aquí se observa con bastante claridad cómo la película intenta denunciar el racismo en la teoría, sin poner en riesgo la hegemonía de las prácticas racistas. La confesión de la hermana Alicia de un posible deseo por un hombre como Mikoa no tiene, en apariencia, consecuencia alguna, ya que sus votos le impiden cualquier tipo de relación sexual. Al mismo tiempo, su confesión revela lo que Robert Young ha denominado «the fobia and fascination that the idea of miscegenation summons forth in the white imagination» (p. 148). De hecho, dos intensas escenas paralelas anteriores muestran esa «fobia y fascinación» al describir dos intentos de violación transrracial, en las que Alicia es una de las víctimas. Los dos crímenes tienen lugar durante una celebración de los nativos, y la atmósfera «salvaje», así como el flujo libre de alcohol, están implicados en la estimulación de perversas inclinaciones. Primero, un guineano borracho se acerca a una ventana del pequeño hospital de la misión y, susurrando «Mira, una mujer blanca» a un amigo, espía a la monja, cuyo hábito blanco, junto con la luminosa luz de su antiséptico lugar de trabajo, enfatiza su palidez. Después el hombre se hace un corte para poder entrar en el hospital. Un campo-contracampo revela que mira con lascivia a la monja e intenta abordarla, balbuciendo de nuevo: «Eres hermosa, mujer blanca», antes de que un paciente nativo de la sala adjunta se apresure a salvarla. Aunque esta escena pone de manifiesto los peores estereotipos del hombre negro como violador de mujeres blancas, se «compensa» con rapidez por otra en la que el colono Charles, ebrio también, que ya había lanzado miradas lascivas a Dina, persigue a la mujer nativa hasta la jungla para violarla. Es significativo, por supuesto, que el violador blanco en potencia sea un nórdico, no un español. Mikoa, habiendo reconocido a Charles como el asesino de su padre, le persigue para matarle y rescata, así, a Dina. Por una parte, esta secuencia implica que la violación de una mujer negra a manos de un hombre blanco es un acto criminal, al igual que lo es la situación opuesta, que siempre se condena. En conjunto, sin embargo, las dos descripciones de los intentos de violación asocian el deseo por los Otros raciales con la depravación.

Ambas escenas indican inequívocamente por medio del campo-contracampo que esos «degenerados» deseos se activan primero a través de la mirada. De hecho, en *Cristo negro*, la mirada adquiere una importancia fundamental: como portadora de impulsos pecaminosos, debe reinvertirse con una pasión exclusivamente cristiana. Así, el padre Braulio apremia a Mikoa a sublimar su deseo sexual por Mary desviando su mirada libidinosa hacia el crucifijo. Los esfuerzos de Mikoa por conseguir esa sublimación se subrayan en una escena en la iglesia de la misión, donde él contempla, con un deseo tierno, a Mary rezando, antes de sacudir la cabeza y dirigir su mirada hacia al altar en actitud culpable. Más aún, la peligrosa atracción de Mikoa como el objeto, y no sólo como el sujeto, de una mirada deseosa se elude cuando se convierte, a lo largo de la película, en un fetiche religioso. Conviene valorar la definición que hace Anne McClintock de fetiche dentro del contexto colonial, como la encarnación de la irresolución de una «crisis in social meaning» (p. 184): en teoría, según la doctrina católica y en palabras del padre Braulio, «la cruz simboliza el amor entre todos los hombres», pero no se permite que la blanca Mary quiera al negro Mikoa. Esta contradicción es elidida, de manera paradójica quizá, cuando Mikoa se convierte en la imagen de Cristo en la cruz. Esta metamorfosis ya se esboza en las primeras escenas de la película, cuando el niño que acaba de quedarse huérfano es entregado al padre Braulio como si se tratara de un accesorio de devoción. Después de encontrar a Mikoa inconsciente en la jungla, la pequeña Mary y su padre le llevan a la misión, donde ella, encantada, informa al sacerdote que le confían algo para la iglesia que está construyendo. Sólo después de que el padre Braulio pregunta si es una imagen religiosa sabemos que, además de a Mikoa, Mary y su padre también han traído una campana para la iglesia. La primera de una serie de sustituciones fetichistas se lleva a cabo en este momento, ya que como espectadores, privados de una pieza clave de información, nos vemos forzados a visualizar a Mikoa en el lugar de un objeto sagrado. Por su parte, el padre Braulio y sus seguidores no tardan en animar a Mikoa a identificarse con el icono de san Martín. Esto debió constituir un detalle importante para muchos amantes españoles del cine, porque en la película de Ramón Torrado, la popularísima *Fray Escoba* (1961), anterior a *Cristo negro*, René Muñoz también interpretó a Martín de Porres (cuya canonización como el primer santo americano negro se conmemora en la película); de hecho, los críticos José Luis Castro de Paz y Jaime Peña Pérez consideran a *Cristo negro* como una especie de continuación de *Fray Escoba*. Así, la imagen de estrella del actor en España refuerza la transformación del protagonista en un objeto de veneración. Mientras Mary insiste en llamar a su compañero de juegos infantiles Mikoa, en lugar de Martín, el mismo joven, al ofrecerle el Cristo negro que ha tallado en madera, parece animarla de forma subconsciente a transferir su afecto hacia otro, e incluso más exaltado, fetiche religioso. Esta particular transformación y transferencia culmina en los asombrosos momentos finales de la película, cuando miembros del movimiento de independencia africana capturan y crucifican a Mikoa en la gran cruz misionera que preside el pueblo desde una cumbre cercana. La última escena muestra a Mikoa muerto sobre la cruz, con Dina, la «Dolorosa» africana, sollozando a sus pies. La literal conversión del protagonista en un Cristo negro, diseñada de forma perversa para demostrar la supuesta falta de prejuicio racial del colonialismo español (los españoles son tan imparciales que pueden incluso concebir a Cristo como un negro), responde, en realidad, a la urgente necesidad de neutralizar la irresistible y amenazadora atracción por el Otro racial. Los «estigmas» raciales se «literalizan» de forma chocante, ya que Mikoa es anulado como ser sexual y, finalmente, martirizado.

Una vez transformado en un objeto religioso, el protagonista es incapacitado como sujeto que mira. Ya no puede contemplar a Mary con deseo libidinoso, ni lanzar miradas vengativas a Charles, el capataz blanco responsable de la muerte de su padre (y quien, como se desvela, había trabajado para el padre de Mary).[2] Charles observa la intensidad amenazadora de la mirada de Mikoa en varias ocasiones. En la celebración durante la que intenta violar a Dina, Charles le dice a Mikoa, riendo con sarcasmo: «Qué miedo me das con esa mirada». Finge ofrecerle un cuchillo para matarle, pero tira a Mikoa al suelo, «para que no vuelva a molestarme con la mirada». No obstante, cuando el protagonista persigue a Charles hasta la jungla, con su propio cuchillo en la mano, el crucifijo de nuevo desvía la mirada pecaminosa del africano: en una dramática escena, justo cuando Mikoa está a punto de matar a Charles, la sombra del crucifijo que lleva al cuello se proyecta sobre su víctima, y retrocede horrorizado ante su propia intención asesina. Sólo el catolicismo es capaz de desviar el

2. Janson recibe a Charles con efusividad cuando este último regresa a la región. En este momento entendemos la ironía del encuentro de Janson con el padre Braulio al comienzo de la película, cuando entrega al huérfano Mikoa a la misión. Janson le dice al padre Braulio, en evidente desacuerdo, que es probable que Mikoa se haya escapado de una plantación, y Braulio replica que no sería una sorpresa, teniendo en cuenta cómo tratan a los nativos los propietarios de plantaciones. En una escena posterior, descubrimos que la plantación de la que escapó Mikoa era, de hecho, de Janson, aunque el propietario está tan desvinculado de sus empleados que no acierta a reconocer al niño. Los espectadores, no obstante, saben de esta conexión entre Janson y Mikoa.

«primitivo» impulso a la violencia encarnado en la mirada del hombre negro. Hay muchas escenas en la película que subrayan la importancia de convertir la desafiante mirada de los africanos en una mirada humilde, «cristiana» y sumisa. Después de un levantamiento nacionalista en el que mueren varios colonos, el padre Braulio advierte a sus pupilos, en una reunión al aire libre, que Dios les condenará si tomaron parte en los asesinatos. El elocuente cabecilla de los guineanos mira a Braulio a los ojos. Según bell hooks, ésta es la mirada que expresa igualdad, pero que los negros, por miedo al castigo, han aprendido a evitar en sus relaciones con los blancos a lo largo de la historia (p. 168). Y, de hecho, cuando el sacerdote resalta su creencia en la justicia divina gesticulando hacia el cielo, todos los nativos bajan la mirada, se giran y caminan con pesar cabizbajos. En la segunda reunión con el sacerdote, los guineanos están más envalentonados e incluso uno se atreve a arrojar una piedra al padre Braulio, antes de que Mikoa llegue hasta él para protegerle. Éste también es golpeado en la cabeza con una roca, y el cabecilla le llama «Traidor a su raza». Pero la apasionada defensa del sacerdote por parte de Mikoa, y su expresa disposición a morir por él, de nuevo inspira a la muchedumbre a que bajen los ojos avergonzados, se den la vuelta y se alejen abatidos. Así, *Cristo negro* demuestra por qué la combinación de catolicismo y colonialismo es, en potencia, tan efectiva: el discurso católico aparta el deseo de venganza que es, quizás, un producto inevitable de la violencia colonial. Mientras las primeras imágenes de la película, en las que Mikoa contempla horrorizado cómo asesinan a su padre, funcionan como una simbólica «escena originaria» de esa violencia colonial, a través del catolicismo, el personaje aprende a exorcizar su ansia de buscar castigo e intenta persuadir a los demás guineanos a que obren igual.

Sin embargo, al fracasar la misión del protagonista en el último momento, queda claro que la película lucha por contener los excesos de sus propias y complicadas estrategias retóricas hispanotropicalistas. Mikoa resiste el impulso de matar a Charles, pero no logra reprimir una profunda ira cuyo objeto son el padre Braulio y la hermana Alicia, cuando descubre que ambos han conspirado para apartarle de Mary. En su enfrentamiento con la monja, mira con desafío a su «hermana», y ahora es la monja quien baja la mirada y se gira avergonzada, mientras él le dice (¿con sarcasmo?): «Gracias por creer que los negros también tenemos sentimientos». En otra dramática escena, Dina intenta que Mikoa reconozca y asuma su identidad africana, al insistir éste en que le llame por el nombre con el que fue bautizado, Martín. Acercando su brazo a su cara, Dina dirige la mirada del hombre hacia su negritud compartida, afirmando: «Tú eres Mikoa aunque ellos te hayan cambiado el nombre. Pero ¿quién puede cambiarte el color de la piel? Mira, es tan negra como la mía». En una película tan obsesionada con la dinámica de la mirada colonial, esta escena cabría interpretarse como la famosa variación de la «escena del espejo» psiconalítica analizada por Frantz Fanon y ampliada después por Homi Bhabha. Fanon describe cómo su identidad fue «fijada» por la mirada del niño blanco que le apuntaba, gritando: «Mama, see the Negro. I'm frightened!» (*Black Skin*, pp. 112, 116). Una vez que es consciente de la supuesta fealdad de su «uniforme» (p. 114), la respuesta del niño negro es ponerse una máscara blanca. Como explica Bhabha, «the black child turns away from himself, his race, in his total identification with the positivity of whiteness, which is at once colour and no colour» (*Location*, p. 76). En *Cristo negro*, sin embargo, Dina desea invertir la incorporación de Mikoa al «ideal de ego» blanco, mostrándole el espejo de su propia carne. Pero Mikoa rechazará por completo adoptar una identidad nativa, aunque reconoce que su «blancura» debe adquirirse a costa de su subjetividad.

Para Bhabha, lo «visto» modula la «escena» sobre la que las identidades coloniales son representadas (*Location*, p. 76), y el régimen visual colonial siempre conlleva las semillas de su propia alteración. La relación entre un blanco que mira y el negro al que mira, y el rechazo de la diferencia presentado por ambos en la «escena del espejo» de Fanon son inherentemente inestables, ya que según Bhabha «there is always the threatened return of the look» (*Location*, p. 81). Así, Bhabha atenúa la dramática afirmación de Fanon de que los ojos blancos son «los únicos ojos reales» (*Black Skin*, p. 116). Y, de hecho, aunque a lo largo de *Cristo negro*, la mirada de Mikoa es constantemente desviada, nos encontramos con un africano cuya mirada es insensible a tal desviación y que posee «ojos reales»: Bindú, el delegado del Frente de la Independencia. Al tratarse de un intelectual negro, este personaje inspira, sin duda alguna, miedo en los blancos, que creen que «es mejor que se le vigile», como escribía Fanon (*Black Skin*, pp. 20-21, 35). En la película, sin embargo, la fundamental ca-

De *Cristo negro* a Cristo hueco... _____ 69

pacidad de «pasar desapercibido» de Bindú se representa por medio de las gafas de sol que lleva en todo momento, tanto en exteriores como en interiores. Los cristales oscuros le permiten escudriñar a los colonos blancos con impunidad, convirtiéndoles en sus propios Otros, mientras que ellos no tienen la posibilidad de devolverle la mirada. En su encuentro con Janson, en casa de este último, Bindú emplea un término con gran resonancia para los africanistas cuando insiste en que «nuestro país atraviesa un grave momento en que va a decidirse si es posible nuestra *convivencia*» (énfasis mío). Pero sólo se quita las gafas para lanzar una mirada firme y fija al hombre blanco y declarar el derecho absoluto de sus compatriotas africanos a la autodeterminación política: «Antes de lo que se imagina seremos nosotros quienes dictamos nuestras propias leyes». Asimismo, Bindú convierte a Charles, el antiguo capataz, en su subordinado: cuando los dos viajan en un jeep, el africano, vestido con los atuendos del colono, coge el volante y recomienda al europeo que nunca olvide que «ahora está a nuestro servicio». Fanon insiste, en cambio, en calificar de «psicosis», engendrada por el racismo, el deseo del hombre negro de «make white men adopt a Negro attitude toward him... obtaining revenge for the *imago* that had always obsessed him: the frightened, trembling Negro, abased before the white overlord» (*Black Skin*, pp. 60-61). Ésta es precisamente la *imago* con la que *Cristo negro* comienza y, aunque muestra cómo el catolicismo ha conseguido doblegar la «psicótica» sed de venganza de Mikoa, demasiados africanos que llevan la misma *imago* dentro se han mantenido fuera del amparo de la Iglesia. La película parece presentar como trágicamente inevitable el clímax frenético en el que los africanos, guiados por los nacionalistas, se rebelan contra los blancos, masacrando a todos los misioneros españoles y crucificando a Mikoa, el «traidor de la raza».

¿Qué debían pensar los miembros del público español de este espectacular y violento desenlace? ¿Intentaba la película prepararlos para un sangriento final del proyecto africanista que abarcaba ya un siglo, representado aquí como un prolongado martirio? De hecho, el mismo mes en que se estrenó *Cristo negro* (marzo de 1963), un grupo de nacionalistas exiliados (la Unión General de Trabajadores de Guinea Ecuatorial) anunció que tomaba las armas contra los colonizadores para alcanzar la independencia, y es probable que los españoles esperaran que la violencia explotara en Guinea, como había sucedido en otras partes del continente. Al mismo tiempo, sin embargo, otros representantes nacionalistas exiliados habían comenzado a plantear su caso en las Naciones Unidas y habían alcanzado un gran apoyo entre los representantes de países vecinos como Nigeria, Camerún y Gabón (todos lograron la independencia en 1960), y miembros del Comité Especial para la Descolonización (formado en 1962). Por suerte, también se les escuchó en la delegación española, más pendiente de las oscilaciones de la reputación internacional de España que muchos funcionarios en la Península. Como resultado de las negociaciones, el gobierno se apresuró a preparar un referéndum popular sobre la autonomía —aprobado en diciembre de 1963— y, al año siguiente, se eligieron por primera vez alcaldes negros en las dos grandes ciudades de la recién bautizada Guinea Ecuatorial. Aunque hubo incidentes ocasionales protagonizados por diferentes grupos nacionalistas que intentaron convertir su lucha en una guerra, el hecho de que recurrieran al derecho internacional, tanto como su promoción de la revolución, fue lo que condujo a los guineanos a la independencia (Ndongo, «Guineanos», pp. 200-210; Campos Serrano, pp. 167-206).

Quizá por esta razón, el narrador sin nombre de la novela *Las tinieblas de tu memoria negra*, del escritor ecuatoguineano Donato Ndongo, un joven que ha viajado a la Península para prepararse para el sacerdocio, en los primeros años de la década de 1960, decide abandonar el seminario e ingresar en la Facultad de Derecho. Como confiesa a su guía espiritual, es igual de vital que los guineanos sean abogados (e ingenieros, y médicos) que sacerdotes: «También eso es primordial, padre, para alcanzar nuestra estabilidad, para nuestro progreso, para construirnos una nación» (p. 17). Mientras que los textos africanistas españoles se preocupan por movilizar las colonias y los colonizados en la construcción de una identidad nacional española, *Tinieblas* enfatiza que ahora es el turno de los guineanos para construir su propia nación —con y en contra de España y los españoles—. De hecho, el narrador ofrece un contrapunto fascinante al protagonista de *Cristo negro*. Comparte varios rasgos con Mikoa. Aunque no es huérfano, crece bajo la «protección» de la Iglesia Católica en la región continental de la Guinea española, y demuestra una profunda devoción religiosa desde muy temprano, así como «excepcionales» habilidades intelectuales. Al igual que Mikoa ejerce como el colaborador más cercano del padre Braulio, el narrador también acompaña al padre Ortiz en su labor misionera e incluso ayuda a privar a los guineanos de los iconos de sus «salvajes» sistemas de creencias autóctonos (p. 31). Asimismo, lucha por controlar su deseo por las mujeres, aunque, en su caso, el interés por una europea blanca no despertará hasta que viaja a España. Al contrario que muchas obras literarias y cinematográficas producidas por españoles, la novela de Ndongo no se obsesiona con las consecuencias de la mezcla de razas a través del sexo —o la violación— sino con los efectos de la mezcla cultural a través del contacto —o brutal imposición colonial—. En este sentido, el narrador de *Tinieblas* puede describirse como un «anti-Mikoa» ya que articula una perspectiva profundamente ambivalente del legado del colonialismo español.

La novela incluye una condena incisiva de la educación primaria y religiosa en la Guinea española. Mientras *Cristo negro* procura representar a los españoles como «ciegos ante el color», el narrador de *Tinieblas* muestra cómo los colonizadores españoles inculcan un racializado sentimiento de aborrecerse a sí mismos en los guineanos, que transmiten a sus compatriotas, como queda claro en la descripción del maestro nativo don Ramón, que propina latigazos a sus pupilos, «pues creía, y así lo repetía, que la letra solo puede entrar con sangre, porque los negros tenemos la cabeza muy dura» (p. 24). Los polifónicos monólogos interiores de la novela revelan cómo los pensamientos del narrador se impregnan con discursos xenófobos repetidos hasta la saciedad en el mundo colonial español, desde los patrióticos himnos falangistas cantados por los niños cada mañana delante de la bandera en el patio, hasta los libros de texto de historia imperialista recitados en clase, o las lecciones «de religión» llenas de odio impartidas por don Ramón y el padre Ortiz. Se anima a los guineanos a reconocerse en los nativos americanos a los que los españoles, «una raza superior y elegida» (p. 32), también ofrecieron la «Única Doctrina Verdadera». Al mismo tiempo, se les alimenta con terribles historias de la era de la Guerra Civil sobre «las hordas de los hombres de piel roja que quemaban iglesias y conventos con monjas dentro y todo, algo que jamás había hecho ningún infiel como nosotros, esos sí que eran salvajes de verdad» (p. 27). Ya que los españoles izquierdistas son racializados, a los guineanos se les tranquiliza diciendo que, aunque lamenten el color de su complexión, pueden sentirse confortados por el hecho de ser «negros» y no «rojos». En otras palabras, pueden escapar de la verdadera barbarie con sólo rechazar el camino del materialismo impío. La defensa por parte de los guineanos de sus propios intereses económicos se alinea, por lo tanto, con salvajismo, y para blanquearse (aunque sólo sea interiormente) y conseguir un lugar entre los «civilizados» tienen que aceptar una posición de subordinación económica (incluida, debe asumirse, la expropiación masiva de las tierras más productivas, práctica común bajo el colonialismo español). Los colonizadores tienen experiencia en emplear la retórica antisemítica y anticomunista para esta causa, al advertir a los guineanos de que eviten la avaricia de los asesinos judíos de Cristo (p. 33):

> Flagelábamos al Señor, cual nuevos judíos, con nuestras costumbres bárbaras, con nuestro deseo de riqueza, con la codicia de los bienes ajenos cuando Cristo había prometido el reino de los cielos a los pobres: la única riqueza agradable a los ojos del Señor es la del alma, un alma blanca y pura (p. 65).

La perspicaz movilización de Ndongo de una narración retrospectiva en primera y segunda persona, y la distancia entre la perspectiva adulta del narrador y la visión de un niño le permiten meditar con ironía sobre este discurso antisemítico. De niño, el narrador experimenta un intenso deseo de conocer el significado de las letras «INRI» que adornan el crucifijo de bronce que preside su clase, pero nunca se atreve a preguntar, ya que intuye que su curiosidad sólo se satisfará con una paliza (p. 28): la naturaleza judía de Cristo difícilmente armoniza con las crudas expresiones de antisemitismo. Al subrayar su juvenil obsesión con el misterio de «INRI», sin embargo, el narrador adulto moviliza los tópicos antisemitas para ahondar en la situación angustiosa de aquellos guineanos que eligen aliarse con los colonizadores. Así, agudamente reformula su caracterización de la pedagogía de don Ramón insistiendo en que el maestro «más que explicar, os claveteaba» la versión de la historia del colonizador (p. 32). Se representa, así, a don Ramón como «crucificando» a sus alumnos guineanos. Al contrario que *Cristo negro*, que compara a los nacionalistas guineanos con los judíos (ellos también matan a un miembro de su propia comunidad), *Tinieblas* parece localizar la traición «judía» entre aquellos guineanos que se unen, en vez de oponerse, a los colonizadores. Por esta razón, en un principio el narrador demuestra una profunda ambivalencia cuando describe a su propio padre, un modelo cristiano, respetado por las autoridades políticas y religiosas españolas, que disfruta de todas las ventajas de la emancipación, mientras inspira miedo en sus vecinos guineanos (pp. 21-22). Sin embargo, la propia culpa del narrador aumenta cuando reconoce la vil opresión a la que están sometidos sus compatriotas, incluso cuando busca los privilegios que le corresponden según aumentan su devoción religiosa y sus logros académicos (pp. 119-120).

El discurso antisemita también figura en la resolución del narrador de otro trauma provocado por el crucifijo de la clase. Cuando el niño descubre que la figura del Cristo modelada con esmero está hueca, intenta convencerse de que los malévolos judíos han desgarrado los intestinos de Cristo (p. 28). Pero el profundo simbolismo del Cristo hueco le perseguirá durante su juventud. Los esfuerzos del narrador por reconciliarse con su vocación religiosa están simbolizados significativamente de forma menos sutil en el tragicómico capítulo que describe su primera comunión. Incapaz de cumplir con el mandato de ayunar el día anterior a la celebración, atormentado por retortijones de hambre y el delicioso aroma de cordero asado, pato y pollo en salsa de cacahuete, platos preparados para el banquete, entra a hurtadillas en la cocina en la oscuridad de la noche y se da un festín. Al día siguiente, el niño siente náuseas al escuchar el sermón del padre Ortiz sobre Santiago el asesino de moros y contemplar una imagen del santo patrón de España a horcajadas sobre un caballo cuya pezuña aplasta el estómago de un infiel de tez oscura muerto de miedo (p. 83). Cuando el niño se aproxima al altar se orina y, después de recibir la hostia, vomita sobre el traje blanco que representa la pureza de su alma (p. 85). Cuando el narrador medita que «el estigma lo llevaría por siempre jamás» (p. 87), sugiere que la blancura no puede «ponerse» como un traje, que el estigma del color —simbolizado por la permanente mancha marrón en su trajo inmaculado— es ineludible. Esta escena contrasta vivamente con el capítulo anterior en el que se describe la iniciación del narrador a la madurez. Su circuncisión es vigilada por su tío Abeso, un venerado líder tribal que rechaza convertirse al cristianismo y renunciar a la práctica de la poligamia, descrito por el narrador como diametralmente opuesto a su propio padre (p. 31). Después de cinco semanas de paseos diarios por la jungla

(p. 52), el niño se acerca más a Abeso, llega a admirar su valiente resistencia, muy evidente en las conversaciones que mantiene con el padre Ortiz, obsesionado por convencer al guineano de que abandone sus costumbres infieles. Con el joven narrador traduciendo entre fang y español, Abeso predica tolerancia religiosa y contrarresta los sermones privados del padre Ortiz con argumentos razonados con maestría, observando, por ejemplo, que la comunión es, ante todo, otra forma de canibalismo, una práctica condenada por los cristianos pero en realidad mucho más extendida entre ellos que entre los guineanos (pp. 93-98).[3] El narrador se angustia cada vez más por su posición de intermediario, que de nuevo encontrará una manifestación física en otra ronda de náuseas, ya que un brutal sacerdote de su internado le fuerza a comer yuca cocinada con un enorme ciempiés y le pega sin piedad después (pp. 122-125).

Tras la paliza, los hombres de la familia se reúnen para decidir qué acción deben tomar. Aunque Abeso riñe al padre del narrador por defender al sacerdote y negarse a escuchar a su hijo, está de acuerdo en que el niño debe continuar adquiriendo el conocimiento de los colonizadores, aunque pueda ser maltratado. El bisabuelo del narrador se le aparece advirtiéndole: «Haz siempre lo que te digan, hasta que obtengas la fórmula de su poder y la traigas a la tribu, y entonces serán vencidos» (p. 134). Puede que esté destinado a sufrir, pero como ha observado el crítico Baltasar Fra-Molinero, el narrador ha sido elegido para servir como un «Mesías» para su pueblo (p. 164).[4] Cuando negocia los parámetros de su propio papel, también alcanza un entendimiento más matizado de la importancia de los colaboracionistas como su propio padre, que ahora se caracteriza como «el enlace de la

---

3. Como Fanon ha reconocido con ironía, se supone que los negros están dotados del gen del canibalismo (*Black Skin*, p. 120). En el caso de Guinea Ecuatorial, es probable que los exploradores y misioneros blancos confundieran las calaveras ancestrales veneradas por los fang (descritas en la representación que hace *Tinieblas* de las ceremonias de iniciación del narrador) con pruebas de prácticas caníbales. En este pasaje, Abeso hace referencia a los brujos fang (y no al resto de la población), que consumían a los muertos para apropiarse de su sabiduría y fuerza. Como argumenta Max Liniger-Goumaz, esta práctica recibe el nombre más apropiado de «necrofagia» (p. 28).
4. En la segunda novela de la trilogía de Ndongo, el narrador, de forma explícita, se compara con Cristo y la tortura a la que es sometido en las prisiones del dictador Macías a sus treinta y tres años, con la crucifixión (p. 271). Pero en esta entrega parece haber fracasado de forma miserable en su misión redentora.

tribu con los ocupantes», que trabaja para cumplir «su misión de espía para la tribu» (pp. 134, 140-141). Aunque elige el sacerdocio, e incluso fantasea con bautizar a su tío Abeso con el nombre de Santiago (pp. 136-137), reconoce que siempre se encontrará en una posición liminar. Después de una ceremonia de despedida antes de marchar al seminario de Fernando Po, donde abraza la herencia de sus ancestros, el narrador encontrará la fuerza en el poder y la sabiduría de la tribu, incluso cuando busca el poder y la sabiduría de los colonizadores (pp. 159-161).

Mientras su familia contempla su asimilación en la sociedad blanca como un medio de conservar la cultura de la tribu, desde la perspectiva española, la promoción del progreso educativo para guineanos «excepcionales» se diseñó para crear una clase de líderes leales a España, que facilitarían el fomento de los intereses peninsulares incluso tras la independencia. Pero los españoles llegaron a esta estrategia —favorecida durante tiempo por sus rivales coloniales, los franceses— demasiado tarde. En 1963 sólo había trece nativos con licenciaturas: cuatro médicos, cuatro abogados y cinco especialistas en agricultura. Los noventa y nueve estudiantes enviados a estudiar a España durante los años de autonomía, a cuyas filas se uniría el narrador ficticio de *Tinieblas*, representaban un escaso 0,4 por 100 de la población nativa. Irónicamente, la inversión mayor en la sanidad, vivienda, infraestructuras e industria durante este período sólo aumentó la dependencia de Guinea Ecuatorial de la potencia colonizadora, ya que la gran mayoría de los guineanos continuó dependiendo de la agricultura de subsistencia, mientras que los españoles todavía controlaban las exportaciones (Abaga Edjang, pp. 56-60).[5] Además, la complicada dinámica del período autónomo intensificó las tensiones entre los colaboracionistas guineanos burgueses, nacionalistas comprometidos, y los distintos grupos étnicos que conformaban Guinea Ecuatorial, es decir, los fang (que a lo largo de la historia se habían concentrado en

---

5. Las estadísticas relativas al aumento espectacular de la economía de Guinea Ecuatorial justo antes de la independencia —empleadas muy a menudo por los españoles deseosos de argumentar que su nación había legado prosperidad a la colonia— son evidentemente engañosas. Si bien es cierto que la renta *per capita* fue la segunda más alta en África (detrás de Sudáfrica), cuando se distingue la renta *per capita* de los colonos europeos de la de los guineanos, es evidente que estos últimos no se beneficiaron de la riqueza (Abaga Edjang, pp. 50-54).

la zona continental de Río Muni) y los bubi (residentes nativos de la mucho más próspera isla de Fernando Po, que, junto a los fernandinos, apoyaban un proyecto separatista). Poco después de llegar al poder como el primer presidente de la nación elegido en unas votaciones, en otoño de 1968, Francisco Macías, acusó a España de fomentar un intento de golpe de estado, suspendió la recién aprobada Constitución y se declaró líder vitalicio, dando comienzo a un régimen autoritario que sería comparado con el del infame Idi Amin de Uganda. Macías inició una despiadada campaña para purgar todos los vestigios de la presencia española, y 7.000 de los 8.000 españoles residentes fueron obligados a abandonar el país, seguidos de decenas de miles de trabajadores nigerianos que habían contratado; la dramática exacerbación de fuga de capitales y la pérdida de conocimiento agrícola e industrial sumergieron a la joven nación en una crisis económica. Los miles de guineanos que, como Mikoa en *Cristo negro*, se consideraron «traidores de su raza» por haber asimilado los valores occidentales sólo pudieron escapar a la tortura y la muerte exiliándose en España o en los países vecinos; únicamente aquellos que pertenecían al clan familiar fang de Macías, del remoto distrito interior de Mongomo, eludieron la persecución. Se calcula que 120.000 guineanos fueron obligados a huir durante estos años (Ndongo, «Guineanos», pp. 200-210; Liniger-Goumaz, pp. 184-185; Abaga Edjang, p. 59).

Aunque Macías afirmaba que los guineanos asimilados eran los enemigos de su régimen, Ndongo sugiere que se trataba precisamente de una forma circunscrita de asimilación lo que había facilitado que el dictador asumiera, y mantuviera, el poder absoluto. En la segunda entrega de la trilogía iniciada con *Tinieblas*, *Los poderes de la tempestad*, sabemos que el narrador está terminando su licenciatura en Derecho en España cuando Macías llega al poder, pero unos cinco años más tarde decide arriesgarse y regresar a Guinea Ecuatorial con su mujer española y su hija mulata; cuando llega al país queda horrorizado por la transformación que observa. Si bien se pregunta si puede culparse parcialmente a la cosmogonía africana, el narrador parece encontrar la máxima culpa en la imposición colonial de una forma censurada de catolicismo:

> El pueblo guineano jamás saldrá de la opresión mientras siga soportándolo todo sin la más mínima protesta, fue lo que pensaste, indigna-

do. ¿Resignación cristiana, cobardía innata? ¿Era culpa del sistema colonial, colonial y fascista, y del catolicismo que os impusieron a machamartillo, sin un resquicio para la reflexión, sin posibilidad de raciocinio? ¿Era porque los misioneros a la usanza antigua habían ocultado arteramente al pueblo al Jesús rebelde e indignado por la injusticia que revelaba tan claramente el Evangelio, como parte de esa protección a la larga tan contraproducente de la superestructura colonial, a la alianza histórica entre la espada, la faltriquera y la cruz? (p. 180).

En este pasaje resuena la poderosa metáfora de *Tinieblas*: lo que se había impuesto sobre la población guineana era un Cristo hueco, un Cristo vaciado de su mensaje revolucionario. La misma (mala) interpretación del cristianismo se había movilizado a través de la retórica «nacional-católica» para reprimir a los españoles recalcitrantes en la Península durante el régimen de Franco. De hecho, Labanyi afirma que el dictador buscó implementar una forma de «colonización interna» en casa, inspirándose en su misión imperial en África («Internalisations», p. 26). Más aún, según Ndongo, la imposición del franquismo y el colonialismo constituyó una «dictadura doble» para los guineanos, que carecían de modelos democráticos a los que recurrir, según se acercaba la descolonización («Guineanos», p. 198).

Dada la naturaleza del tutelaje de España, no sorprende, por tanto, que Macías fallara en su empresa de guiar a Guinea Ecuatorial hacia las libertades democráticas. Más sorprendente aún, quizá, fue la brutalidad de su régimen. Infame por «canibalizar» a sus enemigos políticos, Macías sentía placer en representar el «salvajismo» imputado durante largo tiempo a los guineanos. El narrador de la novela de Ndongo caracteriza su mandato como una «farsa» criminal, que viola la moralidad tradicional personificada por su tío Abeso (Ndongo, *Poderes*, pp. 282, 213). Pero en muchos aspectos, a nadie se parecía más Macías que a Franco. Igual que el dictador español, Macías se apresuró a instituir un sistema de un único partido, ilegalizando a cualquier otra afiliación política. Como Franco, promovió la revisión de la historia y la producción de nuevos mitos sobre el origen nacional y el destino, en los que se presentaba como el padre y el salvador divino de su pueblo. Se dedicó especial atención a adoctrinar a los niños; los ciudadanos fueron alejados del mundo exterior y la censura sirvió para reprimir la disidencia. Y, al igual que en el período que siguió a la Guerra Civil en la Península, durante el mandato de Macías, los disidentes fueron aterrorizados, hechos prisioneros, torturados y ejecutados, y decenas de miles emprendieron un exilio forzoso. Irónicamente, entonces, con la descolonización de Guinea Ecuatorial, la retórica africanista neocolonial de España se había hecho, por fin, realidad: Franco y Macías habían demostrado finalmente ser «hermanos».

Segunda parte

MIRADAS AFRICANISTAS

3.
«No somos unos zulús»: música de masas, inmigración negra y cultura española contemporánea

Jorge Marí

> Madre, cómprame un negro,
> cómprame un negro en el bazar...
> Madre, yo quiero un negro,
> yo quiero un negro para bailar.
>
> «Madre, cómprame un negro», cantada por CELIA GÁMEZ

Probablemente, la letra de «Madre, cómprame un negro», que Celia Gámez cantaba con gran éxito a finales de los años veinte, sería hoy, en la España del siglo XXI, motivo de repulsa generalizada.[1] Tanto esa canción como otras de la misma época —por ejemplo, «Al Congo», una especie de segunda parte de «Madre, cómprame un negro»— serían denunciadas por su flagrante racismo y su mirada estereotípica y discriminatoria.[2] Si parece claro que las reglas, tanto tácitas como explícitas, sobre la representación mediática de la etnicidad y sobre la aceptabilidad social de esa representación han cambiado en estos últimos setenta años, cabe preguntarse hasta qué punto también lo ha hecho la mentalidad que inspirara versos como los de aquellas canciones de la Gámez, y en qué medida los motivos que justificaron en su día el éxito de esas canciones han desaparecido hoy (o no) sin de-

---

1. Quiero agradecer a Rosalía Cornejo Parriego su paciencia y apoyo, así como sus valiosas sugerencias editoriales.
2. El charlestón «Madre, cómprame un negro», compuesto por Ángel Ortiz de Villajos y con letra de Alfonso Jofre y Mariano Bolaños, fue grabado por Celia Gámez en 1929. La grabación de «Al Congo» —otro charlestón con música y letra de L. Quiroga, Ysa Roy y V. Moro— data de 1930. La voz cantante de este último empieza anunciando que aunque su madre ya le ha comprado un negro, aún no está satisfecha y decide mudarse a ese país africano. Si el motivo explícito de su interés es el baile, las alusiones sexuales son bastante claras: «Como en el Congo se suda tanto / nada de ropa quiero llevar / pues mi modista me ha fabricado / un taparrabos, pa qué placar / y como espero que los «congosos» / todos conmigo querrán bailar / en mi cabaña pondré un letrero: / "Sólo se admiten diez, nada más"» («placar» es un argentinismo —Celia Gámez era bonaerense— que el diccionario de Alberto Miyara define como: «Armario empotrado para guardar ropa y, en caso de necesidad, amantes»).

jar traza en la España posfranquista/postransicional. El presente ensayo pretende explorar esta cuestión a través del análisis de ciertas canciones «pop» de las últimas décadas que por su grado de difusión y la celebridad de sus intérpretes pueden considerarse documentos tan significativos de los gustos, las modas y los criterios de aceptabilidad de la etapa final del siglo XX como las canciones de Celia Gámez lo fueron en la primera mitad del siglo. Esta indagación se plantea como un intento de articular diversas concepciones, prácticas y discursos sobre raza, emigración/inmigración e identidad —específicamente los que afectan al fenómeno masivo de la emigración negra y su inserción, compleja y problemática, en la cultura española contemporánea.

El auge de los movimientos migratorios globales hacia España durante las dos últimas décadas del siglo XX coincide con la consolidación del proceso de integración española en la Unión Europea, en el seno de la cual España ha pasado a cumplir, entre otras funciones, la de «guardia fronteriza» encargada de controlar y coordinar el acceso de inmigrantes a Europa occidental. El endurecimiento de las «leyes de extranjería» y un patente acoso legislativo y policial al inmigrante no han impedido el crecimiento de la inmigración en España, tanto de origen africano como caribeño/latinoamericano y europeo oriental, con el consiguiente desarrollo de una sociedad crecientemente multicultural, multilingüe y étnicamente diversa. La mayor complejidad étnica y cultural, a su vez, ha comportado un aumento de tensiones socioeconómicas y políticas, y ha promovido el desarrollo de discursos conflictivos de identidad y de (re)definición nacional. Un país que había sido productor de emigrantes hasta el tercer cuarto del siglo XX —primero a América, después a Europa— se ha convertido en receptor, al tiempo que ha dejado atrás su alienación política y su atraso económico, para integrarse en las principales instituciones de la Europa occidental. En un plazo histórico breve, la sociedad española se ha visto marcada por fuerzas de signo diverso que le han llevado a abrir una negociación entre objetivos políticos, intereses económicos y tradiciones culturales. Frente al discurso franquista que había definido España como una nación-estado católica consolidada bajo una supuesta unidad étnica —la «Raza»—, el auge de la inmigración en la España democrático-europea ha forzado a reconsiderar y redefinir los términos de su propia identidad colectiva en un proceso en el que consciente o inconscientemente, de forma explícita o implícita, no han cesado de resurgir fantasmas del pasado (supuestamente erradicados y casi nunca reconocidos) como el racismo y la xenofobia.

Tensiones y contradicciones como las que se acaban de exponer han llevado a Helen Graham y Antonio Sánchez, entre otros, a calificar de «esquizofrénica» la cultura española de la transición y la postransición (pp. 407-408). Esa «esquizofrenia» puede rastrearse, por ejemplo, a través del análisis de movimientos artísticos y musicales, discursos de los medios de comunicación e información, eventos multitudinarios y un sinnúmero de manifestaciones de lo que se puede llamar, tomando prestada la expresión de Michel de Certeau, la «práctica de la vida cotidiana». Los actos conmemorativos del Quinto Centenario del «Descubrimiento», las ceremonias de los Juegos Olímpicos de Barcelona, la Expo de Sevilla y la designación de Madrid como «capital europea de la cultura» en 1992 son sólo algunos casos ilustrativos de esas tensiones y contradicciones «esquizofrénicas» o «esquizoides» en el contexto de la cultura (popular e institucional) posterior a la transición. En su perspicaz ensayo «The Politics of 92» —prácticamente contemporáneo al fenómeno que analizan—, Graham y Sánchez ya identifican algunas de las claves fundamentales de esa «esquizofrenia»: la tendencia de tantas manifestaciones culturales alrededor de esa fecha a «deshistorizar» la representación de la cultura e identidad colectiva españolas, fabricando un «presente sin pasado» (p. 406); el entusiasmo social e institucional con que se adopta un europeísmo que se pretende aglutinador pero que resulta vago, simplista y artificial en su supuesta homogeneidad (pp. 410-411), y, basada en el punto anterior, la problemática revisión de ciertos posicionamientos, alineamientos y actitudes en relación con cuestiones de emigración y «otredad»:

> Spain, in spite of its own long and painful history of underdevelopment, economic emigration, and otherness, far from recognizing a commonality and attempting to integrate the experience of the marginalized into its own self-proclaimedly pluralistic culture, has instead assumed the stance of «First World» Europe. It is almost as if constructing and adopting the same «others» or outgroups as the rest were considered the hallmark of Spain's membership of the «club» (Graham y Sánchez, p. 415).

En efecto, en los actos y celebraciones del 92 —que funcionan como un eje en torno al cual puede articularse un intento de comprensión de la cultura española de los ochenta y los noventa—, los gestos ostentosos de hospitalidad y apertura, y la autorrepresentación de los mismos como focos de convergencia global, contrastan con el casi exclusivo —y excluyente— énfasis eurocentrista de símbolos y discursos, y con el velo o la sordina impuestos a la representación tanto de los lazos culturales con Latinoamérica como de la herencia multicultural y multiétnica —incluyendo africana— de la cultura española.[3] Sobre todo, esa imagen de apertura y hospitalidad que se expresa a través de los citados actos y celebraciones contrasta con las restricciones a la inmigración y con las prácticas discriminatorias y abusivas hacia inmigrantes y minorías étnicas que se generalizan en el Estado español a partir de los años ochenta. La adscripción a modelos y normas europeizantes y el afán de una aceptación plena en la Europa occidental —es decir, el anhelo de pertenencia a lo que se percibe como la élite europea— se lleva a cabo en gran parte a expensas del desarrollo de una relación equitativa con regiones de tanta relevancia histórica y cultural para España como Latinoamérica y el Magreb.

Especialmente a partir de los años ochenta, el mencionado afán de pertenencia a Europa occidental —comunidad imaginada que se toma como «la medida de todas las cosas»— impregna explícita o implícitamente, consciente o inconscientemente, abierta o veladamente, una multitud de discursos mediáticos informativos, publicitarios, artísticos, musicales, literarios, y de otros productos de la cultura popular y de masas. Sirva como ejemplo el ensayo de Rosa Montero titulado «The Silent Revolution: The Social and Cultural Advances of Women in Democratic Spain», publicado en 1995, en el que, si bien se admite la pervivencia de prácticas sexistas en la España democrática, se minimiza su importancia mediante la orgullosa constatación de que el nivel de discriminación sexual es comparable al de la media de la Comunidad Europea (p. 381); análogamente, la preocupante revelación de que sólo dos de cada diez hombres españoles contribuyen a las tareas domésticas se amortigua mediante el dato de que en el

---

3. La «reescritura» de la historia e identidad barcelonesa, catalana y española en las ceremonias de inauguración y clausura de los Juegos Olímpicos del 92 es particularmente reveladora a este respecto, tanto por sus inclusiones como por sus exclusiones.

Reino Unido no son más de tres de cada diez quienes lo hacen (p. 382). Esta continua inclinación a tomar el europeísmo occidental como criterio de autorización, justificación y legitimización no sólo de los logros democráticos españoles sino también, y más significativamente, de sus limitaciones y fracasos, lleva aparejado un rechazo de lo «oriental» —léase latinoamericano o africano—, que queda construido como sinónimo de intolerancia y obsolescencia. Así, en relación con el ancestral —y, según pretende Montero, felizmente superado— sexismo de la cultura española, el mencionado artículo se encarga de subrayar que, junto con la tradición católica, es el legado de ocho siglos de ocupación árabe lo que sienta las bases de un sexismo que sólo después el franquismo contribuye a consolidar (p. 381). En conjunto, los logros, limitaciones, fracasos, actitudes y prácticas de la cultura de la transición y de la postransición pasan en estos años a evaluarse a través de un prisma múltiple en el que el anhelo de pertenencia a Europa occidental y la necesidad de superar lastres ideológicos y morales asociados a un pasado abyecto se entremezclan en el inconsciente colectivo con un cúmulo de ansiedades y temores, incluyendo los que se derivan de un sentido de inadecuación, inferioridad y culpa.

En lo que afecta a cuestiones de raza e inmigración, esa multiplicidad de conflictos entre afanes, anhelos, ansiedades y temores gira en torno a una paradoja que Isabel Santaolalla destaca en su artículo «Close Encounters» y que Yolanda Molina Gavilán y Thomas Di Salvo explican del siguiente modo:

> [C]ontemporary Spanish society perceives and represents itself by a fundamental paradox: the historical awareness on the one hand of being the product of a unique fusion of cultures, races and religions, and the pervasive idea ... that Spain is an ethnically homogenous nation.

No es por ello extraño, como señalan Molina Gavilán y Di Salvo, que numerosos productos culturales —concretamente, las películas de las que se ocupan en su ensayo— opten por denunciar la extendida percepción de inmigrantes de diversas etnias y de grupos marginales dentro de la sociedad española como amenazas a la estabilidad «of a society intent on preserving a mythical, ethnically homogeneous quality even at the expense of becoming outright racist». Si Molina Gavilán y Di Salvo aplican su comentario a ciertos textos fílmicos que se ofrecen como representaciones (acusatorias) de esa tendencia de la sociedad española, lo que este artículo pretende, a través del análisis de varias canciones «pop» de los ochenta y los noventa, es mostrar cómo esas tendencias racistas y discriminatorias que son objeto de la denuncia explícita de los textos están presentes también a un nivel subliminal e inconsciente dentro de los mismos. Prestando atención a aquello que las letras de las canciones eluden, a ciertas ambigüedades, incoherencias internas, selección de ciertas palabras sobre otras, o «deslices» cuya significación parece pasar desapercibida a los propios autores, se comprobará cómo canciones que se representan a sí mismas como llamamientos contra el racismo y como cantos de reivindicación y solidaridad con los inmigrantes son a su vez productos de las mismas paradojas, de las mismas ansiedades y temores, de los mismos prejuicios colectivos que pretenden denunciar.

Si, como arguye Manuel Vázquez Montalbán, el análisis de la cultura popular es una forma particularmente apropiada de aproximarse a la sentimentalidad de un pueblo, no parece fuera de lugar tomar ciertas canciones «pop» de las últimas décadas como la base sobre la cual desarrollar una reflexión en torno a las cuestiones apuntadas hasta ahora: el carácter «esquizofrénico» de la cultura española contemporánea, los conflictos y contradicciones del inconsciente colectivo, los temores y ansiedades que subyacen bajo la superficie de los discursos sobre raza, inmigración e identidad. Explica Eugenia Afinoguénova que para el autor de la *Crónica sentimental de España*

> la cultura popular se estructura como una serie de desplazamientos psíquicos de las contradicciones que existen en la realidad cotidiana y que se conciben como irresolubles. De esta forma, la cultura popular, y especialmente las canciones, representan un espacio ilusorio de evasión, donde estas contradicciones se subliman y se neutralizan. Un estudio de la poética popular, por lo tanto, puede servir como un instrumento de análisis psicoterapéutico de la conciencia colectiva.

Añade Afinoguénova que, para Vázquez Montalbán, «[l]a sentimentalidad colectiva se identifica con ... las canciones, los mitos personales y anecdóticos, las modas, los gustos y la sabiduría convencional. Todos estos signos exteriores son cultura popular y están configurados por los medios de formación de la cultura de masas». Es por ello que Vázquez Montalbán, como señala Afinoguénova, exhorta «a interpretar las canciones populares, la literatura de consumo, los programas televisivos y radiofónicos» con el objetivo de «descifrar las corrientes subconscientes y estudiar su significado psicológico». Aunque Afinoguénova no oculta su escepticismo respecto a la viabilidad del proyecto de crítica cultural postulado por Vázquez Montalbán, las premisas fundamentales del mismo pueden aún ser útiles para un acercamiento como el que este artículo propone a unas canciones que, siendo productos de la cultura popular, están sujetas a los imperativos técnicos y mercantiles de los medios de comunicación de masas.

El análisis de la letra y música de las canciones que se presentan a continuación toma en cuenta las consideraciones anteriores para tratar de discernir la clave de una contradicción que ya se ha apuntado y que es común a todas ellas: la que se produce entre el espíritu solidario y de apoyo a los inmigrantes tan ostensiblemente planteado por las letras y un fondo que sale a la superficie a modo de *lapsi* o *slips of the tongue*, los cuales revelan una actitud subyacente de tipo racista o xenófobo. Cabe proponer que tales contradicciones son significativas, sobre todo, en cuanto no son deliberadas, porque reflejan las propias contradicciones y tensiones de la sociedad española en su proceso de reajuste y redefinición de su identidad colectiva y del nuevo papel de España en el seno de la Comunidad Europea. El deseo de algunos cantantes y grupos musicales de marcado éxito comercial por adscribirse públicamente a posturas en apariencia abiertas y progresistas en relación con el fenómeno migratorio, la negritud y la inmigración negra no puede impedir el retorno a la superficie de una variedad de fobias, ansiedades y prejuicios que acaso no han estado nunca más que parcialmente reprimidos. Y el enorme éxito comercial de esos cantantes y grupos puede explicarse, al menos en parte, por el hecho —o la sospecha— de que un importante sector del público consumidor de las canciones experimenta, aun de forma inconsciente, una «esquizofrenia» similar.

«Africanos en Madrid», del grupo Amistades Peligrosas, «Todos los negritos tienen hambre y frío», de Glutamato Ye-Yé, y «El blues del esclavo», de Mecano, son algunas canciones significativas entre una serie que abarca no sólo los géneros «pop» y «rock» sino obras de cantautores como Joaquín Sabina, Joan Manuel Serrat, Carlos Cano, Albert Pla y muchos más que han contemplado, desde perspectivas diversas, cuestiones de negritud e inmigración en las últimas décadas. Mientras que «Africanos en Madrid» ofrece un esbozo de un inmigrante negro africano en la capital de España, «El blues del esclavo» funciona simultáneamente a varios niveles: por una parte, es una especie de canto nostálgico a las raíces que los negros africanos han debido dejar atrás en su diáspora y, por otra, es un comentario a la situación laboral y económica de la España de los años ochenta. A su vez, «Todos los negritos tienen hambre y frío» es una apelación general a la solidaridad contra el hambre en el mundo. Desde el punto de vista musical, las tres canciones, y en particular las de Amistades Peligrosas y Mecano, comparten unos valores de producción caracterizados por un sonido limpio, unos arreglos muy pulidos y sin estridencias, una ejecución instrumental y vocal sin aristas, y un ritmo, melodía y estructura fácilmente asimilables; se trata de productos comerciales construidos con el objeto de acceder a un público masivo y que proponen una experiencia agradable, que «no moleste» y no exija esfuerzo ni demasiada atención; gracias a su tono amable, no intrusivo, las tres canciones pueden «oírse sin escucharse».

Aunque tanto la canción de Amistades Peligrosas como la de Glutamato Ye-Yé y la de Mecano plantean cuestiones conflictivas e inherentemente violentas, como la explotación laboral del inmigrante, las diferencias entre estados ricos y pobres, la discriminación racial y el desarraigo, todas ellas imprimen a sus letras un tratamiento tan «amable» como el que aplican a la parte musical; tratamiento no intrusivo ni potencialmente incómodo para un lector u oyente implícito que se construye en los tres casos como español/europeo y blanco. En su artículo «Rocking The Boat: The Black Atlantic in Spanish Pop Music From the 1980s and the '90s», que se ocupa, entre otras canciones, de «Blues del esclavo» y «Africanos en Madrid», Silvia Bermúdez destaca que la letra de esta última tiende a humanizar a su objeto —el inmigrante africano— al tiempo que despliega una «estrategia de individualización» (pp. 184-185). De hecho, la voz poética de «Africanos en Madrid» adopta una postura pasiva y distante respecto del objeto de su observación, a quien, como el texto repite varias veces, «se ve pasar» pero con quien no se dialoga, a quien no se le da voz, ni nombre, ni lugar de origen, y en cuya vida y circunstancias nunca se indaga. En ningún momento se mencionan siquiera sus motivos para emigrar a España ni se alude a ningún problema específico de su experiencia en Madrid, ni se reivindica ninguno de sus derechos, ni se exige ninguna responsabilidad institucional ni social. El único agente de discriminación que se menciona es la policía, exonerando de este modo al conjunto de la sociedad, incluyendo el oyente implícito y real —siempre y cuando éste no sea policía— de cualquier acusación o sospecha de racismo o xenofobia y absolviéndole de cualquier sentido de culpa que pudiera incomodarle. Por ende, el único «abuso» policial mencionado por la canción es el de pedirle al inmigrante el pasaporte, con lo que la aserción de Bermúdez de que «Africanos en Madrid» denuncia «the abuse to which African immigrants are subjected by the police» (p. 185) se antoja un tanto exagerada. Una simple mirada a la prensa diaria habría permitido a los autores de la canción hallar múltiples ejemplos de auténticos abusos policiales, parapoliciales y de las más variadas procedencias institucionales y sociales; sin embargo, de forma notable, el texto opta por la contención.

Los únicos rasgos del inmigrante esbozados por «Africanos en Madrid» son su figura «algo triste pero amable» y su carácter «siempre infatigable», que el texto se encarga de repetir en varias ocasiones. Dicha iteración sirve para asentar una advertencia que se dirige tanto al oyente de la canción como al propio emigrante: éste será aceptado siempre y cuando no proteste —o sea, mientras no cambie su «amabilidad» por agresividad o por aspiraciones reivindicativas—, y mientras siga trabajando sin descanso: es decir, mientras siga siendo «siempre infatigable» en su trabajo, que no en sus reivindicaciones. En definitiva, se trata de un texto que ostensiblemente exterioriza una actitud comprensiva y solidaria hacia el inmigrante negro pero que, al convertirlo en objeto pasivo, alejado y sin voz, y al rehusar identificar motivos y agentes de conflicto, elimina, de hecho, la propia posibilidad de diálogo, comprensión y solución de los mismos problemas que supuestamente pretende denunciar. Desde un punto de vista pragmático, el deseo de promover una imagen progresista —y la conciencia de los beneficios que esa imagen comporta para el proyecto artístico-financiero de Amistades Peligrosas— se ve temperado por la conveniencia de no alienar a sectores de mercado que podrían rechazar un tono o un lenguaje excesivamente agresivos, acusatorios, o unas referencias demasiado específicas y por ello potencialmente incómodas. A un nivel más profundo, en la mencionada contradicción pueden rastrearse signos de la tensión entre la conciencia de los beneficios de la inmigración para la economía española/europea —gracias a la mano de obra barata que aquélla ofrece a través de su esfuerzo «infatigable»— y la persistencia de una ansiedad ancestral frente a ese potencialmente amenazante Otro cuya presencia sólo es tolerable mientras se le mantenga «triste pero amable» —es decir, domesticado—. Y tales tensiones y contradicciones entre las que se debate «Africanos en Madrid» —tanto al nivel de la letra como de la música— se corresponden con aquellas que debe confrontar en su experiencia cotidiana el ciudadano español blanco, europeísta y posterior a la transición para cuyo consumo se ha diseñado, producido y manufacturado la canción.

«Todos los negritos tienen hambre y frío», de Glutamato Ye-Yé, se presenta como un llamamiento tan bienintencionado como minuciosamente vago a la lucha contra el hambre en el mundo. La canción coincide con la de Amistades Peligrosas tanto en su tratamiento musical como en las negociaciones ideológicas, étnicas, comerciales y de identidad cultural que pueden rastrearse en su discurso, y, de forma más significativa, en su esfuerzo por articular una determinada apariencia abierta y progresista con unas ansiedades y temores, que en ambos casos se revelan hondamente arraigados y sólo parcialmente asumidos. En primer lugar, la categoría de «negritos» anunciada en el título —que es también el estribillo de la canción— se usa a lo largo del texto de manera sinecdóquica como un significante flexible que engloba a niños de Biafra y Mali tanto como de India, Camboya, Honduras y Vietnam. La inclusión de niños de etnias, culturas y orígenes geográficos tan diversos bajo el significante «negrito» tiene dos efectos inmediatos: en primer lugar, al desindividualizar, descontextualizar y eliminar toda especificidad cultural, étnica y geográfica, el discurso impide la posibilidad de un análisis puntual de problemas y soluciones. Al mismo tiempo, al llamar «negritos» a todos los niños hambrientos, el texto está, de hecho, identificando ambos términos, y al hacerlo no sólo niega la mera posibilidad de la existencia de niños negros que no tengan hambre, sino que revela el arraigo en el imaginario autorial y, por extensión, el imaginario colectivo español de cierta conceptualización de la negritud como sinónimo de pobreza.

De forma similar a lo que ocurre en «Africanos en Madrid», la desindividualización y descontextualización del objeto del discurso deja sin efecto cualquier posible vía de aproximación al mismo; en consecuencia, el texto se autoanula, se vacía a sí mismo de cualquier contenido práctico.

Dice la canción que «niños de todo el mundo padecen y mueren», pero no se menciona ninguna causa, ningún caso específico, ningún agente responsable. Si «Africanos en Madrid» pone la única (y exquisitamente leve) acusación de «abuso» sobre la policía, «Todos los negritos» omite escrupulosamente cualquier alusión, por vaga que sea, a entidad, institución, sector social o económico, práctica financiera o política sobre la que pudiera recaer alguna clase de responsabilidad por el hambre y la miseria de los «negritos» —es decir, de los niños pobres— del mundo. Al igual que la canción de Amistades Peligrosas, la de Glutamato Ye-Yé exonera al conjunto de la sociedad de cualquier responsabilidad e intenta aliviar la conciencia del oyente-consumidor de todo sentido de culpa o potencial incomodidad. El hambre, la miseria y la muerte de los «negritos» son, según la lógica implícita del discurso, simples productos del azar o de la fatalidad.

A diferencia de «Africanos en Madrid», «Todos los negritos» propone al oyente una medida para contribuir a la superación del conflicto que presenta. Sin embargo, esa medida es tan simplista y se plantea en términos tan vagos, que queda convertida, como el resto del texto, en un signo vacío de contenido. Según la canción, todo lo que hace falta para solventar el problema del hambre en el mundo es «una mano amiga» y «poner un granito», medidas que, se nos dice, bastarán para hacer «la montaña de la felicidad». «Todos los negritos» culmina de esta forma su vago mensaje de concienciación y autocomplacencia, mensaje tan meticulosamente construido como el de «Africanos en Madrid» y con el mismo propósito de no incomodar a ningún oyente-consumidor; mensaje, en fin, que la música se encarga en ambos casos de transmitir sin sobresaltos ni estridencias. Es difícil precisar en qué proporción la razón de tal cautela se reparte entre el imperativo comercial de no alienar a ningún sector del mercado y la incapacidad para confrontar los temores y ansiedades que un compromiso más íntimo con la negritud despertaría; pero el éxito de las canciones y grupos mencionados sugiere que el tenso equilibrio que aquéllas logran entre una superficial voluntad de imagen progresista y un rechazo de la acción práctica reproduce con fidelidad los conflictos interiores de una gran parte de los oyentes, y que dichos conflictos son a su vez sintomáticos de una fase de crisis, reajustes y reinvenciones de la identidad colectiva española en las últimas décadas del siglo XX.

Cabe insertar aquí un párrafo para señalar que este distanciamiento respecto al objeto —el inmigrante negro o la negritud— que revelan canciones como «Africanos en Madrid» y «Todos los negritos» se plasma también en el cine español que ha tratado el tema a lo largo de la historia. Como señala Emmanuel Vincenot, la tradición de la representación de la negritud y la inmigración en el cine español desde el cine colonial y misionero de los años cuarenta en adelante se ha caracterizado por dar una imagen ya paternalista, ya abiertamente racista, casi siempre estereotípica y superficial, y por transmitir una mirada exenta sobre su objeto (pp. 89-90). Se puede ir más lejos y proponer que muchas de las producciones más recientes, incluyendo aquéllas de aparente misión reivindicativa y solidaria, no son sino superficialmente distintas a aquellas realizadas durante el franquismo. Aunque muchas películas son valiosas por diversos conceptos —*El techo del mundo* (Vega, 1995), por su apunte irónico sobre la transformación de España de país productor a país receptor de emigrantes, o *Bwana* (Uribe, 1996), por su representación de la mezcla de horror y fascinación que la figura del negro desata en el inconsciente colectivo español—, por lo general, el cine español de las últimas décadas ha ejercido, como el de épocas más tempranas, una mirada distante, que observa desde fuera sin que su involucración sea mucho más que aparente. Ninguna de las películas mencionadas, ni otras como *Las cartas de Alou* (Armendáriz, 1991), por citar otra de las más destacadas, indagan a fondo en las construcciones discursivas de la etnicidad, ni en los orígenes, tradiciones o particularidades culturales de sus objetos. Si bien la película de Montxo Armendáriz muestra las dificultades laborales y personales del protagonista, al mismo tiempo elude todo aquello que constituye su especificidad étnica y cultural. Aunque la crítica ha ensalzado invariablemente esta película por (lo que se ha considerado) su representación directa y realista de la experiencia del inmigrante negro en España, lo cierto es que el filme universaliza la figura de Alou, ya que lo retrata ante todo como inmigrante, un Otro a cuyo origen y bagaje cultural específicos no se les presta apenas atención. La película no establece distinción entre Alou y cualquiera de los demás inmigrantes que llegan con él a las costas españolas, incluyendo al marroquí Moncef, de cuyos orígenes, tradiciones, valores y creencias apenas se dice nada tampoco. Por ello puede afirmarse que *Las cartas de Alou*, análogamente a la canción «Todos los negritos» y en buena medida a «Africanos en Madrid», difumina la etnicidad y la especificidad cultural, y con ello la historia, y contradice así su aparente, noble intención reivindicativa. En consecuencia, tanto la película de Armendáriz como la canción de Amistades Peligrosas convierten a todos los inmigrantes en «negros» —como hace la de Glutamato Ye-Yé con todos los niños pobres— y al hacerlo arrebatan al negro su negritud para disolverla en una vaga otredad en la que cabe (casi) todo. Se comprueba así que tanto en el terreno musical como en el fílmico, las dificultades de los autores para indagar en la cuestión de la negritud son bien patentes: el negro permanece como un ser inquietante, potencialmente amenazante, siempre incómodo.

Si «Todos los negritos» y «Africanos en Madrid» borran la historia —en el sentido de que excluyen cualquier alusión a causas, orígenes, agencias y responsabilidades, al tiempo que desubican y desindividualizan a sus objetos—, «Blues del esclavo», de Mecano, incorpora tanto la historia de la esclavitud africana en Estados Unidos como la historia contemporánea española para malearlas, interconectarlas y contribuir a la transmisión de los diversos niveles de significación del discurso. El texto está narrado en una primera persona que se autoidentifica como «negrito» pero cuya ubicación cronotópica e incluso étnica oscila a lo largo de la canción. Por una parte, la referencia a la Guerra de Secesión (y de forma más vaga, al algodón) parece construir al hablante como un esclavo negro africano en una plantación del sur de Estados Unidos a mediados del siglo XIX. Por otra, el empleo de términos tan marcados histórica e ideológicamente como «señorito» y «compañeros» ayuda a situar el discurso en el ámbito de las luchas sociales de la España moderna y contemporánea, en particular de la España bajo el régimen socialista de la década de 1980 en que se compuso la canción. Del mismo modo, como señala Bermúdez, las reivindicaciones laborales del hablante —«descanso dominical / un salario normal / dos pagas, mes de vacaciones / y una pensión tras la jubilación»— corresponden a ese contexto, y no, desde luego, al de la sociedad esclavista norteamericana (p. 183). Ambos niveles se funden en la canción provocando anacronismos, ambigüedades y polisemias. Por ejemplo, la afirmación, supuestamente por parte del esclavo negro en Estados Unidos de mediados del siglo XIX, de que «desde Kunta Kinte a nuestros días» ha habido «pocas mejorías» no es particularmente poderosa, dado que Alex Haley documenta en su novela *Roots* la llegada de su antepasado Kunta Kinte a Norteamérica en 1767 y fecha su muerte en 1810. La aserción de que no ha habido grandes cambios en la situación de los esclavos en los aproximadamente cincuenta años de distancia entre la muerte de Kunta Kinte y el «ahora» del hablante —la guerra civil de Estados Unidos (1861-1865)— no sólo es débil a causa de la relativa brevedad de ese período sino, sobre todo, del hecho de que en el sur de los Estados Unidos las décadas de 1810 a 1860 transcurren bajo un sistema esclavista sólidamente establecido, en el cual no hay ni necesidad por parte de los amos ni posibilidad por parte de los esclavos de instaurar ningún tipo de cambio: lo sorprendente habría sido que sí se hubieran producido cambios en esas circunstancias. Cabe por ello asumir que en esa parte del texto la identidad del hablante se desdobla y el «nuestros días» al que se refiere como su «ahora» es el de finales de la década de 1980. Ello da sentido no sólo al comentario sobre Kunta Kinte —figura conocida en esos años en España gracias a la adaptación televisiva de la novela de Haley—,[4] sino también a las reivindicaciones laborales que menciona, así como a su alusión al «sindicato», pero en cambio vuelve anacrónica la referencia a la Guerra de Secesión —o acaso la convierte en una metáfora cuya significación permanece incierta—. También la etnia de ese hablante contemporáneo es ambigua: puede ser un negro africano o un emigrante de cualquier otro origen étnico, cultural o geográfico, incluyendo un emigrante de cualquier parte del Estado español, dado que el texto plantea reivindicaciones laborales comunes a todos los trabajadores, y no cuestiones específicamente relacionadas con la inmigración, como permisos de trabajo o de residencia. Lo que esos posibles hablantes tienen en común es que todos ellos son marginados y

---

4. La serie de televisión *Roots* —mismo título que la novela— se estrenó en Estados Unidos en 1977 y batió todos los récords de audiencia. La versión española de la miniserie —ocho episodios— se emitió por primera vez, bajo el título *Raíces*, en 1979.

explotados, y, por lo tanto, funcionan social y económicamente como «negros». El texto de Mecano, pues, «hace» varias cosas: ostensiblemente señala una continuidad histórica y geográfica de la esclavitud, un hilo entre África, América y Europa a través de los océanos y los siglos. Pero, al mismo tiempo, las ambivalencias espaciotemporales, étnicas y culturales acerca de los diversos sujetos del discurso sugieren que el concepto de negritud se construye como un significante eminentemente socioeconómico bajo el que pueden englobarse todas las víctimas de la explotación y marginación. De este modo, este texto es similar a los de Glutamato Ye-Yé y Amistades Peligrosas, así como a *Las cartas de Alou*, en cuanto a la identificación que todos ellos revelan, implícita o explícitamente, entre negritud y pobreza/marginación/opresión y hasta inmigración como conceptos intercambiables.

Es importante notar que aunque las letras de «Blues del esclavo», «Todos los negritos» y «Africanos en Madrid» giran en torno a la cuestión de la negritud, ninguna de ellas usa en ningún momento la palabra «negro»: los textos de Glutamato Ye-Yé y de Mecano optan por el más suave (y menos amenazante) diminutivo «negrito», mientras que en el de Amistades Peligrosas la única mención al color de la piel viene dada figurativamente por el término «ébano». La unanimidad en la omisión de la palabra «negro» se revela como el resultado de una negociación entre imperativos de aceptabilidad social, voluntad de transmitir un mensaje y una imagen de solidaridad y tolerancia, y ciertos persistentes temores, fobias y ansiedades ancestrales que, como se ve a lo largo de las tres canciones, tienen el efecto de mantener al hablante —y al oyente— siempre a una distancia «segura» respecto del (inmigrante) negro que constituye el objeto de su discurso.

Como este artículo ha venido argumentando, la descontextualización y desindividualización del objeto, el cuidado en no identificar causas o agentes de opresión o discriminación y la renuncia a mostrar ejemplos específicos de esas prácticas —lo que a su vez impide cualquier posibilidad de identificar vías de solución— son rasgos comunes a diversas canciones (y películas) cuyo pretendido, y sin duda sincero, afán progresista, de concienciación, denuncia y solidaridad no puede ocultar una íntima incomodidad a la hora de tratar la figura del negro; una figura cuyas connotaciones tanto en relación con discursos y prácticas del pasado histórico español como en relación con lo que se percibe como la nueva identidad europeísta y «primermundista» de la España posterior a la transición producen las tensiones, inconsistencias y contradicciones que este análisis ha querido poner de manifiesto. A la «esquizofrenia» colectiva que revelan los conflictos internos de los textos se añade la derivada de los imperativos comerciales a los que aquéllos están sometidos en virtud de su condición de productos mediáticos.

Si, como se ha tratado de demostrar, ninguna de estas canciones desvela ningún aspecto sustancial de la negritud ni de la experiencia de la emigración negra en España, de lo que sí son testimonio todas ellas es de la contraposición de fuerzas que está en la base de la sentimentalidad y de la ideología que esas canciones transmiten; fuerzas que modelan un inconsciente y un imaginario compartidos por autores y público, los cuales coinciden en su condición de españoles y europeos —o europeizados, o europeizantes—, tal como esos términos se reinventan y reinterpretan en las etapas finales del siglo XX. Y así como frecuentemente las canciones dicen más por lo que no dicen —ya sea porque lo asumen o porque activamente lo eluden—, también son reveladores los desclices, los *lapsi* que dejan al desnudo un prejuicio, un hábito mental, una ansiedad o un temor que contradice las ideas y actitudes aparentes de la canción y pone de manifiesto la fragilidad del armazón construido para transmitirlas. Al final de «El blues del esclavo», la voz del hablante —que a lo largo de la canción ha ido oscilando entre épocas, ubicaciones geográficas, etnias e identidades— pasa a identificarse directamente con la de sus autores e intérpretes, el grupo Mecano. En su afán por aseverar su solidaridad y simpatía con los negros e inmigrantes que constituyen el objeto de esta canción, el texto proclama: «Para que no digan que somos / unos zulús, hemos hecho este blues». El recurso a esta expresión coloquial revela que la identificación entre negritud y salvajismo, primitivismo o brutalidad está tan arraigada en la mente del hablante que éste la adopta de forma inconsciente, o por lo menos sin conciencia aparente de la ironía que supone su utilización en el contexto de una canción como ésta. Precisamente por tratarse de una expresión del habla cotidiana, su inclusión en «El blues del esclavo» resulta particularmente ilustrativa de un aspecto del imaginario colectivo español. La mencionada expresión traiciona al hablante y desvirtúa el pretendido mensaje de reivindicación y solidaridad que la canción se había esforzado por expresar. En su análisis de «Blues del esclavo», Bermúdez reconoce el carácter peyorativo del uso del término «zulú» en este contexto y admite que su adopción revela ciertas ansiedades subyacentes sobre la raza (pp. 183-184), pero su comentario no pasa de ser una breve puntualización dentro de un análisis fundamentalmente laudatorio de la canción de Mecano. Desde la perspectiva de este artículo, el citado lapsus funciona en cambio como un emblema de las múltiples tensiones, contradicciones y conflictos que emergen de entre las brechas no sólo de ésta sino de las otras canciones estudiadas y que llegan a convertirse en el rasgo central y más significativo de todas ellas.

Los discursos culturales de la transición y postransición, por lo menos hasta la llegada al poder del PP, han venido exaltando, por oposición al centralismo unificador franquista, la idea de diversidad, pluralidad, diferencia —regional, lingüística, de ideología política, de roles genéricos e identidades sexuales—. En ese contexto, la «intrusión» de un fenómeno de inmigración masiva y patente alteridad étnica viene a poner a prueba los límites de esos discursos, la profundidad del enraizamiento de las ideas que los sustentan y la pervivencia de mitos de homogeneidad étnica y cultural de la nación-estado española. Diversos, sí, pero ¿hasta qué punto? Plurales, sí, pero ¿dentro de qué marco de cohesión? Abiertos, sí, pero ¿a quién, y cómo? Las contradicciones internas de «Africanos en Madrid», «Todos los negritos» y «El blues del esclavo» se hacen más notorias en el contexto de los conflictos y tensiones por los que atraviesa la cultura española contemporánea en sus esfuerzos por reconsiderar su propio sentido de identidad y renegociar su relación, pasada y presente, con otras culturas. Es un panorama «esquizofrénico» en el que las esperanzas se mezclan con los temores, las ilusiones con las ansiedades, los ideales con los prejuicios y los fantasmas del pasado.

A menos que se le dotara de una obvia intención irónica o satírica, una canción como «Madre, cómprame un negro» provocaría hoy seguramente reacciones de rechazo. Incómodos por el racismo de la letra y por la imagen primitiva y antidemocrática que esa canción ofrecería de la cultura española, ciudadanos de diversos sectores sociales expresarían su protesta: «Los españoles no somos unos zulús», proclamarían tal vez en su defensa.

Anexo: Letras de las canciones

Africanos en Madrid
Amistades Peligrosas[5]

La noche se vuelve de esparto
cuando llega la despedida,
hay un hueco a medida
para el polizonte.
Se marchó lejos de su casa
con el corazón en rodaje,
a cambio de ese pasaje
vendió su alma al diablo.
Hoy de nuevo le vi pasar,
algo triste pero amable,
siempre infatigable
tras el pan y la sal.
Hoy de nuevo le vi pasar,
tenía los ojos alegres,
alguien le dio noticias breves
de su pueblo natal.
El pecado de ser
africanos en Madrid,
abrí los ojos para ver
que no llega el sol aquí.
El pecado de ser
ébano, sangre y marfil,
si miras bajo tu piel
hay un mismo corazón.
Quizás con un poco de suerte
llegarás hasta la Gran Vía
sin que la policía
te pida el pasaporte.
Si la luna está de su parte
por ventura tendrá su cama

---

5. Letra y música de I. G. Pelayo y Yamil Z., interpretada por Cristina del Valle y Alberto Comesaña (Amistades Peligrosas). Forma parte de *Relatos de una intriga*, el primer disco del dúo, aparecido en 1991. Posteriormente, la canción se incluyó en el disco *Grandes éxitos*, lanzado en 1998.

hecha de hojas y ramas
en la plaza de España.
Hoy de nuevo le vi pasar,
algo triste pero amable,
siempre infatigable
tras el pan y la sal.
Hoy de nuevo le vi pasar,
tenía los ojos alegres,
alguien le dio noticias breves
de su pueblo natal.
El pecado de ser
africanos en Madrid,
abrí los ojos para ver
que no llega el sol aquí.
El pecado de ser
ébano, sangre y marfil,
si miras bajo tu piel
hay un mismo corazón.

Todos los negritos tienen hambre y frío
Glutamato Ye-Yé[6]

Aunque puedas pensar
que están muy lejos,
llaman a tu corazón.
Niños de todo el mundo
padecen y mueren de inanición.
Biafra, Chad y Mali,
India y Camboya,
Honduras y Vietnam.
Sólo, sólo necesitan
que una mano amiga

---

6. «Todos los negritos» fue compuesta por Manuel y Ramón Recio, fundadores de Glutamato Ye-Yé, uno de los grupos fundamentales de la «movida» madrileña de los ochenta. La canción aparece en el mini-LP del mismo título en 1984, que alcanzó un enorme éxito. En 2001, «Todos los negritos» se incluyó en el CD *Glutamato Ye-Yé. Lo mejor de la edad de oro del pop español*. La canción, sin duda la más célebre de este grupo, aparece también en el triple CD *¡Por siempre guapamente!* (recopilación de canciones de Glutamato Ye-Yé) y en diversas antologías del pop español de los ochenta y los noventa aparecidas en los últimos años.

les ayude a caminar.
Todos los negritos
tienen hambre y frío,
tiéndeles la mano,
te lo agradecerán.
Tú ponles tu granito,
que yo ya pondré el mío,
haremos la montaña
de la felicidad.
Niños de todo el mundo
padecen y mueren de inanición.
Sólo, sólo necesitan
que una mano amiga
les ayude a caminar.
Todos los negritos
tienen hambre y frío,
tiéndeles la mano,
te lo agradecerán.
Tú ponles tu granito,
que yo ya pondré el mío,
haremos la montaña
de la felicidad.

El blues del esclavo
Mecano[7]

El ser negrito
es un color,
lo de ser esclavo
no lo trago,
me tiene frito
tanto trabajar de sol a sol
las tierras del maldito
señorito.
Los compañeros

---

7. Canción escrita por José María Cano e interpretada por él mismo, su hermano Nacho Cano y la cantante Ana Torroja, que constituyeron desde su formación el trío Mecano. «El blues del esclavo» apareció por primera vez en el LP *Descanso dominical* en 1988. Se reeditó como *single* en 1989 y apareció de nuevo en el CD *Grandes éxitos*, en 2005.

piensan igual,
o hay un Espartaco
que entre a saco
y esto cambia
o tós pa Gambia.
Desde Kunta Kinte
a nuestros días
pocas mejorías.
A ver si ahora
con la guerra de secesión
se admite nuestro sindicato
del algodón
que, a saber,
quiere obtener
descanso dominical,
un salario normal,
dos pagas,
mes de vacaciones,
y una pensión
tras la jubilación,
que se nos trate
con dignidad
como a semejantes
emigrantes,
que se terminen
las pasadas,
el derecho de pernada.
Y el que prefiera
que se vuelva
al Senegal
correr desnudos por la selva
con la mujer y el chaval
muy natural
irguiendo cuello y testuz
como hermano avestruz.
Para que no digan que somos
unos zulús,
ir cantando este blues.
Y el que prefiera
que se vuelva
al Senegal

correr desnudos por la selva
con la mujer y el chaval
muy natural
irguiendo cuello y testuz
como hermano avestruz.
Para que no digan que somos
unos zulús,
hemos hecho este blues.

4.
Paseo con la negra flor: sujetos subalternos en la canción popular de la «movida»

Alberto Villamandos

Referirse a la «movida» supone unirse a toda una corriente discursiva que en los últimos años ha tomado gran auge y que recupera aquella época desde una perspectiva a menudo nostálgica o mitificadora.[1] Hasta hoy no cesan de multiplicarse las reediciones de discos, menudean las entrevistas a los personajes principales de principios de los ochenta, los homenajes a los que quedan y a los ya desaparecidos, las series de televisión y las películas.[2] Tal corriente nostálgica ha venido a idealizar la movida como una época optimista y feliz, de liberación personal y sexual, marcada por el signo de lo posmoderno —«el futuro ya está aquí», decían Radio Futura en su canción «Enamorado de la moda juvenil»— pero soslayando las tensiones de la transición política, el aumento espectacular del desempleo, las drogas o la aparición traumática del sida. Sin embargo, a pesar de este proceso de mitificación, se puede afirmar que la movida ofreció por vez primera en España un modelo de normalización modernizadora asequible para grandes masas de la población, fundamentalmente jóvenes,[3] a di-

---

1. Véanse, entre otros, la crónica de José Manuel Lechado —que incluye como material gráfico portadas de discos, carteles, entradas de conciertos e incluso el DNI del autor de aquella época, y otros *memorabilia* entre kitsch y nostálgicos— y la biografía de Alaska firmada por Rafa Cervera. *Cuadernos Hispanoamericanos* ha publicado recientemente un número especial sobre la movida, con textos de Rafael Escalada y Guzmán Urrero Peña, además de Almodóvar.
2. TVE emitió por breve espacio de tiempo la serie *Los 80* y en el verano de 2005 se estrenó la película costumbrista *El Calentito*, de Txus Gutiérrez, sobre un grupo de música *punk* formado por tres chicas que deben tocar un concierto casualmente el 23 de febrero de 1981, coincidiendo con el intento de golpe de estado de Tejero.
3. Véase el análisis que de la juventud realiza Mark Allinson, y su evolución como nuevo sector de consumidores.

ferencia del elitismo del que adolecieron proyectos culturales/ideológicos como la *gauche divine* de Barcelona en la segunda mitad de los sesenta o la esclerotización de la militancia marxista ortodoxa. En este momento, entre 1977 y 1986, en España se articula una nueva narrativa nacional que recoge el afán modernizador, europeísta y democrático del que había carecido el franquismo. Sin duda, la movida, a pesar de su carácter anárquico e individualista, dio un gran impulso a este nuevo relato nacional, cuando el país, parafraseando a Ignacio Gómez de Liaño (Gallero, p. 126), «entraba en la Historia» y se veía incluso capaz de superarla en un afán posmoderno. En este contexto problemático de esperanza y desencanto político, de avance social y renuncia de los ideales de izquierda, España pasaba de una estructura precariamente capitalista a un paradigma de movimientos transnacionales y de globalización, donde la inmigración desempeña un papel fundamental. Considerando que el proyecto modernizador de la movida, por una parte, no excluye conflictos que se evidencian discursivamente, y que, por otra, la difusión de sus artefactos culturales resultó muy influyente por su alcance masivo, proponemos una lectura crítica de parte de su producción, como las canciones de Radio Futura, en las que la representación del sujeto definido por raza, género y clase adquiere un protagonismo inédito hasta entonces.

Se suele fechar el inicio de la movida en 1977. Tras la muerte del dictador, todo cambiaba a un ritmo inesperado: en la Semana Santa de 1977 se legaliza el Partido Comunista de España, archienemigo del régimen. Si bien el franquismo había articulado un discurso nacional esencialista, imperial y católico conservador, la oposición marxista y democrática había ido tejiendo una red social en la clandestinidad que surgió al fin de la dictadura y cristalizó en una sociedad democrática.[4] No obstante, la tan esperada democracia fue recibida con desencanto debido al pactismo entre fuerzas políticas de muy diferente signo y al desdibujamiento de los ideales de izquierda, materializado en la desaparición del término «marxista» en el PSOE. Los progresistas de a pie miraban con desconfianza el proceso, echaban

---

4. Tal contranarrativa, propia de la militancia política, parecía materializar las palabras del teórico Homi Bhabha: «Counter-narratives of the nation that continually evoke and erase its totalizing boundaries —both actual and conceptual— disturb those ideological manoeuvres through which "imagined communities" are given essentialist identities» («DissemiNation», 300).

de menos la definición pétrea del enemigo hasta hacía poco y canalizaban su frustración en la melancolía inversa del «Contra Franco vivíamos mejor», que acuñó con gran fortuna Manuel Vázquez Montalbán en aquel momento.[5]

No parece, por tanto, producto del azar el hecho de que surgiera la movida, con su vertiente musical, artística, de actitud vital desinhibida, en ese momento de cambio como respuesta al hambre atrasada de libertad. El desencanto y la crisis económica dieron como resultado el «pasotismo», la deserción ideológica de la juventud y el rechazo de la militancia. Así, no resulta sorprendente que se hubiera vinculado la movida con la posmodernidad, ya desde las páginas de una de sus publicaciones más relevantes, *La Luna de Madrid*. Si el franquismo crepuscular había encontrado en la oposición marxista su contranarrativa, verbalizada por medio de la canción protesta, las lecturas políticas, los carteles de líderes revolucionarios y la poesía social, la joven democracia española encontró en la movida, sus canciones gamberras, sus locales de copas y conciertos, cómics y películas *underground*, un contrarrelato antisistema.

Lo que en principio se conocía como el «rollo», se convirtió pronto en un objeto de estudio y análisis que se resistía a las etiquetas. Según Pedro Almodóvar, uno de sus protagonistas, «no éramos ni una generación ni un movimiento artístico ni un grupo con una ideología concreta, éramos simplemente un montón de gente que coincidimos en uno de los momentos más explosivos del país, y de Madrid en particular» (Cervera, p. 14). La denominación de «movida», de origen periodístico, resultó afortunada y se difundió con rapidez. Sin embargo, muchos de sus participantes reniegan de la misma y apuntan a que se trató de una confluencia circunstancial de factores y personajes. Incluso hay quien afirma que la movida «nunca existió».[6] En cualquier caso, este fenómeno muestra un carácter fundamentalmente musical, artístico y lúdico. En 1977 la vida cultural de Madrid parece ser mínima, y es entonces cuando empiezan a abrirse nuevos locales nocturnos, puntos de encuentro y centros de peregrinación para

---

5. La muerte del dictador y el proceso de transición dejaron a muchos militantes con el «mono» del antifranquismo, como lo señala Teresa Vilarós en su libro *El mono del desencanto*.
6. Así lo señala Paloma Chamorro, en el excelente libro de entrevistas de José Luis Gallero.

todo el que deseara ser moderno. Sin duda el más famoso, aunque abriría sus puertas en 1981, sería el Rock Ola. Se produce un encuentro que desencadenaría la avalancha posterior. Olvido Gara, más conocida como Alaska, hija de español republicano exiliado en México y de cubana exiliada de Batista, a sus catorce años entra en contacto con Fernando Márquez, «el Zurdo», creador de fanzines y de fugaces grupos musicales como Paraíso o La Mode. Con Carlos Berlanga, hijo del director de cine, y Nacho Canut en octubre de 1977 forman el primer grupo *punk* de España, Kaka de Luxe, al que se unirían Enrique Sierra y Manolo Campoamor, y que sería el origen de multitud de grupos posteriores.[7] Los miembros de Kaka de Luxe apenas sabían tocar ningún instrumento pero ese detalle no supuso un impedimento para convertirse en los referentes del nuevo movimiento y recibir la atención de las grandes discográficas aunque con un desenlace frustrante. Comenzaron a proliferar multitud de grupos, algunos para mantenerse casi hasta nuestros días, otros para desaparecer rápidamente: Tos (después, Los Secretos), Nacha Pop, Derribos Arias, Aviador Dro, Zombies, las Chinas, Gabinete Caligari...[8]

A pesar de su eclosión, esta corriente no deja de ser minoritaria en el panorama español, frente a una canción protesta, ya en decadencia, y al pop comercial con su fenómeno de fans, como Miguel Bosé o Tequila. La movida, incluso en su momento de mayor fama, se estructura como un tejido de amistades donde abundan los músicos pero que deja espacio para otras manifestaciones artísticas y culturales.[9] La imagen, junto con la música, adquiere protagonismo: el cine

---

7. La corriente más novedosa en el ámbito de la música popular en ese momento era el *punk*, llegado de Inglaterra y con el que Alaska se había puesto en contacto en sus viajes a Londres. Los Sex Pistols se habían convertido en los grandes ídolos de un movimiento antisistema, muchas veces violento y cauce de frustraciones sociales. Música-antimúsica y puesta en escena se unían en un espectáculo que deseaba escandalizar a la sociedad burguesa.
8. La importancia de la formación de Alaska estriba en que en él se encuentra el origen de otras importantes: Fernando Márquez, el Zurdo, forma Paraíso, mientras que Enrique Sierra se une a los hermanos Auserón y con Herminio Molero crean Radio Futura; Alaska se une a los Pegamoides y otros crean Parálisis Permanente. Para más información sobre el ambiente musical, véase Pardo.
9. Alaska, como se ve en el primer largometraje de Almodóvar *Pepi, Luci y Bom*, frecuentaba la casa de la calle de la Palma donde vivían los pintores más conocidos como «las Costus» —que idearon la serie «El chochonismo ilustrado», por ejemplo—, alrededor de cuya mesa camilla se reunían Fabio de Miguel (más conocido como MacNamara, que formó grupo musical con Almodóvar), el mismo director

de Almodóvar e Iván Zulueta (director de *Arrebato*), el cómix (cómic para adultos) de Ceesepe, el Hortelano y Nazario. En la pintura, aunque en estilos muy diferentes, destacaban además de las Costus y Ceesepe, Guillermo Pérez Villalta y Sigfrido Martín Begué. En fotografía, Pablo Pérez Mínguez, Ouka Lele y Alberto García Alix inmortalizaron la noche madrileña de aquellos años. En diseño, Sybilla y posteriormente Ágatha Ruiz de la Prada. Se abren nuevas galerías de arte, como Buades y Vijande, y llegaron a traer a Madrid a Andy Warhol, gran icono de la cultura pop de esos años.[10]

La movida había llegado, a principios de los ochenta, a un estado de plenitud y fama al que muchos desean adherirse. Ya no es un movimiento antisistema y marginal. El primer paso de este proceso de «oficialización» se da con la creación de revistas como *La luna de Madrid*, *Madrid me mata* o *Madriz*, que se convierten en profetas de lo ya ocurrido. Con ellas, el fenómeno se homogeneiza y se trastoca en un objeto consumible. El siguiente paso es la difusión masiva, por medio de la televisión, de mano de Paloma Chamorro y su programa «La Edad de Oro», en 1983. Llega así la consagración de este discurso de lo moderno y adquiere dimensiones nacionales.[11]

Para el año 1983 multitud de periodistas extranjeros se acercan para ver de cerca los fenómenos culturales de esa España que se pone de moda. El PSOE, ya en el gobierno, no perdió de vista esta oportunidad de rentabilizar la movida desde el 84 al 86, cuando «quedaban los restos del naufragio», en palabras de Almodóvar (Cervera, p. 15). Pero sin duda la figura política más vinculada a la movida fue Enrique Tierno Galván, alcalde socialista de Madrid de 1979 a enero de 1986. El «Viejo profesor» fomentó la actuación de grupos musicales, auspició exposiciones donde se daba cuenta de la modernidad de la

---

manchego, entre muchos otros músicos y artistas, para idear nuevos proyectos, merendar y hojear el *Hola* y el *Diez Minutos*.
10. Frente a la riqueza de los materiales visuales, artísticos y musicales, llama la atención la escasez de producción literaria, de entre la que destaca la obra poética y ensayística de Eduardo Haro Ibars.
11. No obstante, las tensiones con los sectores más reaccionarios de un país de nuevas libertades no escasearon y tomaron la forma de censura. Esto marcó el fin de «La edad de oro», aunque sin duda el caso más recordado es el de las Vulpess, un grupo femenino que apareció en el programa de TVE de Carlos Tena en 1983 cantando su único tema conocido «Me gusta ser una zorra». Ante las protestas de la prensa conservadora, el programa se vio cancelado.

ciudad, no puso trabas a su vida nocturna y llegó a mostrar su empatía con la juventud con el lema «quien no esté colocao que se coloque, y que esté al loro».[12] No obstante, muchos señalan la independencia de la movida con respecto a cualquier tendencia política. El afán de divertirse responde como un eco al individualismo y a un desentendimiento del compromiso de otras épocas. Para Almodóvar, «el apoliticismo de esos años era una respuesta muy sana a toda una actitud política nefasta que no había conseguido nada. El petardeo era un modo muy elocuente de ver la vida» (Gallero, p. 219). Para otros, esta actitud significa una demostración ideológica no precisamente progresista. Juan Luis Cebrián, desde *El País*, lo consideraba un «subproducto» (Gallero, p. 377), sometido a «criterios reaccionarios» cuya pose posmoderna era «el preludio de una especie de fascismo cultural» (Gallero, p. 314). Para Quico Rivas se trataba de «un momento de renacimiento libertario» (Gallero, p. 92), mientras que para el académico Ignacio Gómez de Liaño suponía simplemente un «proceso de normalización» en la cultura y la sociedad españolas (Gallero, p. 126).

No se puede decir que la movida careciera de un trasfondo político. El efecto más visible venía a ser la revolución en las costumbres, en la sexualidad, la liberación gay y la tolerancia en el consumo de las drogas. De acto político, en el sentido anglosajón de «identity politics» se podría considerar multitud de productos culturales de la época, nacidos de una conjunción *glam*, *punk*, *camp* y folclórica española. Su frivolidad lúdica e irónica contrastaba con la actitud represora del franquismo y puritana de la progresía. Sin embargo, un aspecto latente, que muchas veces se borra en el proceso de su rememoración/idealización, es el de los vínculos de algunos de sus protagonistas con ideologías de extrema derecha.[13] Fernando Márquez, el

---

12. La relación de la movida con la política cultural el PSOE no dejó de ser conflictiva. Aparte de proyectos fallidos, en 1986 Joaquín Leguina y el alcalde socialista de Vigo organizaron un tren de Madrid a la ciudad gallega cargado de músicos y artistas variados para ponerse en contacto con la movida viguesa. Se convirtió en una fiesta continua, pagada con el erario público, con un recorrido por los bares de la ciudad gallega y que acabó de manera abrupta en el banquete con una persona herida. Vid. Gallero en diferentes entrevistas del libro.
13. El pasotismo de muchos cantantes, de tendencia más pop y provenientes de familias acomodadas se relaciona con su esteticismo hedonista. Sus letras jugaban con la ironía intertextual de sus ídolos, como David Bowie, Iggy Pop o Lou Reed, y pro-

Zurdo, que había formado parte de Kaka de Luxe, militaba en aquella época en la Falange Auténtica, para pasar después a la Alianza Popular y posteriormente al CDS (Gallero, p. 287). El espíritu anarquista y antisistema tendía en ocasiones a grupos de extrema derecha, aunque la veracidad de tal filiación resultaba ambigua por el afán de provocación, cuando, por ejemplo, Jaime Urrutia, líder de Gabinete Caligari, afirmaba que eran fascistas (Lechado, p. 288).

Pero es sin duda en las canciones en donde se filtran, entre himnos al maquillaje o a la moda juvenil, una ideología que recupera la imagen nacional del franquismo y la dialéctica de puños y pistolas, desdibujada por la ironía. Los Nikis, en su *single* «El imperio contraataca», de 1985, combinan con un juego intertextual la referencia a la cultura de masas de *Star Wars* con la cita nacional-católica cuando entonan, con un ritmo pop marcadamente trivial y burlón:

> 1582, el Sol no se ponía en nuestro imperio
> me gusta mucho esa frase...
> Esto tiene que cambiar, nuestros nietos se merecen
> que la historia se repita varias veces

para terminar en una apoteosis de «la moda es en rojo y amarillo... Seremos de nuevo un Imperio». Otros, como Glutamato Ye-Yé, jugaban incluso con el tabú del nazismo, en una sociedad que se consideraba democrática *de facto*, en su tema «Mañana me pertenece»: «Mi libro es *Mi lucha*. Mañana sólo es mío», o como Derribos Arias en «Crematorio»: «En el crematorio hace mucho calor... En Auschwitz te hacen jabón». Las alusiones nacional-imperialistas dejaban paso a temas más relacionados con la inmigración y la pureza étnica. En «Europa», Derribos Arias definían un espacio europeo cerrado, decadente pero selecto, en un momento en que España dejaba de ser un país de emigrantes para convertirse en receptor de inmigrantes:

---

ponían una frivolidad que contrastaba fuertemente con la canción protesta. Frente a ellos, el sector más *rockero*, que surgía de las barriadas de la gran ciudad, alimentaba, según José Manuel Lechado, una vertiente más social, como Barón Rojo, Triana, Loquillo, Leño, Topo...: «La movida pop fue esencialmente apolítica y sus letras evitaban cuidadosamente cualquier referencia social, cosa que no hacía la parte más rockera y suburbana, aunque su mensaje fuera, de todos modos, bastante limitado» (34).

No vengas nunca a Europa
porque somos multitud
Norteamérica es ideal, si es que eres subnormal...
Arabia, mucho Corán, demasiada religión
por eso Europa es mejor, la decadencia letal.

La otredad negra aparecía, en alusión a las imágenes de las hambrunas que llegaban de Etiopía y que provocaban fugaces olas de solidaridad, como cantaban burlonamente Glutamato Ye-Yé en «Todos los negritos tienen hambre y frío». Así, el sujeto marcado racialmente se convertía en catalizador de las tensiones en el discurso de una identidad nacional moderna detentado por la movida: como ya ha estudiado la crítica,[14] en sus canciones se verbaliza ese paradigma social cambiante, no ajeno a tensiones y reajustes, donde aparece un sujeto subalterno por etnia entre la reificación y la afirmación de su identidad. Entre estos grupos destaca Radio Futura por la relevancia de su trayectoria dentro de la música española y la explicitación de una idea de lo moderno que incluye el mestizaje: la negritud, ya como referente en sus letras o como intertexto musical proveniente de ritmos caribeños, desempeñaba un papel fundamental.[15]

Radio Futura surgió en 1979 con los hermanos Santiago y Luis Auserón, Enrique Sierra, que venía de Kaka de Luxe, y Herminio Molero. Según Eduardo Guillot, autor de una monografía sobre el grupo, «consiguieron crear una base para el desarrollo del rock», «reinventando el folklore de la urbe, multirracial y peligrosa» (p. 5). En sus comienzos, marcados por el primer LP, *Música moderna*, sus intereses se dirigían a crear un grupo multidisciplinar con espacio para la pintura, el diseño y la música. Sin embargo, el carisma de su líder, Santiago Auserón, lo llevó por otros derroteros.[16] Según Quico Rivas, «la energía salvaje del rock le ofrecía unos circuitos excepcio-

---

14. Véase el trabajo de Silvia Bermúdez «Rocking the Boat» y el de Jorge Marí en este mismo volumen, «No somos zulús».
15. A modo anecdótico se podría citar otra canción que integra el tema de la otredad negra, dentro del estilo frívolo y poco elaborado de la música pop. En 1986, cuando la movida llegaba a su fin, las Xoxonees (léase Chochonis), un efímero grupo liderado por la después directora de cine Txus Gutiérrez, cantaban «Molan los negros.»
16. Estudiante de filosofía que había asistido en Paris a la cátedra de Deleuze y conocedor del teatro de la crueldad de Antonin Artaud, impone una mayor complejidad en las letras y una búsqueda en lo musical.

nales para hacer circular entre los jóvenes determinadas formas de pensamiento» (Gallero, p. 94). No obstante, el primer éxito del grupo fue «Enamorado de la moda juvenil», cuyo hedonismo sin complicaciones se adaptaba a la radiofórmula de los *40 Principales*. Después de pasar a una discográfica independiente en 1983, llegaron sus éxitos «Escuela de calor» y «Semilla negra», del cual editaron al año siguiente un *maxisingle* con productores extranjeros, todo un lujo para la precariedad técnica de la movida, que subrayaban «las cualidades hispanas de la canción» (Guillot, p. 31), y que significó un punto de inflexión en la trayectoria del grupo: de un pop juvenil y frívolo evolucionaron hacia una tradición más hispana y mestiza, dejando a un lado la influencia anglosajona imperante (Guillot, p. 33). Adelantándose a la moda de la música latina en España, Radio Futura integró la herencia afrocaribeña, desde el son al *swing*, pasando por la rumba, el R&B o el *rock&roll*. De esa experimentación surgió en 1986 el LP *La canción de Juan Perro*.

La movida parecía llegar a su fin, y Radio Futura seguía ahondando en esa tendencia latina: en 1988 el *maxi La negra flor* se convertía en un *rap sui generis* con ritmos de *reggae*, recibido con éxito de crítica y público.[17] En este sentido, el grupo de Santiago Auserón, con su interés por la cultura caribeña, fundamentalmente cubana, realizó un esfuerzo por actualizar esas formas ya conocidas y resituarlas en la narrativa de la música popular. La otredad racialmente marcada aparece en varias de sus canciones, como «Un africano por la Gran Vía», «Semilla negra» y «La negra flor», de diferente signo de las que realizaron Mecano, Amistades Peligrosas o Barricada, ya que resultan no tanto reivindicativas como narrativas, pequeños fragmentos de una historia cotidiana que habla de deseo y esperanzas. El análisis de las letras supone dar luz a las tensiones discursivas que surgen en un texto de difusión masiva en la sociedad española, que asiste a la transformación de su identidad nacional en el contexto de movimientos transnacionales, de inmigración y reorganización de su universo simbólico.

La representación del sujeto negro en las culturas hispánicas se encuentra inserta en una tradición codificada reseñable. De la misma

17. A fines de 1990 el grupo se disolvió, pero Santiago Auserón prosigue hasta hoy en su investigación de la música cubana y ritmos mestizos, recuperando la obra de otros y produciendo sus propios temas bajo el nombre de Juan Perro.

forma que en las canciones que analizamos a continuación, la inclusión de la mujer negra o mulata dentro de la cultura española se produce a través de un doble viaje que dibuja una elipse, de África al Caribe y del Caribe a la Península. La diáspora de grandes masas de población africana por el régimen esclavista hacia Latinoamérica en tiempos de la colonia dejó su impronta en el discurso identitario y en sus manifestaciones artísticas, musicales y literarias, reorganizando el sistema simbólico y la jerarquía social e influyendo en la metrópoli.

Como señala Stuart Hall, la representación del Otro a través de diferentes textos por parte de los grupos hegemónicos responde a un afán de poder, de control para mantener el *status quo*. Con el fenómeno de la esclavitud, las potencias colonizadoras se aprestaron a naturalizar la jerarquía social al definir como esencial, es decir, inmutable, la diferencia y la inferioridad del Otro, sirviéndose muchas veces de oposiciones binarias. Este sistema de oposiciones responde a lo que el crítico Abdul JanMohamed denomina la «alegoría maniquea» en una sociedad colonial, en la que se establece un contraste entre colonizador y colonizado en términos de superioridad/inferioridad: frente al occidental racional, el nativo primitivo, frente al emprendedor, el perezoso, etc.[18]

La inclusión del sujeto subalterno en el texto supone muchas veces simplificarlo como entidad, es decir, someterlo a la violencia semántica del estereotipo. Para Hall, se trata de una práctica significante central en la representación racial que viene a hacer fijas las diferencias («Spectacle», p. 257). Así, se encierra y excluye al Otro, manteniendo el orden social y simbólico (Hall, «Spectacle», p. 259). El estereotipo puede llegar a patologizar al Otro, como recuerda Sander Gilman, respuesta agresiva de la ansiedad social ante la diferencia que amenaza al orden y el control del grupo hegemónico («Introduction», p. 21).

Como ya hemos apuntado anteriormente, la representación de la otredad negra en las canciones de Radio Futura no resulta infrecuente: en el LP *La ley del desierto/La ley del mar*, publicado en 1984, se

---

18. En palabras de JanMohamed: «this axis in turn provides the central feature of the colonial cognitive framework and colonialist literary representation: the manichean allegory —a field of diverse yet interchangeable oppositions between white and black, good and evil, superiority and inferiority, civilization and savagery, intelligence and emotion, rationality and sensuality, self and other, subject and object» (p. 82).

incluía «Un africano por la Gran Vía». En esa época no se había producido el cambio en la dinámica migratoria en España, que tuvo lugar hacia 1992. Por ello resulta significativa esta canción, donde se describe brevemente el paseo de quien suponemos un inmigrante por las calles de Madrid de madrugada, por el contraste de su contenido social con el estilo predominante de la movida, hedonista y frívolo.

> *Un africano por la Gran Vía*
> S. Auserón / L. Auserón
>
> Con un suave balanceo voy por ahí
> a la hora en que cierran los clubs
> con un suave balanceo
> sin sonreír más de lo necesario.
> Tras algún signo de vida voy
> no sé quién soy ni dónde nací
> pero llevo un africano dentro de mí.
> Y todavía estoy oculto en la maleza
> el color rojo me hace perder la cabeza
> y soy capaz de arrastrarme por el suelo
> y sólo tiemblo cuando tiembla el cielo.
> Con un traje nuevo
> entra en la cafetería
> un africano por la Gran Vía.

En el texto se observa esa tensión continua entre representar y ser representado, el conflicto que se plantea ante la voz supuesta del sujeto subalterno expresada a través de las palabras de otro. La letra se divide entre la perspectiva del yo protagonista y la de un observador: el primero describe su deambular solitario y tranquilo por la ciudad a última hora de la madrugada, «sin sonreír más de lo necesario», entre el afán de integrarse y resultar amistoso, y la ansiedad de una posible marginación. El yo poético se desdibuja como identidad individual para convertirse en quintaesencia simplificadora y homogeneizante del «inmigrante africano», que empieza desde cero en un nuevo país. Sin embargo, el texto en la tercera estrofa, al intentar expresar la capacidad de supervivencia del personaje, reproduce una imagen «primitivista», salvaje («oculto en la maleza», «color rojo» —¿por la sangre?). Finalmente se produce un cambio en el punto de vista, cuando el africano deja de emitir su voz para ser observado, cuando entra en una cafetería de la Gran Vía madrileña con «un traje nuevo», símbolo de ese comienzo en una nueva sociedad y materialización de su esfuerzo por integrarse en la misma, ansiedad que el observador señala.

Más complejidad encontramos en la canción «Semilla negra», publicada como *maxisingle* en 1984, que da cuerpo al proyecto de Radio Futura de mestizaje musical, en su evolución hacia formas afrocaribeñas.

Semilla negra
S. Auserón / L. Auserón

Ese beso entregado al aire es para ti
fruta que has de comer mañana
guarda la semilla porque estoy en él
y hazme crecer en una tierra lejana
si me llevas contigo
prometo ser ligero como la brisa
y decirte al oído
secretos que harán brotar tu risa.
Esos ojos detrás del cristal
son dos negros cautivos cruzando el mar
por la noche estaré solo en la selva
¿qué voy a hacer?
esperando a que vuelvas
si me llevas contigo
prometo ser ligero como la brisa
y decirte al oído
secretos que harán brotar tu risa.
Yo tengo un pensamiento vagabundo
voy a seguir tus pasos por el mundo
aunque tú ya no estás aquí
te sentiré
por la materia que me une a ti.

En efecto, esa semilla negra del título hace referencia al «yo» que habla en el texto, no tanto como sujeto individual sino como metáfora de la cultura y sobre todo de los ritmos africanos que llegan a España a través de América. Así pues, esa simiente —«beso entregado al aire» que espera solo en la selva— habla al viajero/inmigrante/esclavo para que lo lleve en su travesía y lo haga crecer «en tierra lejana», hasta convertirse en fruta que comerá en el mañana, esto es, la música producto del mestizaje. Esta perspectiva transcultural, que se refiere al proceso de inmigración, como se observa en los primeros versos de la última estrofa, no elude una mirada histórica que recupera el tema de la diáspora del esclavismo, que en este caso se podría asimilar a la idea del éxodo migratorio. Pero es sin duda la idea del mestizaje la que prevalece como subtexto que queda subrayado no sólo en la letra sino en los ritmos caribeños y, en el caso del viodeclip, por la imagen de la santería con su profusión de signos religiosos. Lo cultural no rechaza lo étnico: en el videoclip aparece una muchacha mulata como protagonista de la breve narrativa de la canción. Su presencia materializa en su piel el mestizaje, y al mismo tiempo la convierte en objeto sensual, deseado. Resulta por ello una conclusión lógica del texto su apelación final a la unidad cultural en la diferencia, donde esa «materia» de la que se habla pasa a ser no sólo música, sino que se abre como categoría polisémica dentro de ese proceso de hibridación.

En el tercer LP, *De un país en llamas*, publicado en 1985, cuando la movida madrileña llega a su fin, se incluye el tema «Viento de África,»[19] en el que se describe el continente desde una visión que recuerda a los relatos de viajeros y exploradores del siglo XIX. Aparece como una tierra de principios opuestos, donde la naturaleza se muestra violenta e incontrolable. Como en «Un africano en la Gran Vía», se da el paradójico efecto de realizar una lectura colonialista de la idea de África, como lugar primitivo, y donde, como en este texto de «Viento», parece mantenerse un estado primigenio y puro. Esta perspectiva somete al sujeto subalterno a la violencia simplificadora del «buen salvaje», otredad ajena y cerrada como categoría semántica, que contrasta fuertemente con la imagen abierta y dialógica del mestizaje en las canciones del grupo donde se habla del Caribe. Así, parece advertirse en el análisis de estos textos que sólo la cultura negra, trasladada a través del mundo antillano, es capaz de ser entendida

---

19. «Viento de África» (Letra y música L. Auserón):«En África hay vientos que abrasan / y vientos que secan la mente / también hay corrientes que hielan / y brumas que desatan pasiones. / El mismo aire que fecunda la selva / entierra ciudades en polvo. / Date prisa / toma un barco / siente el viento».

como un sistema complejo y particular, tal vez por la vinculación lingüística e histórica con la cultura española.

Sin embargo, la canción que consideramos más significativa en el desarrollo de la representación de ese Otro marcado racialmente es «La negra flor», que se publica en 1987 en el LP *La canción de Juan Perro* y como *maxi* un año después. En este trabajo analizamos la versión ampliada por los hermanos Auserón hasta convertirla en un *rap* de casi ocho minutos. En esta canción el aliento narrativo resulta más fuerte, hasta dar forma a la historia del amor que siente un joven, a quien suponemos español, de pocos recursos, por una muchacha caribeña que lo desdeña. El elemento del cuerpo oscuro deseado ya aparece en «Semilla negra», encubierto bajo una ambigüedad de referentes, sin embargo, es en «La negra flor» donde se explicita la atracción por el sujeto subalterno.

Tal temática muestra una significativa tradición en las culturas hispánicas. La representación de la negra o mulata parece responder a una objetivación del deseo del hombre blanco heterosexual y a su ansia de señalar su poder sobre el cuerpo oscuro, marcado por la marginalidad y un carácter animal/amenazante para la sociedad colonial. Un ejemplo de este discurso racial y nacional del deseo lo encontramos en el extenso poema del dominicano Francisco Muñoz del Monte (1800-1868) titulado «La mulata». En el texto, el yo lírico interpela a ese Otro racializado, para describirlo con un estilo exaltado y poner al hombre blanco sobre aviso de los peligros a los que se arriesga si se deja tentar por ella. La mulata se convierte en un objeto de atracción y al mismo tiempo de rechazo por su poderío sexual. Ambos extremos quedan marcados con un campo semántico de lo ardiente —ella es «candela», «círculo de fuego / que consume al incauto que lo toca» (versos 39-40); hay «fuego en su tez», «lava en su seno»— y de lo animal, lo bárbaro —se define como gacela, leona, tigre, paloma—, opuesto a lo civilizado del hombre blanco occidental, que se convierte en su víctima.[20]

Ese Otro, marcado racial y genéricamente, pasa a ser catalizador del deseo del hombre blanco en la cultura hispánica al convertirlo en puro cuerpo y verter sobre él las fantasías que no podían ser articula-

---

20. «Y en sus brazos locamente / el hombre cae sin sentido, / como cae en la fauce hirviente de americana serpiente / el pájaro desde su nido» (versos 82-86).

das en la sociedad occidental burguesa. Precocidad, promiscuidad y desinhibición sexual forman parte de este retrato estereotípico que se repite hasta nuestros días. Tal proceso recuerda lo que, referido al Oriente Próximo, Edward W. Said denominó «orientalismo», ese estilo de pensamiento emitido desde Occidente, basado en la distinción ontológica y epistemológica con respecto a Oriente (p. 2). El orientalismo se convirtió en la corriente discursiva que sirvió para dominar, reestructurar y detentar la autoridad sobre el Oriente (p. 3), al representarlo como inferior, irracional, sensual. Por medio de este estilo de pensamiento Occidente verbalizaba su afán de poder y al mismo tiempo canalizaba lo prohibido moralmente a través de ese discurso de lo exótico, lo sensual, lo depravado. De esta manera, podríamos hablar, en el ámbito de la cultura hispánica, no de un orientalismo, sino de un «caribeñismo».

Resulta por tanto interesante dialogar con el texto de Radio Futura a partir de estas teorías poscoloniales que pueden iluminar algunos aspectos de esta producción discursiva en la España contemporánea.

Paseo con la negra flor
S. Auserón / L. Auserón

Dime dónde vas, dime dónde vas
al caer el sol, por la puerta de atrás
no hay nada que hacer y ya pasó el calor.
Al final de la Rambla
me encontré con la Negra Flor.
La estuve buscando pero no la encontré
y su amiga me dijo: «Está tomando café».
En el bar el camarero me dijo: «No sé,
búscala en la playa» y en la playa busqué.
Y la vi de lejos caminar por la arena,
los zapatos en la mano y en la cara una pena
y una lágrima suya como dijo Peret
en la arena cayó.
Y al final de la Rambla
me encontré con la Negra Flor.
«¿Quién te ha hecho mal?
dime, ¿quién te ha hecho mal?»
Y riéndose a medias dijo: «Mira, chaval,
hace falta un hombre para hacerme mal.

Porque yo hago lo que quiero
y me gano mi dinero,
y si quieres yo te quiero
pero págame primero».
Y dije: «Chica, ¿no puedes esperar?
Si tú quieres dinero yo te voy a dar,
porque hice un trabajito
y me lo van a pagar.
Pero antes de que cobre te lo quieres gastar
y luego me vendrás con que hace falta más.
Hace falta más, hace falta más
por mucho que te den
siempre hace falta más».
Si la bolsa «sona», si la bolsa «sona»
te pones los zapatos y te vas por Barcelona
con tu cola de gato y tus ojos de leona
y miras a algún tipo y te pones a bailar.
Y ponme música un poco más.
Esa que ves bailando ahora
quiere ser una señora con un piso puesto con un chalet
con piscina privada y un salón de té.
Un salón de té, un salón de té.
¿Con esa mala leche un salón de té?
¿Lo quiere usted esta noche
o mejor por la mañana?
A ver cómo te veo manejar la porcelana,
que le vas a dar un golpe
que la vas a romper,
que si tú no rompes algo
no sabes qué hacer.
«¡Anda ya!» me dijo.
«¡Anda ya!, pero tú que te has creído
si no vales pa'ná.
Que te voy a dar el golpe
a ti, te vas a enterar.
Di, ¿por qué no te largas
y me dejas en paz?»
«Y es que me gusta tu cara
y me gusta tu pelo
y las uñas tan largas y la falda de vuelo.
Lo que no me gusta nada

y es que siempre estás
donde hay más problemas metida en el bar,
cuando hay gritos en la calle te veo pasar
y cuando llega la pasma echar a volar.
Pero no te has preguntado
cuánto puede durar
ir tirando de prestado y sin poder pagar.
¿Tú dónde vas? ¿Tú dónde vas?»
«Oye muchacho, ¿qué tal tu mamá?
¿Por qué no vas a verla que ya debe estar
esperando por ti y te va a regañar?
vuélvete a la tienda y ponte a currar
y te buscas una novia
que te quiera escuchar
y te cuelgas de ella o te tiras al mar».
¡Vaya una idea de tirarse al mar!
«Se me está haciendo tarde
y empieza a refrescar
y se está nublando el cielo
y nos vamos a mojar
adiós, cariño, adiós, mi amor».
Y al final de la Rambla
me encontré con la Negra Flor.
Que tu pena fuera sólo por mi culpa
que mi culpa fuera sólo por amor
que los besos, flores negras
de la Rambla son.

La estructura dramática muestra a los dos personajes y su desencuentro como un fragmento de historia cotidiana en un ámbito urbano, de espacios públicos y vidas en los márgenes. Los dos jóvenes no parecen pertenecer al mundo burgués y tradicional del Ensanche barcelonés, organizado y racional como sus cuadrículas, sino que se mueven en el ámbito de lo precario y de lo delictivo. Así, el espacio en donde el muchacho, que realiza «trabajitos», encuentra a la «negra flor», al final de las Ramblas, cerca del puerto, tiene connotaciones prostibularias. Ese oscuro objeto de deseo —que según la primera versión del texto «creció tan hermosa de su tallo enfermizo»— se encuentra no sólo marcado como subalterno por raza y género sino por el espacio social que ocupa, que se corresponde a su vez con la parte baja de la ciudad, espacio que, por otra parte, comparte con el muchacho. La representación de la «negra flor» se convierte en un campo de tensiones discursivas, donde entran en contacto el código entreverado del deseo y la dinámica de la supervivencia en la gran ciudad. En la descripción del personaje femenino observamos todo un diálogo con una tradición poética amorosa que llega hasta el romancero y la poesía cortés, y que bien podría relacionarse con la corriente caribeña del bolero:[21] la mujer como una flor, descodificada como ser vivo cambiante, pero en un contexto de migración y transculturación, así pues marcada por la pobreza —su tallo enfermizo— y tal vez un pasado difícil. En un espacio marginal, de actualización y reorganización simbólica, la prostituta se convierte en dama, sobre cuya piel se inscribe el deseo. Y a pesar de ello, en la historia de amor/desamor creemos que prevalece el tema del desdén sobre el motivo de lo interracial.

Sin embargo, no se puede negar que al establecer una transacción comercial sobre su cuerpo, la negra flor se ofrece como objeto de consumo. Cabría preguntarse si se produce por tanto una reificación del personaje, marcado por género, raza y clase, si el personaje masculino y emisor no la estaría situando entre las estrechas fronteras del estereotipo de ente sexualizado, animal y peligroso para el orden social burgués y occidental, como habíamos visto en el poema de Muñoz del Monte.[22] Se puede afirmar, no obstante, que la propia elaboración dramática y narrativa del texto permite un esfuerzo de definirla como personaje complejo e individual y de problematizar su identidad más allá del cliché.

El muchacho la busca y la encuentra en la playa, tal vez la cercana al popular barrio de la Barceloneta, donde ella camina entriste-

---

21. Véase, para un análisis de sus códigos, evolución y características, *El bolero. Historia de un amor*, de Iris M. Zavala.
22. Esta representación de la sexualidad de la mujer negra, como ha estudiado Gilman en su ensayo ya clásico «The Hottentot and the Prostitute», puede llegar a tomar ribetes de desviación, e incluso de patología, como se observa en el análisis del mencionado trabajo sobre diversos textos artísticos, literarios y médicos de finales del siglo XIX. La violencia simbólica ejercida contra la mujer negra se equiparaba a la que sufría la prostituta, también considerada amenazante en la sociedad burguesa decimonónica. Ambas, mujer negra y prostituta, eran interpretadas en términos de primitivismo sexual y evolutivo.

cida, con un intertexto de la cultura musical mestiza de la ciudad Condal, de un tema de Peret, gitano catalán e impulsor de la rumba. Para entonces, el personaje femenino que busca el mar —¿en una búsqueda para recuperar sus raíces?— ya ha sido definido como caribeño (¿cubana, portorriqueña, dominicana?) por los ritmos de *reggae* de la canción que completan y dirigen la recepción del «lector».

La teórica feminista afroamericana bell hooks ha señalado que las fantasías sobre el Otro racializado pueden ser continuamente explotadas, reinscribiendo y manteniendo la jerarquía social («Eating the Other», p. 21). Como afirma hooks, la gente no blanca parece ser considerada más sensual y sexual, pero al mismo tiempo se convierten en entes amenazantes (p. 26). Efectivamente, a los ojos del sujeto masculino de la canción se traduce el deseo por ella y su cuerpo (su cara/pelo/uñas/falda), que se deconstruye en un proceso fetichista, en que cada parte adquiere independencia y un valor propio, un deseo añadido que sustituye al resto y que sin embargo no acaban de agotar al sujeto femenino. Como en la *descriptio puellae* tradicional ya desde Petrarca, el retrato comienza desde el rostro para ir descendiendo. No se trata en este caso de una Filis o de una Lisis de cabellos de oro y piel de nieve, no nos encontramos en un contexto aristocrático e ideal, sino en las calles de una Barcelona posmoderna, globalizada, mestiza, pero se mantiene el requiebro masculino con más o menos pericia, y, en este caso, la honestidad del interés del joven por la muchacha suple su poca habilidad en el cortejo.

La mercantilización del cuerpo de la negra flor («Si quieres yo te quiero / pero págame primero») no le resta poder y ascendiente sobre el personaje masculino, ya no tanto basado en el hipnotismo esclavizante de la mulata del poema de Muñoz del Monte como en la independencia de la protagonista y su fuerte carácter que la coloca en situaciones problemáticas. En efecto, ante la inquietud de él por su vida irregular y en contacto constante con el peligro, ella se ríe a medias, entre irónica y agradecida por el gesto preocupado de quien considera un niño y a quien por tanto no puede tomar seriamente.

La negra flor no es representada simplemente como un objeto sensual, pero sí que incide lo económico-mercantil en su personalidad, cuando es descrita como una mujer insaciable por el dinero («siempre hace falta más»), una persona ambiciosa que desea ascender de clase y tener «salón de té», como signo externo de una idea de lo burgués propio del ámbito lejano, allá en las Ramblas, del Ensanche de familias respetables e industriosas. El retrato, con una cierta carga cómica, incide en lo animal/sensual de sus «ojos de leona», que se combina con su fuerte carácter, un tanto iracundo. Sin duda el personaje masculino siente la atracción de esa otredad amenazante y excitante de la que habla bell hooks, pero al mismo tiempo, acuciado por su intranquilidad, desea alejarla de ese submundo en que ella va «tirando de prestado» y huyendo de la policía, hasta que un día su suerte cambie. La negra flor no es solamente un personaje al que se observa, sino que toma su propia voz, que desdeña, como esas damas del amor cortés, en términos menos barrocos pero igual de duros para su pretendiente. A pesar de que ofrece sus razones, debemos reconocer que su voz está mediada, es cierto, por el autor del texto. Sin embargo, la respuesta al título del ensayo de Gayatry Spivak, «Can the Subaltern Speak?», sería en este caso afirmativa. Ella intenta deshacerse del muchacho infantilizándolo —le pregunta por su madre, que lo va a regañar— y se despide de él, anhelante de su amor.

Radio Futura convirtió este tema en un éxito de crítica y público, desarrollando ritmos mestizos muy novedosos en una España que en los ochenta, tras el largo paréntesis del franquismo, se había volcado en el discurso de la posmodernidad hedonista y frívola de la movida. Frente a la intrascendencia voluntaria de gran parte de la producción artística, que buscaba contrastar con las convenciones políticamente comprometidas de la generación del 68, Radio Futura ofrecía textos más complejos, difundidos masivamente, que daban cuenta de un cambio en el paradigma social español, inmerso ya en el proceso transnacional. «La negra flor» aparecía cuando la identidad nacional evolucionaba hacia una mayor heterogeneidad cultural y étnica, no sin tensiones o reajustes, como lo prueban las leyes de inmigración elaboradas por el PSOE, y casos tan flagrantes de racismo como el asesinato de la dominicana Lucrecia Pérez en 1992 o los ocurridos en El Ejido en febrero de 2000.[23] La inmigración, la necesidad de mano de obra, la integración y el trasiego fatídico de pateras en el Estrecho empezaría a formar parte del imaginario visual de los españoles, poco tiempo antes emigrantes ellos mismos.

23. Véase en este mismo volumen, el ensayo de Bermúdez, «Lucrecia Pérez en el imaginario cultural de España».

Como hemos visto, la producción musical de Radio Futura que hemos analizado presentaba la evolución de unos comienzos más pop hacia un estilo más negroide, con un reflejo no sólo en los ritmos sino también en las letras. En ellas surge la figura de ese Otro marcado por la diferencia racial, cuya representación problematiza su presencia en la sociedad española en espacios marginales. Estos textos de gran difusión no se ofrecen como lemas antirracistas sino que hilvanan historias cotidianas que vienen a normalizar la presencia del inmigrante negro en un contexto urbano, mestizo y globalizado. En sus letras, se explicitan las tensiones discursivas entre deseo y poder en un contexto inestable de raza, género y clase, que se inscriben, a su vez, en el *continuum* cultural de la tradición musical y literaria hispánica.[24]

---

24. Esta presencia del sujeto negro en la música española dentro de una dinámica de deseo no cesaría a fines de los noventa. Como ejemplo tenemos la canción firmada por Pedro Guerra, «Contamíname», cantada por Ana Belén y Víctor Manuel, estandartes de una progresía oficial, y el éxito internacional de «La flaca», cantada por el barcelonés Pau Donés, de Jarabe de Palo, deudor de Santiago Auserón y su estilo.

5.
Masculinidad y negritud en *Se buscan fulmontis*, de Álex Calvo-Sotelo

Salvador Oropesa

Dentro del cine británico existe una tradición de cine coral en que el protagonista es una comunidad o un grupo de personas significativas de esa colectividad. A *Whisky Galore!* (1949), de Alexander MacKendrick, o *Passport to Pimlico* (1949), de Henry Cornelius, siguen películas como *The Englishman Who Went Up a Hill but Came Down a Mountain* (1995), de Christopher Manger, *Brassed Off!* (1996), de Mark Herman, o *The Full Monty* (1997), de Peter Cattaneo. En el caso español, esta fórmula se ha usado recientemente en *Barrio* (1998) y *Los lunes al sol* (2002), de Fernando León de Aranoa, y *Días de fútbol* (2003), de David Serrano. El cine español cuenta, además, con el precedente de una obra maestra de este género, *¡Bienvenido Mister Marshall!* (1952), de Luis García Berlanga, que muestra el fracaso de la autarquía franquista y el deseo del pueblo español de entrar en la modernidad consumista y en la nueva Europa que se construía tras la guerra.

Estas películas, que muestran simpatía hacia la clase trabajadora e intentan dar voz a aquellos que generalmente no la tienen, cuestionan el rol del ciudadano en el estado-nación y presentan la desazón de la clase hegemónica ante la posibilidad de que un grupo subalterno pueda subir de categoría social. La provisionalidad de la inclusión es otro de sus temas, como se ve en los casos de desempleo, cuando algunos ciudadanos o colectivos pasan del estatus de trabajador o la pertenencia a la clase media a la marginalidad en un breve período de tiempo. Problematizan, pues, el hipotético carácter inclusivo del estado liberal en el cual todos sus ciudadanos parecen poseer un lugar. Y, sin embargo, se trata de un proceso lento que lleva doscientos años forjándose sin haber concluido.

En el caso español tradicionalmente se ha podido ejemplificar este fenómeno con la condición de subalternidad por clase y género de, entre muchos otros, los jornaleros agrícolas o de las mujeres, que constituyen más de la mitad de la población. En este contexto, el mayor logro del gobierno socialdemócrata de Felipe González (1982-1996) fue el de impulsar el mapa de inclusividad del Estado español, convirtiendo a los jubilados y al proletariado rural (los restos que quedaban de los jornaleros agrícolas) en ciudadanos *de facto* en la redefinición nacional. Con el PSOE en el poder, el número de pensionistas creció en un 35 por 100, seis millones de personas más accedieron a la cobertura sanitaria y se extendió la educación obligatoria y gratuita hasta los dieciséis años (www.psoe.es), lo que ayudó a ampliar la definición de ciudadano español. No obstante, la modernización del país y su equiparación con otros del ámbito europeo ha supuesto asistir en primera línea al fenómeno de la inmigración.[1] Prueba de la rapidez de este cambio social son las leyes de extranjería promulgadas en 1999, 2000 y 2003 por el gobierno del Partido Popular (1996-2004). El gobierno socialista, elegido en 2004, abrió al año siguiente un proceso de regularización al que se acogieron más de 700.000 personas. Como parte de la misma ley, se contemplaba el arraigo laboral que permitió la tramitación de otros 120.000 expedientes.

La población inmigrante en España resulta muy heterogénea en lo étnico, cultural y religioso. Estas «anormalidades» —el islam en el caso de los marroquíes, el mestizaje en el de los ecuatorianos y la negritud en el de los subsaharianos—, según la ideología dominante, generan desasosiego en la sociedad que, no olvidemos, se define como nación unificada basada en la libertad individual y en el derecho a la diferencia (Labanyi, *Gender*, p. 17). El cine va a ser uno de los primeros medios en tratar el replanteamiento de la inclusividad de estos ciudadanos recién llegados en la democracia liberal: *Amanece, que no es poco* (1988), de José Luis Cuerda, *Las cartas de Alou*

---

1. En un período de pocos años nos encontramos que, con fecha de 1 de enero de 2004, el porcentaje de la población que vive en España nacida fuera del país es del 7 por ciento y que, en una población de 43 millones de habitantes, estamos hablando de 3,03 millones de personas. Las cifras del 1 de enero de 2005 son de 3,6 millones, pero estas cifras que se usan regularmente todavía no se encuentran en la web oficial. Las cifras oficiales se pueden consultar en el portal del Instituto Nacional de Estadística, en www.ine.es.

(1990), de Montxo Armendáriz, *Bwana* (1996), de Imanol Uribe, *El milagro de P. Tinto* (1998), de Javier Fesser, *Barrio* (1998), de Fernando León de Aranoa, *Flores de otro mundo* (1999), de Icíar Bollaín, *Nos hacemos falta* (2001), de Juanjo Jiménez Peña, y *Salvajes* (2001), de Carlos Molinero, son algunas de las películas que tratan específicamente de la presencia del inmigrante negro africano y americano.[2] En pocos años se ha pasado de la ausencia del elemento afroespañol a una modesta pero real visibilidad en la sociedad. Para comprender la magnitud del cambio podemos recordar las palabras de Carlitos Alcántara, el narrador y protagonista de la exitosa serie de televisión *Cuéntame cómo pasó*, quien, en el sexto episodio de la serie, «El día de la raza», dice que «en 1968 había solamente tres negros en España, José Legrá, Antonio Machín y el del Cola Cao» En treinta años hemos pasado, sin embargo, de la visión del «negrito tropical» con su mezcla de racismo y nostalgia del Cola Cao o de los Conguitos a la estampa utópica de la foto de primera comunión de *Flores de otro mundo* (Cornejo Parriego, p. 526), en la que se representa la nueva familia formada por un matrimonio birracial y en la que la abuela castellana aprieta contra sí a su nieto dominicano.

Este artículo, centrado en la película *Se buscan fulmontis*, de Álex Calvo-Sotelo, estrenada en 1999, analiza la negritud de Felipe, uno de los protagonistas, en el contexto de la dinámica social en la que él y sus amigos se hallan inmersos. Aparentemente los cuatro amigos del barrio —los hermanos Amancio y Angelines y Felipe y Miguel Ángel, alias Refor— padecen la misma discriminación por su adscripción de clase. Pero la realidad es que existen importantes diferencias entre ellos, como la etnia, el género, la educación y la sexualidad. Es precisamente esta yuxtaposición de elementos la que nos permite estudiar las diferencias entre los protagonistas y personalizar a Felipe.

Para analizar a Felipe se podría usar el sistema estadounidense del guión que captaría la dualidad del personaje: su negritud representada por la palabra *africano* acompañada de su *españolidad*. Feli-

---

2. Para un análisis de la xenofobia en *Bwana* y *Las cartas de Alou*, véase Carmen de Urioste. Rosalía Cornejo Parriego ha estudiado la imbricación de Primer y Tercer Mundo, la fantasía tropical y la aparición en el imaginario español de una sociedad multirracial en *Barrio*. Véase también en este volumen, el ensayo de de Olga López Cotín.

pe Núñez Sanjosé, de veintinueve años y residente en el barrio de San Blas, en Madrid, es un doctor en Filología Hispánica en paro. Lleva tres años en el desempleo y su anterior trabajo fue de mudancero. Es hijo natural de Encarni (Enriqueta Carballeira) y un sargento negro del ejército de Estados Unidos que murió en la guerra de Vietnam. Aunque Encarni se considera su legítima viuda, con el traslado y muerte del sargento, el matrimonio nunca se llevó a cabo, de ahí que Felipe lleve los apellidos de su madre y que ésta tenga que tricotar todo el día para mantenerse ella y mantener a su hijo, ya que carece de pensión.[3]

La película trata de temas como el desempleo, el racismo y la prostitución. Siguiendo el modelo de la novela realista, *Se buscan fulmontis* documenta la realidad, no la crea, lo que reafirma la idea de Jo Labanyi de que este tipo de textos resulta más un ejercicio de vigilancia que de denuncia. En consecuencia, lo que se representa no es tanto la incidencia de estos problemas como la zozobra que provocan en la sociedad (Labanyi, *Gender*, p. 65). La mayor debilidad del texto cinematográfico es precisamente su ambición y tratar cuestiones tan importantes de una forma ligera dentro del género de la comedia social. Sin embargo, la fuerza de la película se encuentra en la actuación de los cuatro actores que representan a los protagonistas de la historia y que llevan a buen término el reto de dar vida a los personajes. El trabajo de Antonio Molero (Amancio), Sonia Jávaga (Angelines), Guillermo Toledo (Refor) y Ernesto Arango (Felipe) es excelente.

Las palabras España y español aparecen varias veces en la película y no se cuestiona en ningún momento el hecho de que los protagonistas lo sean. Uno de los primeros datos que se nos dan sobre ellos es su nivel de estudios, ya que es una información necesaria para las entrevistas de trabajo. Así, Amancio tiene el BUP (Bachillerato Unificado Polivalente) casi terminado, Refor tiene la FP (Formación Profesional) acabada, Angelines es licenciada en Ciencias de la Información y Felipe, doctor en Filología Hispánica. Los dos hombres blancos (la presencia de Felipe los convierte en blancos y paradójicamente pertenecientes a un grupo dominante) son los que poseen un

---

3. Nótese que la herencia americana de Felipe queda diluida en su negritud, mientras que en *Flores de otro mundo*, de Icíar Bollaín, se simultanean el americanismo y la negritud de las protagonistas.

nivel de estudios más bajo y, en cambio, la mujer y el hombre negro son los que tienen titulación universitaria. Merece la pena detenerse en la titulación de Felipe. Uno de los pilares en la consolidación del nacionalismo español durante el siglo XIX vino gracias a los estudios filológicos. La filología española une lo liberal (la Institución Libre de Enseñanza) y lo conservador (Marcelino Menéndez Pelayo y el nacionalismo católico), y, con la ayuda del positivismo científico, encontró «en la historia la clave del carácter racial español y naturalmente la encontró en la lengua y el espíritu castellanos» (Álvarez Junco, p. 590). Es decir, de los protagonistas de la cinta, el más español de los cuatro, según sus estudios, es Felipe, quien además es castellano.[4] La cultura nacionalista le proporciona a Felipe el aplomo necesario que demuestra durante toda la historia para soportar con estoicismo el racismo de sus compatriotas.

El problema que plantea la película es que, al encontrarse en el desempleo, estos cuatro ciudadanos están situados en los márgenes, dejan de ser elementos productivos del estado-nación español miembro a su vez de la Unión Europea. Los protagonistas poseen varias teorías sobre por qué no tienen trabajo. Para Amancio, por ejemplo, la razón es que la gente no protesta. Para Refor, por una parte, no están cualificados y, por otra, los trabajos se los llevan los inmigrantes, «los negros y los marroquíes». La cámara subraya esta aserción enfocándose en un grupo de marroquíes que trabajan en una obra. A esta afirmación Felipe le contesta: «Yo soy negro y tampoco tengo curro». Refor le espeta un «¡Tú qué vas a ser negro...!», con lo que señala que Felipe no es un inmigrante, sino un español y que, al mismo tiempo, no puede conceptuar su alteridad: es su amigo y no un Otro. La escena de la película más importante al respecto es cuando tres encapuchados tiran cócteles molotov a la modesta casa de una planta en la que vive Felipe con su madre y la incendian. Refor ofrece su piso a Felipe y su madre, ya que él vive solo porque su esposa, Maripi, lo ha abandonado. Los vecinos acuden a ayudar y la policía y los bomberos aparecen pronto, pero los terroristas no tienen rostro. La historia ofrece muy escasa información al respecto. Hay pintadas cruces gamadas

---

4. Entendemos que Madrid es parte de Castilla aunque ahora se encuentre fuera de la denominación oficial castellana al ser una autonomía independiente de las dos comunidades que comparten el término Castilla.

en la fachada de la casa de Felipe y Encarni, pero nada se nos dice de la filiación del grupo y, aparte de la mudanza, la acción no genera mayores comentarios entre los amigos.[5] A la marginalidad de desempleado que comparte con Amancio, Refor y Angelines, Felipe añade, por tanto, la que deriva de su negritud, aunque, en otro sentido, su situación es superior a la de Refor, ya que mientras que éste ha sido abandonado por su esposa, Felipe es el novio de Angelines, que es blanca (por contraste), joven, culta y bonita. En una de las escenas más trágicas de la película, Refor hace un bulto con toallas en su cama que se parece a la silueta de su esposa dormida, pone ropa interior de mujer en el cajón vacío de la cómoda y coloca cosméticos femeninos y compresas en el cuarto de baño. En el mundo del desempleo, la vida es un simulacro y el desempleo merma la hombría del desempleado.[6]

Tras una entrevista de trabajo, mayoritariamente fallida, en la que la única que consigue trabajo es Angelines, como monitora en una residencia de ancianos,[7] los tres hombres de la historia deciden ir a un banco a una entrevista de analista de mercados para la que, obviamente, no están capacitados. Como no tienen nada mejor que hacer, puesto que su vida es un continuo «lunes al sol», como en la película de Aranoa, que también trata del tema del paro, acuden a la entrevista a modo de diversión. Refor repite la pregunta que todos se hacen continuamente: «¿quién tiene la culpa del paro?», a lo que el eficiente ejecutivo que lleva la entrevista responde que ése no es el momento de contestar a la consulta de cuáles son los problemas que asolan a la sociedad que, según él, son el paro, el terrorismo y la drogadicción. Cuando los amigos comienzan a protestar, el banquero grita un «¡El negro a la calle!», individualizando a Felipe, aunque los tres están alterados. Al llegar los guardias de seguridad resulta que el guardia principal es un colega del

5. En la película que da nombre a la nuestra, *The Full Monty*, no hay ningún acto racista: Horse (Paul Barber), el compañero negro de la cuadrilla es uno más del grupo de marginados, junto con el gordo, el homosexual, el viejo, el apocado y el ex recluso.
6. Recuérdese que en *The Full Monty* es Gerald (Tom Wilkinson), el antiguo capataz de la fundición, el que durante seis meses finge tener trabajo y cada mañana se viste y sale de casa bajo la mirada atenta de su esposa, que le recomienda que no trabaje mucho sin saber que su esposo se dirige a la oficina de empleo. Gerald está horrorizado de que, mientras él está en la oficina de empleo, su mujer está en High Street cargando sus compras en la tarjeta de crédito (Tincknell, p. 150).
7. Es un trabajo que exige una habilidad verbal que Refor y Amancio no poseen, pero que Felipe sí la tiene, por lo que éste podría ser un caso de discriminación racista.

barrio, Cristóbal el Mollejo, ex modelo de cine porno y ex gigoló. A partir de este momento el tema de la historia pasa del desempleo a la prostitución. La sociedad burguesa finisecular española une estos dos conceptos (Jones, pp. 386-387). Las diferentes instituciones tanto públicas como privadas han establecido como una verdad absoluta que desempleo y prostitución son dos conceptos estrechamente unidos. Siguiendo el consejo del Mollejo, los amigos van a visitar a la proxeneta que lleva el negocio en el que trabajaba éste antes de casarse y engordar. La señora proxeneta justifica el trabajo de escolta con la idea de que todo trabajo es prostitución («¿Y qué trabajo no lo es?»). Es decir, si el modelo económico neoliberal (o neoconservador, según otros) que propugna el gobierno popular, durante el que transcurre la película, se lleva a sus últimas consecuencias y se toma al pie de la letra que lo que domina la sociedad es el mercado, la lógica de la dueña del negocio de prostitución es impecable. Desde finales del siglo XX existe un movimiento político y social muy importante para declarar que la única legitimidad es la del mercado y que la relación ciudadano-estado-sociedad debe ajustarse a estos parámetros. Nuestro grupo de parados en *Se buscan fullmontis* no sabe leer el mercado, de ahí que la película muestre la imagen de los amigos desconcertados y desorientados ante los anuncios por palabras de trabajos del periódico. Los amigos no consiguen empleo porque no saben interpretar la sociedad contemporánea.

El desarrollo de la trama a partir de aquí resulta interesante, ya que se separa de la tradición hispánica cinematográfica de la comedia erótica, con hombres en calzoncillos persiguiendo a bellas señoras, que va de Alfredo Landa a José Sacristán y llega hasta Antonio Resines, en la que la masculinidad une lo *camp* y la heterosexualidad obligatoria (Halberstam, p. 442). En cambio, la cinta se convierte en una historia de restauración de la dignidad perdida y de la masculinidad a partir de la recuperación del falo, al igual que ocurría en el modelo de *The Full Monty*. Refor y Amancio se ponen en forma emulando a Gaz (Robert Carlyle) y a Dave (Mark Addy), los protagonistas británicos, aprenden a usar los cubiertos ante la mirada atenta de Encarni, que había sido camarera en la base americana de Torrejón, y con Felipe, van a la peluquería y modernizan su atuendo. Se aprenden, además, el vídeo de cómo hacer el amor bien a las mujeres, en el sentido contemporáneo del acto sexual y en el tradicional de saber cómo tratar a una dama y cómo cortejarla. Judith Halberstam hace una observación sobre *The Full Monty* que sirve para la película que comentamos: «*The Full Monty* forces its lads to relearn masculinity the hard way —from women» (p. 426). En efecto, es la dueña del negocio de prostitución, junto con Encarni y Merche, la que enseña a los tres amigos cómo ser un hombre de 1999. Ahora los hombres se preocupan de su cuerpo, la ropa, la habilidad para bailar, del modo de tratar a las mujeres y de saber si éstas los desean o no (Halberstam, p. 437). La masculinidad se define, pues, a partir de la exposición pública del hombre y de su vulnerabilidad. Tanto la película británica como la española poseen una escena clave para demostrar esta premisa. En *The Full Monty*, el grupo de hombres se horroriza al descubrir que su masculinidad va a ser juzgada cuando se desnuden en público. Se dan cuenta de esto al hablar entre ellos a propósito de una chica que aparece en una revista. Mientras que tradicionalmente el cuerpo del hombre era un término no marcado, en la nueva sociedad, en cambio, su cuerpo es objeto de la mirada masculina y tiene que competir con otros cuerpos. En *Se buscan fulmontis*, los protagonistas se escandalizan cuando, en un club, ven trabajar a los profesionales de la prostitución: sus cuerpos y modales son perfectos, controlan sus movimientos, su vestuario es impecable y todo está puesto al servicio de la clienta. Esto hace que Refor, Amancio y Felipe exploren sus propias vulnerabilidades. De ellos, Felipe posee cierta ventaja: su negritud demuestra que están apareciendo alternativas a la definición tradicional de masculinidad, algo que también refleja *The Full Monty* al presentar los nuevos hombres del final múltiples modelos de masculinidad: no sólo el hombre negro, sino también el gordo, el ex recluso, el viejo, el apocado y el homosexual.

Desafortunadamente la nueva empresa de los amigos, «Esclavos del amor», no tiene mucho éxito y Amancio y Refor nunca consiguen un cliente, aunque Amancio reanuda su vida sexual con Merche, una exitosa peluquera, amiga de Angelines. Felipe sí obtiene una cliente que busca el exotismo de su negritud, aunque, en el momento de la verdad, Felipe se arrepiente y no consuma la transacción sexual/social/comercial.[8] Hay una escena capital que conviene analizar para

---

8. La película siempre se muestra dentro de una lógica heterosexual y, aunque la dueña del negocio de prostitución indica que los potenciales clientes son tanto hom-

mejor entender la obra. En ella, los cuatro amigos acuden de compras a un hipermercado. Refor llena el carrito de *kits* de pintura de la casa, Felipe le compra un televisor a su madre y papel higiénico. Por su parte, Amancio pide merluza en la pescadería, ordena que la fileteen, también compra chirlas y pone en el carrito comida para perros. Cuando ya tienen dos carritos llenos miran si hay un guardia cerca y los abandonan. Toda la compra era un simulacro. Como señala Thomas Hines, si dejáramos de adquirir objetos no sólo indicaríamos que la sociedad carece de futuro, sino que la arruinaríamos (p. xvi). Esta falsa compra implica que si la sociedad no es capaz de incluir a los Felipe, Angelines, Refor y Amancio, no es sólo porque estas personas no tienen futuro, sino porque la sociedad en general tampoco lo tiene: la presencia de ciudadanos sin poder adquisitivo simplemente niega el concepto de sociedad. Para Paco Underhill la compra es:

> Clearly, possession is an emotional and spiritual process, not a technical one. Possession begins when the shopper's senses start to latch onto the objects. It begins in the eyes and then in the touch. Once the thing is in your hand, or on your back, or in your mouth, you can be said to have begun the process of taking it. Paying for it is a mere technicality, so the sooner the thing is placed in the shopper's hand, or the easier it is for the shopper to try it or sip it or drive it around the block, the more easily it will change ownership, from the seller to the buyer. That's shopping! (p. 168).

Es decir, la compra es física, utiliza el cuerpo y la mente, es un acto de deseo, tiene sexo y clase social. El problema es que esta compra es un *coitus interruptus*. Esta escena representa el punto más bajo de los cuatro, ya que en este momento de la historia no son nada. Es decir, o desaparecen del todo o comienzan la recuperación.

Al igual que la ciudad de Sheffield en *The Full Monty* (Kendrick, p. 26), Madrid aparece feminizada: quienes tienen trabajo son las mujeres —Merche, Encarni y Angelines— mientras que los hom-

---

bres como mujeres, los tres protagonistas nunca se plantean esa posibilidad. Además, se plantea el hecho de que mediante la prostitución los protagonistas no pueden recuperar su dignidad y mucho menos su pene/falo. El tema de la homosexualidad aparece en *The Full Monty* cuando Guy (Hugo Speer) y Lomper (Steve Hanson) se enamoran y se cogen las manos en el funeral de la madre de este último. Aunque a Gaz y Dave les da risa, no cambia en nada su relación con ellos.

bres están en el paro. Pero también descubrimos que la única de los protagonistas que no se había planteado la prostitución, la está ejerciendo. Ante el acoso sexual de su jefe que amenaza con despedirla, Angelines accede a sus deseos. En el momento en que Felipe acude al trabajo de Angelines para decirle que va a abandonar su nunca consumada carrera en la prostitución, la encuentra haciendo el amor con su jefe. La escena es antierótica, puesto que vemos a Angelines literalmente aplastada, toda su belleza oculta, y lo único que el espectador puede ver es el feo trasero del jefe.[9] Así como Felipe, Refor y Amancio perderían su pene/falo si se dedicaran a la prostitución, Angelines puede ejercerla, porque no puede perder lo que no tiene. Felipe, Refor y Amancio se aferran a su pene porque es lo único que les queda.

Se buscan fulmontis es la épica de la búsqueda de la dignidad de aquellos que no la tienen porque la han perdido con el desempleo. Álex Calvo-Sotelo, el director, y Antonio Orejudo, el guionista, no condenan a sus personajes aunque la sociedad lo haga. En este contexto es importante detenernos en el personaje de Cristóbal, porque la historia premia su comportamiento. Al abandonar la prostitución, Cristóbal no sólo adquiere un trabajo digno y una esposa, sino que salva en dos ocasiones a sus amigos de convertirse en delincuentes.[10] Si Cristóbal sólo se hubiera dedicado a la pornografía, no habría perdido su dignidad, pero al simultanear pornografía y prostitución la pierde.[11] Su presencia es positiva, puesto que soluciona con diplomacia el incidente en el banco y no denuncia a Amancio, Refor y Felipe

9. El trasero del jefe sublima para el espectador la presencia del falo/pene de un representante de un capitalismo patriarcal, salvaje y que todavía está vivo en la sociedad española. Los traseros del final de *The Full Monty* son el reverso de los penes de los *strippers* que, al mostrarlos, los han convertido en falos. Los espectadores no los vemos pero las mujeres de Sheffield que han acudido en masa a verlos los validan y los saludan con vítores devolviéndoles a los penes y a sus dueños la dignidad perdida.
10. En cambio, en *The Full Monty* el trabajo de guardia jurado se presenta de una forma negativa. Vemos a Dave en su uniforme deambulando por el espacio femenino de la tienda, Gaz le dice que él merece algo mejor y en cuanto tiene una oportunidad Dave huye de su trabajo mientras suenan las alarmas. Lomper, que es el guarda de la antigua fábrica, intenta suicidarse, pero su regeneración tiene lugar cuando Dave y Gaz lo salvan.
11. En su estudio sobre *Boogie Nights* (1997), de P. Anderson, Judi Addelston explica la diferencia en la función del pene/falo según se use en la pornografía o en la prostitución.

cuando intentan robar ropa.[12] ¿Por qué es entonces significativo que Cristóbal les recomiende la prostitución a los tres amigos? Porque los devuelve a la esfera pública. Cuando Amancio, Refor y Felipe acaban naturalizando su vida de parados se dedican a hibernar en sus hogares. Huyen a lo privado donde pueden esconder su indignidad. Vemos a Amancio mojando magdalenas en el café, sin afeitar, oliendo mal ya que no usa desodorante; a Miguel Ángel, temeroso de los vecinos, intuyendo que su esposa lo va a abandonar, escondido detrás de un transistor en la cama. Tal vez el más digno es Felipe, pero tampoco tiene mucho éxito, aunque lo posea en su vida sentimental. Amancio confiesa que desde que se quedó en el paro no ha tenido relaciones sexuales. Es la misma situación en *The Full Monty*, donde el desempleo convierte a Dave en impotente y Lomper intenta suicidarse porque está agobiado por una madre castrante y un trabajo sin futuro, como es el de guardia de seguridad. Estos personajes han abandonado la calle, o, mejor dicho, viven en los márgenes de la ciudad, donde nadie puede verlos.[13] Su entrada en la prostitución es el comienzo del fin, lo que explicaremos con más detalle cuando analicemos el final de la película. El entrenamiento al que se someten —hacer deporte, acicalarse, usar desodorante, aprender a usar los cubiertos— los vuelve a poner en el mercado de trabajo, en la esfera pública, que es donde deberían estar en cuanto hombres y trabajadores. En la película inglesa ocurre lo mismo: unos días antes del espectáculo y tras dos semanas de entrenamiento, vemos a Gaz en una calle principal caminando con confianza y la actitud necesaria para comerse el mundo. Un auto para junto a él y el dueño de la distribuidora de cerveza le ofrece poner las bebidas y organizar el acto. En cambio, a Angelines se la trata de manera diferente. No es machismo de la película, pero sí de la sociedad, ya que se puede interpretar la entrada real en la prostitución de An-

---

12. Nótese como esta escena infantiliza a los protagonistas al igual que ocurre con Dave y Gaz en la escena que abre *The Full Monty*, cuando intentan robar la viga que se hunde en el canal (Tincknell, p. 149).
13. El comienzo de *The Full Monty* muestra a Dave y Gaz montados en el techo de un coche que se está hundiendo en medio de un canal después de que se les haya hundido la viga (falo) que habían intentado robar. No sólo es que están en el margen, en una fábrica abandonada, es que no van a ningún lado excepto al fondo del canal. Recuerda también la barcaza a la deriva del final de *Los lunes al sol*.

gelines como una denuncia del acoso sexual. Angelines acepta la situación humillante porque van a desahuciarlos por falta de pago y tanto ella como su hermano Amancio están cuidando del padre, que era albañil y ha sufrido un accidente. Amancio recalca que no hay dignidad cuando la pensión que le queda a su padre por invalidez es exigua (35.000 pesetas).

Angelines se convierte, pues, en prostituta y adúltera. Es verdad que es un adulterio posmoderno, ya que Felipe y ella no están casados, pero forman una pareja de hecho. La película nos muestra dos veces a Felipe haciendo el amor en escenas púdicas en las que no hay desnudo femenino. Se protege a Angelines de la mirada del espectador masculino.[14] La primera vez, Felipe, abrumado por los problemas, no puede consumar el acto sexual, lo que en la película se denomina con el término popular de «gatillazo», y la segunda, cuando Felipe ha terminado el curso de prostituto tras el que Angelines confiesa que la experiencia ha sido impresionante y que ha perdido la cuenta del número de orgasmos alcanzado («Me he corrido no sé cuántas veces»). Es decir, la historia primero deconstruye y luego reconstruye el mito de la hipersexualidad del negro.[15] Felipe tiene que aprender (de una mujer) a ser masculino y a ser negro. El pene o el color de la piel son naturales, pero sus funciones en la sociedad son culturales. Mediante el concienzudo estudio y el entrenamiento pertinente, Felipe aprende a ser un hombre masculino y no sólo eso, sino a convertirse en un supermacho que parece validar el estereotipo de su raza.

Angelines engaña a Felipe por su padre, para que después de

---

14. El problema de la mirada femenina es muy complejo y escapa al ámbito de este trabajo. Puede verse, por ejemplo, *The Practice of Love*, donde Teresa de Lauretis discute las teorías expuestas sobre el tema por Joan Copjec, Patricia Mellencamp, Mary Ann Doane, James Donald y Donald Greig. La misma de Lauretis fue pionera en este campo con su estudio *Alice Doesn't. Feminism, Semiotics, Cinema* (1984). Kevin Goddard ha estudiado la mirada (*gaze*) en *The Full Monty*, por ejemplo, cuando los parados hojean una revista y empiezan a hablar sobre una modelo de la revista, se dan cuenta con horror de que van a ser sometidos al mismo escrutinio por parte de las mujeres cuando se desnuden.

15. En *The Full Monty* vemos a Horse llamando al número de una compañía que vende aparatos para agrandar el pene mientras sostiene en su mano el extraño artilugio porque no está dando los resultados esperados. Horse está preocupado porque no puede competir con el superdotado Guy a pesar de su sobrenombre y su raza. En la escena final del *striptease* él y Guy ocupan la primera fila, lo que nos permite suponer o que el aparato funcionó o que no era tan necesario.

una vida de trabajo no se convierta en un sin techo. Esto demuestra la crisis del papel de padre y proveedor: enfermo e inútil, es la hija la que tiene que salvar a la familia, ya que el hermano no puede asumir el rol paterno. Cuando Amancio ayuda a orinar a su padre en el hospital le dice que su «minga» habría sido buena para la prostitución, pero ahora, jubilado y enfermo, el antiguo obrero tiene el pene flácido, ni siquiera puede sostenérselo él mismo. A esto se une el fracaso de Refor en el papel tradicional de esposo, ya que su esposa es la única que trae un sueldo a casa, y el hecho de que Felipe no pueda casarse con su novia y mantengan relaciones sexuales en una camioneta abandonada, y que Amancio lleve varios años sin tener relaciones. La masculinidad se presenta, por tanto, como un fenómeno que puede desaparecer (Halberstam, p. 437), crisis que hemos visto representada en el cine australiano, británico y estadounidense —por ejemplo en *The Adventures of Priscilla, Queen of the Desert* (1994), de Stephen Elliott, y *Austin Powers, the Spy who Shagged Me* (1999), de Jay Roach—, y que ha llegado también al cine español.

La relación de Angelines y Felipe sufre primero, cuando él decide comenzar su carrera en la prostitución, y se rompe cuando Felipe descubre a Angelines con su jefe. Hay una aserción de Angelines que es importante: «No sé si eres egoísta por hombre, por pobre, por negro, o porque eres tonto». Lo que hace Angelines es definir a Felipe en su pobreza, negritud y cortedad. Todo cambiará cuando los hombres salgan a la calle. Lo importante es que a esta altura de la historia los cuatro protagonistas se encuentran en el mercado, en la esfera pública, y ya han triunfado porque han salido de su letargo, sólo les queda solucionar el problema sentimental y poner a prueba su nueva actitud. Por la noche, en el bar, y todavía vestido de gigoló, es decir, con el disfraz para gustar a las mujeres y ser (ad)mirado por ellas, Felipe llama a un programa de radio para explicar su situación. Pensaba que podía vender el estereotipo de su negritud en el mundo de la prostitución, pero no sólo no pudo hacerlo, sino que descubrió que la que se estaba prostituyendo era su novia. Esto provoca una cascada de llamadas, entre ellas, las de Angelines, Amancio, Merche y Refor, que llaman al programa para dar su opinión, insultándose los unos a los otros. Su problema ha pasado de estar escondido en el hogar a convertirse en el problema de todos, de toda la sociedad. Los cuatro son ahora tres hombres públicos y una mujer pública, con lo que es pertinente que su problema se ventile en un espacio público, como es el de la radio.

En la última escena, que recuerda a la que abre la película, todos se presentan a una entrevista de trabajo, sin saber ninguno que los otros habían sido llamados también. Llegan por separado. La cámara sólo muestra los rostros y los cuerpos de los cuatro, de nuevo amigos. Todos se alegran de volver a verse y Angelines y Felipe se miran con amor. No vemos al entrevistador, quien les dice que el trabajo es un lujo y le recuerda a Angelines que el acoso sexual no es suficiente razón para dejar un puesto de trabajo. El trabajo que se les ofrece es el de Reyes Magos para la empresa Colorín Colorado: Felipe será Baltasar y Angelines un paje, y cuanto más hagan el ridículo, mejores serán los incentivos. Amancio le da al empleador el anuncio de «Esclavos del Amor», la nueva empresa que ellos han puesto en marcha y que, entre otras especialidades, según Amancio, tiene intríngulis y fatalismo, y que les paga un salario de 20.000 pesetas la hora, lo que escandaliza al anónimo empleador. Los amigos se levantan con la sonrisa en los labios y antes de salir por la puerta se vuelven al empleador y le hacen la higa. En ese momento la imagen se congela, como en el final de *The Full Monty*, y se ven los traseros de los bailarines, los sombreros en el aire y, por los gritos de la multitud, sabemos que las espectadoras en el interior de la acción están viendo los penes de los seis parados que se nos ocultan a los espectadores de la película, penes ya convertidos en falos gracias a la alegría con que las mujeres de Sheffield los reciben. La masculinidad y la dignidad de los parados han sido recuperadas, las esposas están en la primera fila y encantadas de recuperar a sus maridos del letargo del desempleo. Pero al final de la película *Se buscan fulmontis*, «el fulmonti» es la higa. Los cuatro, incluida Angelines, enseñan sus falos a los espectadores.[16]

Ése es el final de la película, con los primeros planos y los planos americanos de los protagonistas que se dirigen al tú del empleador, y, al no verse éste, nosotros, los espectadores nos convertimos en

---

16. Según Sebastián de Covarrubias (1611), la higa «[e]s una manera de menosprecio que hacemos cerrando el puño y mostrando el dedo pulgar por entre el dedo índice y el medio; es disfraçada pulla. La higa antigua era tan solamente una semejança del miembro viril, estendiendo el dedo medio y encogiendo el índice y el auricular» (p. 689).

los empleadores.[17] Felipe le llama «pringado», así que nos lo espeta a nosotros, tan pringados como ellos, para que nos enteremos de su nueva situación: de pie, dignos, unidos y dispuestos a salir a la calle, a salir a trabajar, de «esclavos», pero por un salario digno y con el falo erecto. El intercambio económico es prostitución, esclavitud, y consiste en vender tu trabajo a cambio de dinero, pero ellos salen, Angelines incluida, con el falo enhiesto.[18] Walter Kendrick señala que, al final de la historia inglesa no es tan relevante la presencia del pene o falo (p. 28). Sin embargo, yo me permito discrepar, porque el final de *The Full Monty* es el de más de doscientas mujeres de Sheffield y algunos hombres celebrando la vuelta del pene y del falo a la ciudad. Si tras la caída de la industria pesada con sus enormes y fálicas chimeneas la ciudad se ha feminizado, en el final feliz de la historia los hombres vuelven y las mujeres lo celebran. Es lo mismo en nuestra historia, cuando el empleador piensa que los cuatro son los mismos donnadie de siempre y que los puede ningunear como ha hecho siempre, resulta que ellos son personas diferentes, porque han descubierto que se puede volver a la esfera pública, que la hombría es una representación, que el falo existe y hay que usarlo. Es verdad que la masculinidad en el margen no es tan fuerte como en el centro y hay que hacerla más visible. Se hace necesaria la redundancia para hacerla más visible. Así, hacen falta seis penes marginales en *The Full Monty* para formar un falo, que el de *Boogie Nights* tenga que medir trece pulgadas para convertirse en falo y que en el final de *G. I. Jane* se junten los falos del soldado negro y el de la mujer fálica. En *Se buscan fulmontis* son los cuatro dedos de los cuatro amigos —el dedo femenino de Angelines, el impotente de Refor, el oxidado de Amancio y el negro de Felipe—, pero juntos y erectos tienen fuerza para poder desafiar la mirada del empleador dentro de la ficción y del espectador en la sala cinematográfica o en la intimidad del hogar.

El historiador E. J. Hobsbawn ha hecho una observación respecto a los nuevos estados-nación sobre la que hay que reflexionar:

17. Agradezco esta observación a Javier Domínguez García, de Utah State University.
18. Cuando Angelines hace la higa y muestra su falo, equivale al «Suck my dick» de Jane en *G.I. Jane* (1997), de Ridley Scott (Addleston, p. 348). Los soldados de élite no consideran a Jane como uno de los suyos hasta que ella no verbaliza la presencia de su falo. Los espectadores asistimos durante toda la película a la agónica creación de ese falo.

«Cultural freedom and pluralism at present are almost certainly better safeguarded in large states which know themselves to be plurinational and pluricultural than in small ones» (p. 184). De la capacidad que tenga España de hacer realidad estas palabras de Hobsbawn depende su futuro. Como indiqué al principio del trabajo, Felipe se articula como africano-español. El término africano, como en el caso norteamericano, se refiere mayoritariamente a su negritud, lo que le convierte en diferente, pero es un término que celebra la diferencia; la otra cara de la misma moneda es su españolidad, su acento castellano, su cultura filológica hispánica. El guión que une los dos términos también se refiere a la inclusividad —como ocurre en *The Full Monty*, cuyos protagonistas ven a Guy, alias Horse, el personaje negro como uno más—. Calvo-Sotelo y Orejudo han creado con Felipe a un personaje fundacional en el cine español, uno de los primeros españoles que entre sus características tiene la negritud, y nos lanzan, a los espectadores, el reto de que lo aceptemos y sirva de modelo para distanciarnos de ese pasado oscuro de la historia de España y la dictadura de la homogeneidad de Francisco Franco.

TERCERA PARTE

MIRADAS TRANSNACIONALES

6.
Desde la mirada oscura: geografías fílmicas de la inmigración en España

Olga López Cotín

El Mediterráneo, como nos recuerda Sami Naïr, vuelve a convertirse, en el curso de la historia y en la encrucijada del nuevo milenio, en escenario de conflicto a pesar de encerrar física y metafóricamente la posibilidad de un reencuentro:

> Desde el siglo XXI, el sur del Mediterráneo configura una historia de pueblos pobres sometidos a la fascinante riqueza de las sociedades del norte. Este espacio de enlace de poblaciones, de revueltas y de guerras nacionales, se ve hoy arrastrado por la tormenta de la mundialización y, aún más que en el pasado, la historia se hace sin él, y a veces contra él. Entre el legado de las antiguas agresiones y el dolor de las heridas abiertas, los pueblos del sur del Mediterráneo están todavía buscándose a sí mismos. Considerar el desarrollo del norte como determinado, a lo largo de la historia y en su sentido más profundo por el desarrollo del sur y viceversa, es considerar que el desarrollo —del Estado de derecho, de la modernidad cultural, de la economía sustancial— es común... El Mediterráneo es una suerte compartida. Nunca hemos sido tan responsables de nuestro destino (pp. 17-19).

Aunque Naïr aborda la discusión de este espacio desde una amplia perspectiva cultural y geopolítica, el eje central del debate se inscribe en el creciente movimiento migratorio de las poblaciones del sur hacia el norte, y del enigmático futuro de una Europa mediterránea multirracial y multiétnica. Porque, si bien es cierto que la noción de crisol cultural define a España desde un punto de vista diacrónico, ello no ha interferido con una arraigada concepción de homogeneidad en la identidad nacional del presente en respuesta al nuevo y persistente flujo migratorio que viene desarrollándose desde los años ochenta. Esta «homogeneidad» asumida e implícita se articula formalmente a partir del creciente desafío a las fronteras geográficas cuando el sujeto poscolonial se inserta en el territorio nacional y confronta al país con su propia resistencia a la diferencia.[1]

Este trabajo se enfoca en dos películas de la década reciente, *Cartas de Alou* (Armendáriz, 1990) y *Bwana* (Uribe, 1996), ambas ganadoras de la Concha de Oro del Festival de San Sebastián, y coincidentes en sus modos de representar los dilemas de la inmigración subsahariana.[2] En estos dilemas operan el antagonismo desarrollado a partir de un tardío colonialismo y posterior descolonización del continente africano por las potencias europeas, así como los tenues hilos culturales entre España y África que agudizan la racialización y subordinación del emigrante africano. Estas dos películas abordan una temática que no por ser urgente deja de ser novedosa en el cine español, haciéndose portavoces de una creciente radicalización social en la medida en que la inmigración se ha venido construyendo tanto desde los poderes gubernamentales como desde los medios informativos en «una marea» (*El País*, 8 agosto 1999),[3] y proponiendo maneras alternativas de negociar la presencia

---

1. Isabel Santaolalla subraya la paradoja que se establece en la sociedad española al definirse simultáneamente como un crisol histórico de culturas y una nación homogénea en el presente («Close Encounters», p. 113). La paradoja, en el fondo, radica en una noción valorativa confusa: el pasado se percibe como enriquecedor en su diversidad pero el presente se alinea decididamente con la cultura europea occidental. Y esta posición se hace eco de debates supranacionales que surgen en la segunda mitad del siglo XX en los países occidentales y que llegan hasta nuestros días en la búsqueda de cómo reconciliar tolerancia y diversidad en el desafío de las diferencias culturales más profundas. En España el europeísmo que caracterizaba los años ochenta y noventa recogía el deseo de afirmar la superación del aislacionismo de la dictadura. Los valores «europeos» se asumen como una ideología homogénea de libertad y democracia dentro de un marco económico capitalista determinado que se contrapone a un modelo de «subdesarrollo». Esta dicotomía juega un papel importante en la preocupación generada por la inmigración entre los españoles.
2. Otros dos trabajos anteriores al presente se enfocan en la comparación de estos dos filmes como discusiones sobre la inmigración en España: Yolanda Molina Gavilán y Thomas J. Di Salvo, y un capítulo de *Cine (in)surgente*, de Isolina Ballesteros, dedicado a la inmigración africana en el cine de los años noventa.
3. Citado en Juan Goytisolo y Sami Naïr, *El peaje de la vida* (p. 10). Como dicen los autores, la metáfora es inquietante porque evoca en el lector connotaciones de invasión, agresión y sumergimiento. Ellas, a su vez, encubren modos de exclusión, odio y, sobre todo, ignorancia. Habría que añadir también que la marea produce el efecto de algo imparable y constante, lo cual agrava la percepción del problema respecto al cual

subalterna desde una dudosa incorporación social hasta un abierto y violento rechazo. El análisis que sigue propone el estudio de las fracturas y transformaciones en la sociedad española de las que estos sujetos son catalizadores, entendiendo las películas como paradigmas de las actuales manifestaciones de xenofobia y la contradictoria política legal de incorporación en el paisaje económico y cultural, al tiempo que persisten la segregación espacial y el confinamiento cultural de estos individuos.[4] Independientemente de sus mayores o menores aciertos artísticos como narrativas de la inmigración contemporánea, las dos películas subrayan la existencia de una geografía cultural que separa a los individuos que proceden de diferentes esferas económicas, culturales y geográficas, y cuestionan, en los difíciles procesos de reubicación que sufre el inmigrante ilegal, los límites últimos de las fronteras colectivas e individuales.

Además de la Concha de Oro el año de su estreno, *Cartas de Alou* recibió dos Goyas por guión original y fotografía en 1991, y llegó a ser calificada en su momento como película implacable y necesaria, si bien desde una perspectiva actual la estructura narrativa y la simplificada construcción de personajes en torno a una problemática de denuncia adolecen de un didacticismo excesivo y reductor que resta fuerza al mensaje central. La importancia de la película radica en el carácter pionero con que se lleva a la pantalla una problemática que se empieza a articular en el país, y en la adopción de la perspectiva —punto de mira y punto de «hablada», en la terminolo-

---

la sociedad se ve a sí misma como agente pasivo incapaz de intervenir, modificar o canalizar. Si en los últimos años los medios de comunicación han neutralizado el lenguaje algo más, titulares más recientes sobre los múltiples asaltos de la valla fronteriza en Melilla en los primeros días de octubre de 2005 evocan el lenguaje de los años noventa: «350 inmigrantes entran en Melilla en la mayor avalancha en la verja» (*El País* 4 octubre 2005); «500 subsaharianos intentan penetrar en Melilla en la cuarta avalancha en siete días» (*El País,* 6 octubre 2005). La inmigración vuelve a ocupar el primer puesto en el índice estadístico de preocupaciones sociales, según las últimas encuestas.
4. Los estudios sociológicos sobre las actitudes en la sociedad española hacia la inmigración y sobre la inmigración en general son cuantiosos desde los años noventa en adelante. Los trabajos de Tomás Calvo Buezas que realizan encuestas de tipo cualitativo son posiblemente los más difundidos. Como referencia general, consultar sus encuestas sobre la percepción de los diferentes grupos nacionales extranjeros en España, Portugal y Latinoamérica.

gía de Ortega y Gasset—[5] del inmigrante que viene para quedarse definitivamente: lo que Iain Chambers define en un excelente ensayo sobre el tema como «el extraño en casa» (*Culture after Humanism*, pp. 161-182). La película narra a modo de periplo circular las vicisitudes de un inmigrante ilegal subsahariano desde el momento que embarca en patera en la costa marroquí, y describe el viaje geográfico y psicológico del protagonista por España a través de distintos escenarios laborales hasta su repatriación final cuando la policía lo descubre sin documentación. El previsible patrón narrativo viene marcado por la secuencia lineal del viaje y contrapunteado por las cartas que Alou, el protagonista, escribe a su amigo Mulai, que ha emigrado antes y con quien espera reencontrarse en Barcelona, y a su familia describiendo la sociedad española desde una contradictoria posición marginada, si no marginal, puesto que es un individuo productivo que forma parte en todo momento del entramado laboral que sostiene la economía nacional. Armendáriz retoma el tradicional modelo epistolar acentuando por igual el propósito de ofrecer una panorámica del espacio que rodea al sujeto, y la evolución que el sujeto mismo experimenta en el proceso de adaptación y supervivencia. Los cambios más obvios tienen lugar en el aprendizaje de la lengua y en los nuevos códigos en los que se tiene que reubicar el inmigrante, y se acompañan también de otros cambios más profundos en el plano afectivo: las redefiniciones de amistad, cuando Mulai se revela como un intermediario explotador de su propia gente, él mismo situado sólo un paso más arriba en la cadena de miseria y discriminación en la que subsisten los inmigrantes; las inesperadas relaciones de amistad con otros inmigrantes a raíz de una solidaria experiencia común; los españoles que cruzan barreras diferenciales y apuestan por la posibilidad de diálogo, incluyendo el amor. Como sugiere Chambers, la inmigración,

---

5. Ortega y Gasset maneja diferentes definiciones al establecer paralelos entre la literatura y las artes visuales que resultan pertinentes en la discusión sobre el medio cinematográfico no sólo como discurso espacial sino también como narración de fuerte carga ideológica: «En literatura, el punto de vista es un punto de "hablada", si me permite la palabra. Como el pintor pinta desde un lugar espacial, el literato habla desde un sitio. Pero en literatura este sitio no es espacial, sino espiritual; es un ser humano, un yo» (p. 388).

involves movement from the forsaken certainties of the former home that are to be conserved from the dispersal of travel to the altogether more ambiguous, uncertain settlements of the new habitat. For even if the migrant still clings to an imagined community, it is one that is always accompanied by the transformation of its culture, tradition, language ... into a translated space in which both it and the host community undergo transformation (*Culture after Humanism*, p. 162).

A diferencia de *Bwana*, que, como veremos, habla de esta dialogía obligada entre receptores y allegados, la película de Armendáriz se decanta por acentuar la transformación del inmigrado. Como Alou manifiesta en su carta final, él es ya un sujeto marcado por el proceso de desplazamiento y de adaptación: «Mi padre me dijo que ese país es como un terreno sin arar, si lo trabajo tendré buena cosecha... este ya no es mi lugar». Estas palabras encierran también una noción desarrollista de modernidad, corroborada cuando la voz en *off* del protagonista se proyecta sobre la imagen de un avión español que supuestamente lo devuelve a su país de origen seguida por la escena final frente al mar, igual que al comienzo de la película, donde vemos a Alou pagando para volver a embarcar en una precaria patera: el progreso se percibe indefectiblemente unido a la otra orilla y Alou opta por el regreso. De este modo la narración nos lleva al punto de partida pero bajo un nuevo signo: si la película se abría bajo la incertidumbre proyectada en un mar en claroscuro y planos fragmentados de pateras y cuerpos clandestinos sin rostros moviéndose furtivamente, la escena final ocurre a pleno sol y bajo el fondo de un mar azul y apacible donde Alou y el amigo marroquí que conoció en España se reencuentran para regresar juntos, esta vez conocedores del punto de destino.

Quince años después de su estreno, quizá resulta sorprendente la candidez con que *Cartas de Alou* propone una dialéctica conciliatoria de la inmigración: de un lado, la facilidad —no exenta de conflictos— con que el sujeto subalterno se integra progresivamente en la sociedad receptora adquiriendo la lengua sin grandes transiciones y desplazándose espacialmente en una serie de escenarios laborales y contextos sociales donde mantiene una trayectoria unidireccional hacia su objetivo. Paralelamente al viaje constante al norte en busca del amigo Mulai, Alou se dirige sin fracturas hacia una estabilidad económica y emocional, una justicia social y gubernamental, y una plena integración. En este sentido, todas las escenas se plantean al servicio de esta tesis como escenarios duales donde los personajes confrontan o se alinean junto al emigrante en un juego de compensaciones: los encuentros entre Alou y otras mujeres donde se hace patente la tensión racial se contraponen a la relación final que establece con Carmen; la negación de Mulai a proporcionarle un contrato de trabajo porque es parte de una actividad de talleres textiles clandestinos se contrapone a la actitud de Paco, el español que, aun desde la precariedad misma de su trabajo, está dispuesto a luchar por un contrato que le proporcione a Alou la residencia. A modo de clímax en la expansión del universo social de los implicados en la problemática inmigratoria, la negativa de la burocracia administrativa a facilitar ese permiso se contrapone a la integración de fuerzas sociales que se manifiestan en las calles en contra de la Ley de Extranjería. En definitiva, la determinación de Alou de regresar después de su expulsión propone que, lejos de tratarse de una circunstancia, la inmigración norte-sur se ha hecho irreversible y consustancial a la historia contemporánea occidental. La persistencia por regresar de aquellos que son expulsados anticipa también el futuro e inevitable desmantelamiento de las visiones hegemónicas vigentes hasta ahora, que han venido definiendo la cultura y la historia de la nación por exclusión del «extranjero». Alou emerge transformado en la escena final en la figura convencional del inmigrante, quien habita ya en la otra orilla, inscribiendo su identidad y su voz dentro de un discurso que no le pertenecía y del que, sin embargo, se ha apropiado. Como sugiere Chambers, no se trata de un poder alternativo, sino de la interrupción de las presunciones de propiedad histórica y cultural, y del sentido de progreso que han detentado hasta ahora las potencias occidentales, y la inevitabilidad en la pluralidad de voces que habrán de ser incorporadas como parte de una realidad que se materializa a diario.

El estreno de *Bwana* sólo seis años más tarde representa una agudización en el tratamiento de la inmigración en paralelo a la creciente preocupación social por el tema. Esta película es interesante no sólo en relación con la anterior, sino también por el hecho de estar basada en una obra de teatro, *La mirada del hombre oscuro*, de Ignacio del Moral (1992), que fue premiada por la Sociedad General de Autores de España y estrenada el mismo año de su publicación. Al margen de ciertos cambios más o menos anecdóticos, la obra y la película divergen en ciertos aspectos del argumento que modifican radicalmente la construcción del sujeto emigrado en relación con la sociedad receptora. En un período de veinticuatro horas un matrimonio y sus dos hijos pequeños —familia de clase trabajadora epítome de los valores y prejuicios latentes en la sociedad española— se embarcan en un viaje físico y psicológico de cualidades abstractas. Alejándose de los espacios civilizadores que representan el hogar y la ciudad, se dirigen a una playa solitaria para pasar el día recogiendo coquinas, allí encuentran a dos náufragos africanos, uno de ellos muerto, a quien el otro, Ombasi, ha enterrado en la arena. Un viaje aparentemente trivial se convierte en desencadenante del odio visceral hacia el Otro, definido en términos atávicos como lo amenazante de la estabilidad del orden conocido. En *Bwana* la realidad se desdibuja y se hace ambigua. La ausencia de un lenguaje común convierte los intercambios lingüísticos en cómplices de una realidad menos articulable, donde los personajes se enfrentan a sus miedos internos más reprimidos. El viaje se transforma así en una espiral vertiginosa hacia el subconsciente individual y colectivo. En un género híbrido donde el humor y la tragedia se entrelazan, el espectador se encuentra en la vertiente del horror ante su propia sociedad y, en última instancia, ante sí mismo, integrado en el universo occidental que comparte con la familia, frente al extranjero que usurpa el territorio.[6] El encuentro con Ombasi evidencia no sólo la disfuncionalidad de unas estructuras patriarcales que jerarquizan las relaciones entre esposos y entre padres e hijos, sino también, y quizá más importante, evidencia la arbitrariedad sobre la que se legitima el racionalismo occidental. Un escenario aparentemente trivial y una serie de eventos circunstanciales se convierten en abstracciones de un espacio intersectado por dos viejas polaridades —civilización y barbarie—, lo que Said describiría como territorios

---

6. En *Strangers to Ourselves*, Julia Kristeva discute el proceso de autodescubrimiento que se desencadena en el encuentro con el extranjero y que nos lleva a descubrir nuestra propia alteridad: «In the fascinated rejection that the foreigner arouses in us, there is a share of uncanny strangeness in the sense of the depersonalization that Freud discovered in it, and which takes up again our infantile desires and fears of the other —the other of death, the other of woman, the other of uncontrollable drive. The foreigner is within us. And when we flee from our struggle against the foreigner, we are fighting our unconscious —that "improper" facet of our impossible "own and proper"» (pp. 191-192).

superpuestos, donde receptor e invasor forman parte de un mismo paisaje. La pérdida de la bujía para poder arrancar el coche fuerza la convivencia de estos personajes durante la noche. La insuficiencia lingüística transforma este contacto en una semiótica gesticular sobre la que se proyecta el inconsciente colectivo de la sociedad «invadida»: el negro como antropófago, infecto, salvaje y primitivo. De la misma manera que la familia se ve obligada a compartir el fuego para pasar la noche, y se ve encadenada a una interdependencia con el inmigrante, así también Occidente se ve abocado a entablar un diálogo en su propio territorio con lo que antes se había construido como externo. Es en definitiva una cuestión de metonimia falaz: si el modelo occidental se ha erigido en el paradigma definidor de la organización social, también se ha convertido en paradigma fracturado en la medida en que el Otro ha abandonado su espacio original y llega para instalarse en esta orilla. Como sugiere Chambers, esto lleva a la incorporación inevitable del extraño en la casa, del que llega para habitar el espacio antes delimitado por fronteras demarcadas:

> The question of the other is always the question of the stranger, the outsider, the one who comes from elsewhere and who inevitably bears the message of a movement that threatens to interrupt the stability of the domestic scene... If the West has become the world, in the process it has also come to be displaced. If its languages, technologies and techniques have now encompassed the earth to provide the contemporary sense of dwelling, its history and powers are inhabited by others who express their histories, their identities, their reasons there (*Culture after Humanism*, pp. 164-165).

Ignacio del Moral opta por dar una voz en castellano al inmigrante, que es inteligible para el espectador aunque ininteligible para el resto de los personajes. En el cruce de falsas interpretaciones generado por la imposibilidad de comunicarse acentúa la monología occidental, dispuesta a rechazar la posibilidad de escuchar la necesidad del Otro por un miedo ancestral a la invasión de lo desconocido. En el clímax final, Occidente se evade, como huye esta familia de Ombasi, sin llegar a poder entender que el inmigrante no busca dependencia sino la posibilidad de reconstruir un nuevo destino. Este miedo que se exacerba en la nueva proximidad del Otro provoca en última instancia las conductas más radicales:

> EL PADRE: ¡Ya está bien! ¡Vete de aquí! ¡Vete de aquí o te mato!
> OMBASI: Llévame a tu ciudad. Quiero trabajar.
> EL PADRE: ¡Que te vayas, condenado!
> LA MADRE: ¿Lo has conseguido?
> EL PADRE: ¡Sí!
> LA MADRE: ¡Pues vámonos!
> EL PADRE (A *Ombasi*): ¡Venga! ¡Largo! ¿Te enteras?
> OMBASI: Estoy muy cansado. Llévame a alguna parte.
> LA NIÑA: ¿Por qué llora?
> LA MADRE: No llora, lo parece. ¡Vámonos, Antonio!...
> OMBASI: ¡No te vayas! ¡Llévame! ¡No te voy a hacer nada! ¡No quiero morirme aquí!
> LA MADRE: ¡Vete! ¡Vete!
> *Ombasi, con desesperación, golpea la chapa del coche y se echa sobre el capó.*
> OMBASI: ¡Llévame a tu ciudad!
> LA MADRE: ¡Arranca, Antonio! ¡Atropéllale, aunque sea!
> *Al fin el padre, con un bramido de furia, sale del coche llevando en la mano la barra de atrancar el volante...*
> EL NIÑO: ¡Dale, papá! (pp. 58-60).

Recurriendo a lo irreal, del Moral y más tarde Uribe, hacen conversar al muerto y a Ombasi para proveer al espectador de un pasado y un futuro: el constante engaño a que es sometido el inmigrante desde su lugar mismo de destino, su viaje en patera, sus familias, sus sueños de encontrar un futuro mejor; y el destino de Ombasi después de haber sido deportado, su regreso, la precaria subsistencia en la ciudad y la muerte en el más absoluto abandono:

> CADÁVER: Te dije que te ahogarías con mis zapatos, ¿no?
> OMBASI: Pero no fue como tú dijiste. No me ahogué en el mar.
> CADÁVER.: No, claro, porque en Madrid no hay mar. Pero te ahogaste, aunque fuera en un charco.
> OMBASI: No recuerdo cómo fue.

CADÁVER: El frío. Hace mucho frío en esas ciudades grises. También te lo dije.
OMBASI: Estaba tosiendo y me dolía la cabeza. Tenía calor. Hacía frío, pero yo tenía calor. Me mareé. Me caí.
CADÁVER: En un charco. Te quedaste caído en el charco y te ahogaste. Lo que yo te dije. Pasaba la gente y miraba. Y tú te ahogaste (p. 61).

Bwana sigue en líneas generales este argumento pero introduce importantes modificaciones que acentúan la atmósfera de soledad y la violencia social latente: antes de llegar a la playa, y en el contexto de un paisaje desértico y abandonado, la familia se detiene en un merendero, donde el padre es humillado por tres individuos locales, y más adelante encuentran una caravana en la que tres neonazis se entrenan frenéticamente. El encuentro posterior con Ombasi y las situaciones entre éste y la familia después de llegar a la playa siguen más o menos el esquema de la obra teatral, pero la violencia del argumento se intensifica cuando los tres individuos iniciales se revelan partícipes en el tráfico de drogas que cruza el Estrecho y aparecen en mitad de la noche. Sintiéndose descubiertos por el matrimonio, es Ombasi quien rescata a la pareja de la inminente extorsión y violación con que son amenazados. Esta tensión se exacerba en la resolución final: a diferencia de la escena en la obra en la que la mujer sueña que es violada por Ombasi —en línea con el miedo y el rechazo—, *Bwana* presenta una corriente de deseo sexual entre ambos. Al amanecer, Ombasi saluda al sol y se baña desnudo, y la mujer lo acompaña. La escena se interrumpe por la llegada de los tres extremistas que sentencian castración para el hombre negro y una violación múltiple para la mujer blanca que se baña desnuda con él. La película concluye con unas escenas de intensidad creciente a medida que todos tratan de escapar, la familia en su coche y Ombasi corriendo desnudo a través de las dunas hasta acercárseles. La tensión se agudiza ante la desesperación muda de Ombasi y el titubeo de la familia por acogerlo antes de la llegada de sus perseguidores. Finalmente, el coche arranca y la cámara se dirige a la carretera donde Ombasi yace en el suelo con las motos en el trasfondo. Un último primer plano de Ombasi mirando al horizonte hacia donde partió el coche, a la cámara, es decir, al espectador, hace que éste quede así separado por una frontera, a salvo en la otra orilla que Ombasi nunca alcanzó. La película de Uribe anticipa así el paroxismo del horror. La instancia comunicativa se resuelve de maneras diferentes en estas obras y con diferentes efectos en la configuración del tema. En *Cartas de Alou* se resuelve en una transición sin grandes fisuras de la lengua autóctona del emigrante al español. En la obra de teatro, el espectador es partícipe de la voz de Ombasi, ya que el autor recurre artificialmente al uso del castellano, y al ubicarse en una tercera posición enjuiciadora desde la que accede a todas las partes del diálogo se distancia de ambos lados. En *Bwana*, sin embargo, Ombasi habla su propia lengua, lo cual sitúa al espectador en el mismo nivel de desencuentro de la familia y acentuará progresivamente su identificación con ellos. En la creciente dislocación del orden social a medida que la violencia final se apodera de la película, la traslación del epicentro de violencia de la familia —que es quien agrede a Ombasi en la obra— a traficantes y neonazis, grupos socialmente marginales, permite al espectador alinearse con la familia y reconocer que, si bien no es partícipe de las actitudes radicales xenofóbicas, sí es cómplice, en su desentendimiento e indiferencia. Aquí radica el elemento aleccionador de la película.

Bwana se inicia bajo la premisa de una confrontación de dos paradigmas, naturaleza y cultura, fácilmente identificables. Sin embargo, bajo un juego de expectativas donde el grupo civilizado parece ser dueño del discurso racional, el espectador asiste a su progresiva inversión: en los elementos civilizadores se anticipa ya desde el principio un instinto de negación, supresión y, finalmente, aniquilación del Otro. Estos paradigmas se contraponen en el eje simbólico de lo sexual: desde la visión del «salvaje», el sueño de Ombasi se entrelaza con el de la mujer inscribiendo sobre el cuerpo una sexualidad conciliadora que posibilita el encuentro y la neutralización de la violencia o la desconfianza. Aunque el referente en esta situación nos lleva a la conocida dicotomía *black beast/white godess* de las películas de aventuras en la selva, como nos recuerda Isolina Ballesteros (p. 226), en el baño de ambos desnudos reside cierto nativismo liberador del bagaje cultural que los separa. Esta breve intersección de los dos polos resulta particularmente beneficiosa para la mujer, que, en una reflexión especular frente a los estereotipos proyectados en el africano, toma ella misma conciencia de su propia reificación y sometimiento a los patrones culturales de género. Si el encuentro con el extranjero externo, como indica Julia Kristeva, lleva al encuentro con el extranjero que habita en nosotros mismos, ello puede ser interpretado como

> an invitation (a utopic or very modern one?) not to reify the foreigner, not to petrify him as such, not to reify *us* as such. But to analyze it by analyzing us. To discover our disturbing otherness... that apprehension generated by the projective apparition of the other at the heart of what we persist in maintaining as proper, solid "us" (p. 192).

¿Abre esta conciencia de extranjeridad una posibilidad de disolver las fronteras? *Bwana* cierra ese instante fugaz que posibilitaría un acercamiento, sin embargo, al contrarrestar la escena del baño en el mar con la noción de castigo que impone el grupo asaltante, ejerciendo a su vez en el mismo plano de lo sexual —a través de la violación y castración— la reinstauración del orden patriarcal/colonial conocido.

El mar como barrera divisoria, pero también como facilitador del diálogo entre Europa y África, provee el paisaje simbólico donde se instala la tensa dualidad entre privilegiados y desposeídos, nosotros y ellos. En un número limitado de escenarios los dos encapsulan algunos de los múltiples intersticios donde se confronta esta diferencia y urgen al restablecimiento de una nueva ética social que responda a la inmigración, no sólo como cuestión gubernamental, sino desde el individuo mismo, asumiendo que vivir en la diferencia representa una responsabilidad compartida. Como indicaba Antonio Gramsci, donde existe historia existe clase, y la esencia de lo histórico es precisamente el juego de poder entre quienes lo detentan o tienen acceso a sus mecanismos, y quienes, desde su mismo sometimiento, desafían el orden preexistente:

> To know oneself means to be oneself, to be master of oneself, to distinguish oneself, to free oneself from a state of chaos to exist as an element of order... And we must learn all this without losing sight of the ultimate aim: to know oneself better through others and to know others better through oneself (p. 13).[7]

---

7. Para Gramsci, el término «cultura» no se entiende como un resultado evolutivo natural sino primariamente como un acto de toma de conciencia radical del individuo en su propio contexto. Y esta toma de conciencia se fundamenta en una posición relacional con respecto a los otros: «[Culture] is organization, discipline of one's inner

La inmigración no fractura la identidad nacional pero sí revela que la homogeneidad cultural es una falacia construida sobre la supresión de diferencias en función de un objetivo nacional o supranacional —desde el punto de vista europeo— común. Por lo tanto, no es el inmigrante *quien genera* conductas racistas, sino *quien cataliza* ciertas pulsiones internas preexistentes que se resisten en diferente grado a lo extranjero. Los grandes desplazamientos humanos a los que asistimos en el nuevo milenio son de una cualidad diferente de los anteriores, nos recuerda Hans Magnus Enzensberger, debido a la fuerza del mercado mundial:

> Las guerras coloniales, las campañas de conquista y las expulsiones, antaño organizadas por los Estados, probablemente serán sustituidas por movimientos migratorios moleculares. Mientras el dinero electrónico se limita a seguir su propia lógica y supera sin esfuerzo cualquier posible obstáculo, las personas se mueven como si estuvieran sometidas a una incomprensible coacción. Cuando se ponen en movimiento parecen iniciar una fuga, que sólo un cínico podría calificar de voluntaria (p. 24).

El inmigrante de Armendáriz parecería caer en el viejo paradigma de *self-reliance* que, en los esquemas económicos mundiales actuales basados en el mantenimiento persistente de una fuerza laboral subestandard, se revela falaz. Por el contrario, el inmigrante de Uribe adquiere una identidad mucho más abstracta y, por lo tanto, mucho más cercana a una reflexión proyectada, más allá de la cuestión migratoria económica, a la reconceptualización del Otro que viene para instalarse y habitar los espacios del poder. En ese sentido, mientras Alou explica su origen y sus objetivos, la presencia de Ombasi no es causatoria: el cómo, el por qué y el para qué, han perdido todo sentido en un mundo donde el desplazamiento migratorio sigue parámetros aje-

---

self, a coming to terms with one's own personality; it is the attainment of a higher awareness, with the aide of which one succeeds in understanding one's own historical value, one's own function in life, one's own rights and obligations ... Consciousness of a self which is opposed to others, which is differentiated and, once having set itself a goal, can judge facts and events other than in themselves or for themselves but also in so far as they tend to drive history forward or backward» (pp. 11-13).

nos en última instancia al individuo. Ombasi es simplemente presencia: ha llegado y en él se proyectan la desconfianza, el miedo, la resistencia y el odio a incorporar su diferencia.

El reconocimiento de un «ellos» que viene para sumarse de una u otra manera al otrora monolítico «nosotros» conlleva la ruptura con un sentido unilateral de la Historia y la aceptación de una pluralidad de voces y códigos. Esto abre un horizonte de sentido mucho más amplio pero también más desafiante, y éste es el dilema que se plantea ante la necesaria discusión sobre la identidad nacional: la realidad migratoria impondrá tarde o temprano una rearticulación de las narrativas históricas de nación y fronteras que hasta sólo recientemente han prevalecido.[8]

---

8. Chambers sugiere esta necesidad de romper con el sentido unilateral de Historia respondiendo a la importancia de los márgenes y fronteras ambiguos que existen ocultos bajo la noción de progreso: «To dialogue with what lies beyond is to acknowledge a desire which is never satisfied, which lays the other side of totality and its regime of sense ... It becomes imperative to listen, for it opens up the possibility of a reply» (*Border Dialogues*, p. 109).

7.
Migración, racismo e identidad cultural dominicana en *Flores de otro mundo*, de Icíar Bollaín

Fernando Valerio-Holguín

La migración dominicana en el contexto de la modernización y la globalización

La migración dominicana debe ser considerada en el contexto de la migración periférica hacia los centros hegemónicos del llamado Primer Mundo. De acuerdo con Iain Chambers, la migración de estas últimas décadas, puesta en marcha por la modernización y por la globalización de la economía, ha alcanzado una magnitud y una intensidad nunca vista (*Migrancy*, pp. 5-6). La cultura migratoria posmoderna, que plantea un reto para quienes han querido restringir la cultura de un país a los límites territoriales del mismo, es transnacional, translocal y rizomática.[1]

La migración, conflictiva y compleja, se manifiesta en lo que Stuart Hall denomina articulación de las diferencias culturales, es decir, como un proceso de integración/resistencia por parte del sujeto a lo largo de sus encuentros con el Otro («On Posmodernism», p. 141). A largo plazo, el resultado de la migración es una hibridación cultural en el que el sujeto no es, en palabras de Homi Bhabha, ni uno ni Otro, sino ambos al mismo tiempo (*Location*, p. 28). La hibridación es un espacio cultural nuevo o un tercer espacio privilegiado porque desplaza la lógica binaria Ser/Otro de las identidades de la diferencia (Bhabha, *Location*, p. 3), además de las oposiciones binarias aquí/allá y ahora/antes.

---

1. Utilizo este concepto de la botánica para referirme al hecho de que la cultura de un país, como ciertas plantas, posee raíces subterráneas entretejidas que pueden ramificarse, brotar y proliferar en otras partes diferentes del lugar de origen.

Tanto la migración como la hibridación tienen su punto de partida en el viaje. James Clifford considera que con el viaje se inicia, en muchos casos, el cuestionamiento de las ideas fijas acerca de la cultura:

> If we rethink culture ... in terms of travel, then the organic, naturalizing bias of the term culture —seen as a rooted body that grows, lives, dies, etc.— is questioned. Constructed and disputed historicities, sites of displacement, interference, and interaction, come more sharply into view (p. 101).

Como desplazamiento y desterritorialización, el viaje permite múltiples encuentros con el Otro, y como consecuencia conduce a una violencia de la alteridad. La película que me propongo analizar, *Flores de otro mundo*, de Icíar Bollaín, comienza con un viaje interno, posterior al viaje desde Santo Domingo hasta España.[2] Patricia (Lisette Mejía), una de las muchas dominicanas que han emigrado a España, se va de gira en un autobús con otras mujeres caribeñas y españolas para asistir a un encuentro con un grupo de solterones en el pueblo de Santa Eulalia (Cantalojas). Allí conoce a Damián (Luis Tosar) y aunque no se enamora de éste, encuentra cariño, comprensión y seguridad económica para ella y sus hijos, lo que le permitirá permanecer en España. Mi propósito en este artículo consiste en explorar la articulación de la cultura de la migración dominicana y la violencia de la alteridad en España a partir de esta laureada película de Bollaín.

Migración dominicana y violencia de la alteridad en España

La fecha de 1992 es de crucial importancia para España y Latinoamérica. A pesar de las múltiples protestas que desató el Quinto Centenario del «Descubrimiento» de América, España parece haber querido borrar los rastros de violencia colonial, celebrando con bombos

---

2. *Flores de otro mundo* se estrenó en Santo Domingo en el verano de 1999, en el Primer Festival Internacional de Cine. La película fue muy bien recibida, no sólo por la excelente dirección de Bollaín sino también por el *debut*, en el papel protagónico, de la dominicana Lissete Mejía y la actuación de la experimentada actriz Angela Herrera, también dominicana.

y platillos esta fecha con una serie de eventos que marcan un hito en su historia contemporánea: las Olimpiadas de Barcelona, la Exposición Universal de Sevilla y la integración en la Comunidad Económica Europea (Martín-Cabrera, p. 43). Pero 1992 es también el año en que la inmigrante negra dominicana Lucrecia Pérez Matos muere asesinada en Madrid por un grupo de fascistas. Según Luis Martín-Cabrera, «Lucrecia's presence constitues an alternative memory, one that confronts the country's repressed colonial past. As a Dominican, Lucrecia is a reminder —and remainder— of Spain's violent conquest of the Americas» (p. 43).[3]

La integración de España en Europa, significa, en el contexto de la cultura de la modernidad, reconfiguraciones de la comunidad (Nair, p. 43), como consecuencia de la inmigración. Entre los grupos de inmigrantes se encuentra una gran cantidad de mujeres latinoamericanas, y más específicamente, dominicanas. En su artículo «The Position and Status of Migrant Women in Spain», Ángeles Escrivá propone entre las causas de la inmigración de mujeres la subordinación y marginalización, lo cual las hace más «apropiadas» para el trabajo doméstico (pp. 210-211). En el caso específico de la República Dominicana, habría que añadir que la inversión de capitales españoles y los lazos culturales remanentes de la experiencia colonial compartida han contribuido a la inmigracion de miles de dominicanas (p. 201).

En su encuentro con el Otro, los inmigrantes se enfrentan a lo que Iain Chambers denomina «violencia de la alteridad»: «So, I finally come to experience the violence of alterity, of other worlds, languages and identities...» (p. 4). En *Flores de otro mundo*, Icíar Bollaín desplaza la experiencia diaspórica de la ciudad, con toda la violencia que implica, a la inmigración en el campo.[4] Aunque la di-

---

3. Como era de esperar, el caso Lucrecia había tenido un impacto en la conciencia de los dominicanos, debido a las miles de mujeres dominicanas que trabajan en España. Siete años antes de salir la película *Flores de otro mundo*, la dominicana Lucrecia Pérez, que inmigró de Vicente Noble, República Dominicana, a España, fue asesinada, el 13 de noviembre de 1992, por un grupo de ultraderechistas «cabezas rapadas» en una discoteca abandonada de Madrid a la que acudían dominicanos. Véase en este mismo volumen el trabajo de Silvia Bermúdez al respecto.
4. Abril Trigo establece diferencias entre el sujeto diaspórico y el inmigrante. El sujeto diaspórico, a diferencia del inmigrante, no tiende a asimilarse a la sociedad anfitriona (p. 276).

rectora española no hace referencia a Lucrecia en las entrevistas que aparecieron en los periódicos, esta última debió de encontrarse implícitamente muy presente a la hora de escoger a una dominicana de color. También, al escoger el pueblito de Santa Eulalia (Cantalojas, Castilla), Bollaín desplaza/minimiza «la violencia de la alteridad» que ocurre en la urbe. A diferencia de la ciudad, aquí no se presentan casos de violencia racial, como asesinatos, golpizas y persecuciones protagonizadas por grupos fascistas.[5] El grupo de campesinos españoles, aunque más conservador y sin ninguna experiencia cultural con inmigrantes, viene a compartir la marginalidad dentro de la sociedad española como Otro-Dentro. Obviamente, a pesar de esto, como hombres blancos, se construyen como superiores a las mujeres de color, en el contexto de la cultura patriarcal. Además, en este caso específico, se trata de mujeres importadas/trasplantadas, listas para ser consumidas como mercancía exótica.[6]

En el campo, la violencia de la alteridad es mucho más sutil aunque no menos visible. Santa Eulalia es representada como un mundo de soledad, frío y silencio. La inmensa llanura semidesértica y el silencio ejercen una violencia que acentúa el desarraigo. Para Patricia, Santa Eulalia constituye el microcosmos en que tendrá que negociar su otredad con su esposo Damián, su suegra Gregoria y con unos cuantos españoles más.

---

5. La violencia racial y antiinmigrante en España es siempre de gran actualidad e interés para los dominicanos. El periódico dominicano *El Caribe*, en su edición digital del sábado 7 de mayo de 2005, publica el siguiente titular: «BROTES RACISTAS EN MADRID DESPUÉS DE QUE UN DOMINICANO MATARA JOVEN ESPAÑOL». «Los disturbios se produjeron la noche del viernes, después de una misa fúnebre, cuando unos 300 jóvenes recorrieron las calles de Villaverde para "cazar" inmigrantes y vengar la muerte del joven Manuel, de 17 años, quien murió apuñalado el pasado lunes por un inmigrante dominicano dos años mayor después de una pelea considerada "absurda" por la policía: los jóvenes habían discutido por beber de una fuente pública de agua potable».

6. Anne McClintock utiliza el término «porno-trópicos» para referise a la forma en que, para el imaginario europeo, África y América se convirtieron en el espacio en que los europeos proyectaban sus deseos sexuales prohibidos y miedos (p. 22). Patricia y Milady, las dos caribeñas de color, son deseadas por los hombres blancos del pueblo. Los viejitos que siempre hablan como si fueran un coro griego, expresando el deseo colectivo, dicen: «¡Qué boca, qué besazos debe dar ésa...!».

¡Flores exóticas!: ¿Una película sobre parejas?

Icíar Bollaín plantea, desde una perspectiva multívoca, no sólo la problemática de la migración de dos mujeres caribeñas sino también la situación de una mujer española en el contexto de la cultura patriarcal. En la película de Bollaín, se puede escuchar una polifonía de voces femeninas como respuesta no sólo al problema de la migración sino también a los sentimientos y al erotismo. En una entrevista en el periódico *El Siglo*, Bollaín expresa que, en el caso de *Flores de otro mundo*, «Mi intención es hablar de parejas, son tres parejas ... Aunque se cuenta la historia de los dos lados, hombre y mujer, creo que ellas arriesgan más que ellos ... Las mujeres de las películas son más valientes» (8C). Estas tres parejas son: Patricia y Damián, Milady y Carmelo, y Marirrosi y Alfonso.

De alguna manera, las tres mujeres negocian sus respectivas situaciones particulares dentro del sistema patriarcal, así como sus asuntos migratorios. Por un lado, Patricia logra su estabilidad económica para ella y sus hijos a cambio de la sumisión y el aislamiento. Por otro, Milady prefiere perder su bienestar económico con tal de recobrar su cuerpo y su libertad. Finalmente, Marirrosi, quien como vasca, podría ser considerada «extranjera» en Castilla, decide romper con Alfonso, a cambio de no tener que morir, no su pequeña muerte, sino la otra muerte simbólica en el silencio sepulcral del pueblo.

En el contexto de la inmigración y las relaciones poscoloniales, los conflictos raciales y las diferencias culturales problematizan las narrativas identitarias planteadas de la película. La pareja Patricia/Damián es la más importante, no sólo porque es la única que logra consolidar su matrimonio, sino también porque, como dominicana, Patricia tiene que negociar su identidad cultural con Damián y la madre de éste. La negociación entre Patricia y Damián se encuentra emblematizada en las fotos, como memoria que construye la identidad. Damián tiene colgada, en la pared de su habitación, una foto de familia, de pie con Patricia y sus dos hijos negros sentados delante de él, lo que nos recuerda un poco una foto de la Familia Real española.[7]

---

7. De alguna manera, la inclusión de la foto de Damián y su familia, que se parece a la de la Familia Real Española, es irónica porque es la foto de una familia multirracial

Al final de la película, después de la Primera Comunión de Janai, ésta se retrata con la madre de Damián, lo que implica una solución aparente del conflicto y la integración de Patricia y sus hijos en la familia española. Ya antes, los niños habían intercambiado regalos de Navidad con su abuela «adoptiva», quien entonces los besó en público. Patricia negocia su identidad cultural con la madre del marido a través de la lengua y de la religión, aspectos rizomáticos que enlazan las dos culturas, no sin antes haber tenido fuertes enfrentamientos con ella con respecto a las diferencias culturales, erigidas en lo que Étienne Balibar denomina neorracismo, concepto sobre el que se volverá más adelante.[8]

De alguna manera, Patricia disocia las antítesis aquí/allá y ahora/entonces en sus dos mundos referenciales: España/República Dominicana. El allá/entonces de Santo Domingo no se presenta como paradisíaco, ya que Patricia tuvo que enfrentar la violencia patriarcal: Frank, su ex esposo dominicano es machista y violento. En cambio, el aquí/ahora de España le permitirá escapar de la opresión, aun dentro del contexto patriarcal. La guerra que Patricia (paradójico nombre) tiene que librar no es en su «patria», sino en España. Patricia prefiere negociar, en un doble movimiento de resistencia e incorporación, su identidad cultural no sólo con el marido, sino también con la suegra, Gregoria, en cuanto a las especificidades dialectales (español dominicano), la comida (los frijoles), el paisaje (la llanura y su silencio), porque, en el fondo, sabe que «el regreso es imposible». En ese sentido, Chambers expresa lo siguiente:

> Migrancy ... involves a movement in which neither the points of departure nor those of arrival are immutable or certain. It calls for a dwelling in language, in histories, in identities that are constantly subject to mutation. Always in transit, the promise of a homecoming —comple-

---

y multicultural. Si la familia es la metáfora de la nación, Bollaín plantea esta foto como un icono de la integración de Patricia y sus hijos en la familia y la nación españolas. Pero también queda muy claro que esta integración sólo es posible a condición de que se mantenga la jerarquía de la sociedad patriarcal: el Rey, el padre, el hijo, etc.
8. La escena del cementerio es de suma importancia para comprender la negociación entre Patricia y doña Gregoria. Cuando Patricia le pregunta a la suegra si quería a su marido, ésta le responde que «era un hombre bueno» y entonces Patricia le responde: «Como su hijo». En ese momento intercambian posiciones porque la suegra comprende que su hijo es para Patricia lo que su marido era para ella.

ting the story, domesticating the detour— becomes an impossibility (*Migrancy*, p. 5).

Patricia tendrá que negociar su identidad a horcajadas entre la «discontinuidad» que se instauró en su ser al abandonar el país por primera vez o lo que Abril Trigo denomina «Una distancia entre dos momentos» (p. 279). También, como mujeres, Patricia y Milady se verán obligadas a residir no sólo en la lengua o en las historias sino también en el deseo. Las dos mujeres caribeñas son deseadas por los hombres del pueblo como Otras-exóticas, pero son rechazadas por la comunidad a causa de su raza y de las diferencias culturales. Al respecto, Luis Martín-Cabrera expresa lo siguiente:

> The story of the two Caribbean women of color open up a space for critical reflection on the relationship of poscolonial memories to the repressed colonial past in contemporary Spanish culture. The film demonstrates that the articulation of poscolonial memories provokes a reemergence of colonialism in the form of cultural exclusions (neo-racism) and racial violence (p. 43).

Esas diferencias culturales se expresan en la forma de vestir, caminar, hablar, en opiniones sobre las inmigrantes como las que profieren la dueña del bar: «Cada oveja con su pareja»; la suegra: «Las judías no tienen caldo»; los tres viejitos: «¡Mírala, qué labios…!». Más que Patricia, Milady grita la diferencia: el color de su piel en contraste con el vestido amarillo canario o los pantalones de licra con la bandera de Estados Unidos. El tipo de racismo que se manifiesta aquí contra las dos caribeñas no es el racismo biológico de Gobineau y Le Bon, del siglo XIX, sino lo que Étienne Balibar llama neorracismo (Martín-Cabrera, p. 21):

> It is a racism whose dominant theme is not biological heredity but the insurmountability of cultural differences, a racism that does not postulate the superiority of certain groups of peoples in relation to others but «only» the harmfulness of abolishing frontiers, the incompatibility of life-styles and traditions (Balibar citado en Martín-Cabrera, p. 21).

Si bien es cierto que las diferencias culturales se erigen en un neorracismo, hay que recordar a Frantz Fanon, para quien el color de la piel sobredetermina la forma en que el sujeto será tratado: «I am the slave not of the "idea" that others have of me but of my own appearance» (p. 116). El color de la piel marca de inmediato a las caribeñas; es lo primero que todo el mundo nota en ellas, incluso antes de oírlas hablar o saber que bailan bachata y cocinan las judías sin caldo. Como vasca, Marirrosi podrá tener muchas diferencias culturales con respecto a una castellana, pero su piel es blanca. La diferencia racial no se puede negociar, es demasiado «evidente», las diferencias culturales, sí. Y es lo que hace Patricia con su marido y su suegra, para disolver las categorías antagónicas yo/ustedes, aquí/allá, ahora/entonces en un nosotros/aquí/ahora. Las diferencias culturales se negocian dentro de la casa, como alegoría de la nación. Según Susan Martin-Márquez,

> If the home, comprised of variably permeable membranes or borders, tropes both the human body that it shelters and the nation within it is sheltered, then the spaces of the kitchen and the bedroom are the most fraught with tension around issues of containment and contamination; a delicate balance between rituals of purity and incorporation is traditionally associated with these spaces... (p. 265).

La frase de Aurora, la dueña del bar, «Cada oveja con su pareja y cada quien en su casa», significa que cada persona debe residir en su país. También, cuando la suegra advierte a Patricia de que la avise cuando vaya a recibir visitas, esta última le dice a su tía y a su amiga: «Ustedes pueden venir cuando quieran. Esta es "su casa"». En algún momento, Damián indica que Milady no puede ir a visitar a Patricia porque su madre no quiere y que ésta es «su casa» (la casa de la madre). Aunque al final Damián confronta a doña Gregoria y la pone en la difícil situación de escoger cuando le dice que, si quiere, se pueden ir a vivir a «otra casa». La casa/el país de Damián y doña Gregoria se convierte tambien en la casa/país de Patricia, por supuesto, amparados por la consagración del matrimonio y convertidos en una familia/nación multirracial y multicultural.

Solución del problema social en el imaginario familiar: la familia como metáfora social

En *Flores de otro mundo*, la familia es la metáfora fundamental para la articulación y negociación cultural. En su artículo «When the Latino Family Goes Hollywood», Jaume Martí-Olivella se hace la siguiente pregunta con respecto a tres películas latinas filmadas en Estados Unidos: «[S]hould historical Latinos still have to rely on the family metaphor in order to achieve (mainstream) representation?». Me gustaría reformular la pregunta con respecto a la película en cuestión: ¿cuál es la función de la metáfora de la familia?

En *Flores de otro mundo*, si bien el proyecto de Patricia se concreta, las relaciones entre Milady y Carmelo, por una parte, y la de Marirrosi y Alfonso, por otra, terminan en fracaso. La primera pareja, porque Carmelo sólo está interesado en el sexo, y Milady, hasta cierto punto, en su dinero. La relación entre Marirrosi y Alfonso, ambos españoles, plantea otro problema de inmigración interna: ni Alfonso está dispuesto a dejar Santa Eulalia ni Marirrosi quiere mudarse al pueblo, porque el silencio es desesperante: «El silencio me asfixia. Me parece que se está acabando el mundo». Es ese silencio precisamente el que la bachata, la salsa y el *rap* caribeños vienen a llenar, a «contaminar».[9]

El proyecto de reconstrucción de la familia por parte de Patricia es un intento de «proveer» para sus hijos. Exiliada de su «Patria», Patricia busca apropiarse del cuerpo masculino de Damián, no el macho de Frank o Carmelo, sino un hombre «bueno», al fin y al cabo, una figura patriarcal, *pater familias* que provea. Patricia negocia su «querella» con la cultura española y tiene un éxito relativo al «integrarse» cuando logra romper la relación edípica entre Damián y su madre, y ser aceptada junto con sus dos hijos para conformar una familia multirracial y multicultural en España. Según Anne McClintock, «the family trope is important for nationalism in at least two ways. First it offers a "natural" figure for sanctioning national *hierarchy* within a putative organic *unity* of interests. Second, it offers a natural trope for figuring national time» (p. 357, énfasis en el original). Martín Cabre-

---

9. No es coincidencia que cuando las mujeres llegan al pueblo, las recibe un grupo musical cantando la canción «Contamíname», de Pedro Guerra.

ra, al comentar esta cita, ha visto en la constitución de esa familia bajo la jerarquía patriarcal en la película de Bollaín la única posibilidad de integrar a la mujer inmigrante negra a la nación española. Icíar Bollaín plantea, de alguna manera, en *Flores de otro mundo*, «soluciones imaginarias a las contradicciones reales» (Jameson, p. 77). El retorno de Patricia a su país de origen, como una recuperación del paraíso perdido, es «imposible». Es por lo que ésta se inserta dentro del imaginario de una España exenta de conflictos raciales y culturales. La propuesta cinematográfica de Bollaín es novedosa porque no plantea la migración como una disociación absoluta entre el ahora/entonces y el aquí/allá sino como diálogo polifónico y como negociación. Y lo que es más: la España que Bollaín nos presenta en Santa Eulalia es una España feudal que está muriendo; despoblada, llena de viejos solterones castellanos y viudas rancias, como la madre de Damián, aferrados a sus tradiciones, a una identidad cultural puesta en crisis por la inmigración y la globalización.

8.
El proceso de construcción de la otredad en *Las voces del Estrecho* y *Las cartas de Alou*

Simplice Boyogueno

La aceleración del proceso migratorio a España, en particular de los africanos a partir de los años noventa, ha constituido un nuevo campo de inspiración para la novela y el cine. Esta reflexión analiza el proceso de la construcción de la otredad en la novela *Las voces del Estrecho* (2000), de Andrés Sorel, y la película *Las cartas de Alou* (1990), de Montxo Armendáriz. En la novela, el pescador Ismael es recogido en la costa andaluza después de naufragar en un intento de cruzar el estrecho de Gibraltar desde el lado marroquí. Recogido vivo en Zahara (uno de los múltiples pueblos y urbes que circundan las ciudades más conocidas del sureste de Andalucía), deja de pescar y se convierte en sepulturero de los cuerpos de los ahogados africanos a los que recoge en la costa andaluza. Esta ocupación le abre al mundo fantástico de los muertos y comienza a comunicarse con los fantasmas y a vivir con ellos tras socorrerlos. Establecen su comunidad (en la que Ismael es el único vivo) en el hotel Luna de Zahara, ruina inacabada de un proyecto de construcción empezado por los alemanes durante la segunda guerra mundial. De día, el lugar es ocupado por juegos infantiles; de noche, sus verdaderos inquilinos, los fantasmas, lo invaden. La novela nace del encuentro entre Ismael y el fantasma de su compatriota Abraham, y los testimonios de los fantasmas, recogidos por el antiguo pescador, constituyen el material que crea la novela. *Las voces del Estrecho* son voces de fantasmas de inmigrantes africanos que vuelven simbólicamente a la vida a través de una conciencia póstuma y fantasmagórica para contar la razón de su presencia en España, los motivos de su decisión de inmigrar, las condiciones y razones de su muerte, su condición como víctimas de la xenofobia de los ciudadanos, la Guardia Civil y los políticos españoles. Alou (Mulie Jarju), por otra parte, es el protagonista de *Las cartas de Alou*. De estructura más lineal que la novela, la película traza el itinerario de Alou desde su despedida en la costa marroquí del estrecho de Gibraltar, sus tribulaciones en Andalucía y Madrid, donde está de paso, hasta Barcelona, que es su destino, su deportación de España y su inmediata vuelta al mar rumbo a España con la que acaba la trama. A lo largo de la película vemos a Alou vendiendo bisutería sin éxito y trabajando en la agricultura sometido a la explotación de los demás emigrantes ilegales. Por otra parte, su relación con Carmen (Eulalia Ramón), hija única del propietario de un bar de Lérida donde pasa su tiempo libre durante la temporada de cosecha de frutas, no le evita ser expulsado por la Guardia Civil, precisamente cuando Carmen y él salen del hotel en el que esconden su idilio prohibido.

El siguiente análisis muestra, en primer lugar, que el proceso de producción de la otredad en los dos textos se realiza en un marco transnacional español caracterizado por la reminiscencia de la vieja crisis de identidad interna y de la historia transatlántica española (colonización y esclavitud).[1] En segundo lugar, este estudio postula que, por la manera como se codifica en los textos, este proceso conlleva manifestaciones contradictorias e imprevisibles, hasta llegar paradójicamente a convergencias. La reducción de la distancia a favor de la convergencia en la relación con el Otro es un proceso que debilita la eficacia de los límites convencionales de la nacionalidad, del estereotipo y de la ideología dominante. Los dos textos expresan la necesidad para la España posfranquista y poscolonial de replantear la cuestión de la identidad abriendo las fronteras físicas e ideológicas para reconocer y dar voz a identidades divergentes.[2]

---

1. Europa se define como espacio transnacional ya con los viajes coloniales y la trata de negros en particular. Existe un consenso teórico en afirmar que este concepto de lo transnacional significa el fracaso del estado-nación como espacio de integración de diferencias étnico-sociales y culturales (Bhabha, Gilroy, Mbembe y otros). Siguiendo esta definición uso otro concepto, «posnacional», con el sentido del momento histórico que sigue el estado-nación. Pero postulo además que el nuevo espacio transnacional/posnacional todavía está sometido a la influencia hegemónica de la ideología nacional. La migración tiene su origen en el estado-nación africano, y la situación del inmigrante es condicionada por el estado-nación europeo (España en el caso de los textos analizados).
2. Uso el término «poscolonial» en su sentido histórico, para aludir al período des-

Al marco cultural transnacional del que hablo aquí ya no le corresponde la estructura tradicional de otredad consistente en un Yo europeo y un Otro no europeo, como en la época colonial. Esta estructura se ha complicado y ahora ya no es fijo el lugar del Yo y del Otro. El poscolonialismo se caracteriza por el fracaso de la nacionalidad entre los años setenta y noventa. Así, en las antiguas colonias nace un Yo local que desempeña un rol similar al del Yo europeo del período colonial. De este contexto nace el nuevo Otro interno que emigra. Por eso, de la teoría existente se puede rescatar para el siguiente análisis el postulado de Homi Bhabha sobre lo que llama «the other within» o el Otro interno de la nación. Como explica Bhabha, el sentimiento de ser un Otro interno nace de lo que llama la «ambivalencia» que inspira la construcción de la nación. La nación es definida como una construcción narrativa «ambivalente» por la contradicción entre

> the language of those who write of it and the lives of those who live it. It is an ambivalence that emerges from a growing awareness that, despite the certainty with which historians speak of the "origins" of nation as a sign of the "modernity" of society, the cultural temporality of the nation inscribes a much more transitional social reality (*Nation and Narration*, p. 1).

Me parece clave el sentido que Bhabha otorga a «transitional». En efecto, la nación moderna (el consenso político y social que la rodea) es un receptáculo de «significaciones y fantasías» (Mbembe) de los que escriben la historia nacional, cuya unidad interna es transitoria y sujeta a factores no reconocidos, entre los que la identidad es el más importante. El concepto de «the other within», en este sentido, se relaciona con el de la «doble conciencia» que utiliza Paul Gilroy en su teoría sobre el Atlántico negro.[3] La doble conciencia para Gilroy nace

---

pués de la década de los sesenta, en la que la mayoría de las colonias africanas consiguen su independencia de las metrópolis europeas entre las que está España. Pero en este análisis lo poscolonial no tiene una definición únicamente histórico-cronológica. La condición poscolonial de España integra la memoria colonial que suscita la presencia en su territorio de inmigrantes procedentes de antiguas colonias africanas. Por otra parte, integra la realidad neocolonial de las relaciones entre Europa y África como factor de la emigración/inmigración.
3. Paul Gilroy toma este concepto de W. B. du Bois, quien lo articuló con anterioridad en *The Souls of Black Folk*. Du Bois formuló este concepto al enfocar la dificultad de ser negro y estadounidense. Para él, el contexto de Estados Unidos no permite al negro tener una conciencia propia, y éste debe, por tanto, definir su identidad pro-

de una crisis que, en el caso estadounidense y el africano, como postulo, constituye una crisis de identidad. Si en Estados Unidos la crisis de identidad es de base racial, en el África de las naciones poscoloniales es de base étnico-cultural. La migración constituye la etapa que sigue a la crisis de la nación, africana en este caso. Por eso la doble conciencia es el sentimiento de pertenencia y no pertenencia a una nación, y expresa deseos individuales que van más allá de las convenciones nacionales. Como señala Gilroy respecto a los estadounidenses, «they articulate their desire to escape the bonds of ethnicity, national identification, and even "race" itself» («Cultural Studies», p. 194).

La contingencia de España como nación favorece, o contribuye a la creación de un espacio discursivo transnacional en el que se inscriben Armendáriz y Sorel, por una parte, y sus protagonistas respectivos, Alou y los ahogados del estrecho de Gibraltar, por otra. Mi propuesta es que la otredad, que a la vez quiere definir y mostrar el fracaso de la nacionalidad, tiene su origen en la nación como concepto moderno. La otredad derrumba la nacionalidad y se desborda hasta lo transnacional. En este nuevo espacio se manifiesta un impulso de solidaridad (por ejemplo, en la relación del cineasta Armendáriz y el novelista Sorel y sus creaciones Alou y los ahogados del Estrecho), aunque se mantiene una relación de diferencia, ya que los esfuerzos solidarios siguen enfrentándose a la construcción colonial de las relaciones transatlánticas. De ahí que se repiense la política nacional y se reestructure la nación europea moderna pero sin llegar a descolonizar las relaciones entre los inmigrantes y los ciudadanos españoles. Sin embargo, la nueva solidaridad de la que hablo se manifiesta a dos niveles: a través de una intensa producción de novelas y películas transnacionales, y diegéticamente, por el uso del espacio ficticio como espacio simbólico de conflicto y, a la vez, de solidaridad transnacionales.[4]

---

yectándose en una sociedad y una nación que lo rechazan: «It is a peculiar sensation, this double-consciousness, this sense of always looking at one's self through the eyes of others, of measuring one's soul by the tape of a world that looks on in amused contempt and pity» (p. 3).
4. Los dos textos que analizo en este trabajo son ejemplo de una intensa producción novelística y cinematográfica de intelectuales españoles que, en su mayoría por solidaridad con los inmigrantes, se interesan en el tema a partir de la década de 1980. El resultado son películas como *Flores de otro mundo* (1999), de Icíar Bollaín, *Cosas que dejé en La Habana* (1997), de Manuel Gutiérrez Aragón, o *En la puta calle* (1997), de Enrique Gabriel (donde el mulato Andy Cardoso rescata al gallego Juan

Aunque la metrópoli occidental es el centro de la teoría de Bhabha y Gilroy, sus conceptos se pueden aplicar a la vez a la urbe transnacional española y a la sociedad africana poscolonial/posnacional de la que provienen los inmigrantes. La novela y la película analizadas aquí reflejan una nueva concepción de la sociología de la identidad. La «contingencia nacional» (Bhabha) se aplica tanto a las ex colonias africanas como a las ex metrópolis europeas, lo que refleja mejor la estructura de ambas obras en cuanto textos inspirados por las nuevas identidades migrantes.

La construcción textual del Otro como respuesta antiideológica

Esta parte del artículo propone que la relación entre los autores (Armendáriz y Sorel) y sus personajes es importante en el entendimiento de la otredad en los dos textos. Para establecer tal relación hay que tomar los dos textos como simulación de la realidad de su tiempo histórico. Esta realidad es España, ahora definible como un territorio cuyo proceso de transformación en espacio transnacional está encontrando obstáculos. La responsabilidad de las barreras interculturales recae en la nación española en cuanto sistema político, por su capacidad para fomentar la narrativa que facilita la reproducción sociológica de la otredad. El espacio nacional es el lugar de explicación de los motivos y de las consecuencias de la migración (la africana en este caso). Pero el espacio nacional no es únicamente España, sino que está físicamente localizado en los dos cabos del itinerario migratorio: los países de origen de los inmigrantes y España. Por consiguiente, las entidades nacionales están territorial y estratégicamente bien situadas para desempeñar un papel fundamental en la problemática migracional y transnacional. Las circunstancias de los dos textos que se analizan aquí quieren que, aunque con destinos radicalmente opues-

---

Gutiérrez en la vida callejera madrileña), protagonizadas por afrocaribeños en España. Otras películas como *Bwana* (1995), de Imanol Uribe, o *El traje* (2002), de Alberto Rodríguez, tienen como protagonistas a africanos en España. En novela, se encuentran títulos como *Por la vía de Tarifa* (1999), de Nieves García-Benito, o *Aguas de cristal, costas de ébano* (1999), de Adolfo Hernández Lafuente.

tos y por razones diferentes, los autores y personajes identifiquen al estado-nación como enemigo común de su condición de marginados y excluidos. La conexión con la realidad se realiza en *Las cartas de Alou* y *Las voces del Estrecho* por la solidaridad del creador con su creación, a pesar de las diferencias entre ambos.[5] Como analizo a continuación, la condición de marginado intelectual de Sorel, y la de vasco de Armendáriz, informan de manera muy decisiva sus textos. Los autores formulan un contradiscurso de otredad cuya concreción dejan textualmente a cargo de sus personajes.

En los dos textos la cuestión de la otredad es, antes que nada, una cuestión de dos niveles de lenguaje: el de los inmigrantes africanos, plasmado por los autores, contrarrestando el de los ciudadanos españoles que se manifiesta, ante todo, en forma de estereotipos (raciales y religiosos, principalmente). A causa de la omnisciencia manipuladora del autor en *Las voces del Estrecho*, la perspectiva narrativa es intencionalmente borrosa, y el yo narrativo, compartido por varios personajes. La perspectiva múltiple o «polifonía de voces» (Andrés Suárez, p. 16) sirve a la verosimilitud textual, y en particular a una posición dialógica (Bakhtin) a partir de la que el autor manipula y diversifica puntos de vista expresados por diferentes personajes. Que Abraham, uno de los dos personajes principales, vaya al encuentro de los ahogados del Estrecho para crear una novela es una usurpación metaficticia del rol de escritor que no deja de desvelar la complicidad entre él y Sorel. En las páginas donde Abraham es narrador, existe una segunda instancia indeterminada que comparte el papel de narrador con él (como en el relato «Me dijeron se llamaba Ismael»). El ejercicio autoritario y sabio de la memoria por el Viejo de la Montaña (en «El Viejo de la Montaña») nos sugiere de forma implícita que éste está transmitiendo los pensamientos del escritor. La crítica llevada a una posición muy extrema no esconde la de un intelectual cuya vida y actividad se han caracterizado por el rechazo del totalita-

---

5. Este modelo de solidaridad aparece también en la novela *Gallego* (1981), del escritor cubano Miguel Barnet, y su adaptación cinematográfica por Manuel Octavio Gómez. Se realiza una doble combinación de género (novela y film) y del marco cultural (la minoría excéntrica gallega se junta con la comunidad negrocubana). José Colmeiro insiste en la proyección del protagonista de su propia otredad en la de los negros, y su transformación, desde una posición inicial de otredad y de extrañamiento frente al negro, al establecimiento de una solidaridad entre ambos grupos.

rismo filosófico a favor de la diferencia y el disentimiento permanentes. La posición como Otro de Sorel se origina en su condición de intelectual marginado. Silenciado por el franquismo, y hasta ahora por los medios de comunicación nacionales, Sorel siempre ha sido culpado por su posición político-intelectual a favor de los débiles y los desfavorecidos sociales.[6] De padre castellano y madre andaluza, es uno de los raros intelectuales que ha rechazado las supuestas ventajas que en el contexto español tradicional le habría otorgado su origen «castizo». Por otra parte, Armendáriz crea el mundo periférico y multi-identitario de sus películas también desde su posición marginal de vasco. Sorel y Armendáriz están en una situación social y emocional que, aunque diferente en valor relativo de la de los inmigrantes, los predispone a entender la experiencia de sus personajes.

El uso de la experiencia personal con fines artísticos tiene importantes consecuencias antiideológicas. Como la identidad nacional española, la ficcionalización de la identidad en *Las voces del Estrecho* y *Las cartas de Alou* produce un efecto de neutralización, no entre identidades, sino entre éstas y una autoridad política históricamente obstinada en el uniformismo cultural e identitario. Lo que fracasa en los dos textos no es la creación de un marco híbrido y multicultural, sino la realización de aquel uniformismo que durante el franquismo funcionó como una bomba sin estallar y silenció un conflicto cultural del pasado que se resucita en los dos textos. Lo que hace explotar la bomba aquí es el traslado de la perspectiva narrativa al sujeto ex céntrico (los distintos personajes en *Las voces del Estrecho* y Alou en *Las cartas de Alou*), elemento que mejor define la ficción transatlántica como alternativa al cine y a la novela nacionales. Las voces ex céntricas del escritor y del cineasta apoyan las de sus

---

6. En una entrevista con la periodista activista Fany Miguens Lado, Sorel establece una diferencia clara entre el ser pensador y libre de pensamiento o intelectual y servir el discurso dominante: «Para los políticos y para los empresarios, los intelectuales siempre han ejercido una clara función. Desde la Edad Media se han buscado intelectuales dóciles que sirvieran casi como un ornamento al poder ... Un intelectual (en este caso estamos hablando de escritores y de artistas) puede ser un extraordinario pintor, un poeta sublime o un narrador brillantísimo y, sin embargo, como pensador puede ser un cero a la izquierda ... Porque el pensador busca una realidad distinta, se envuelve de dudas, disiente, es diferente y, entonces, cuestiona ... Y al no aceptar ser un lacayo del poder, es perseguido, silenciado o, simplemente, negado como si no existiera».

creaciones, todas definiéndose como posfranquistas y poscoloniales en cuanto rompedoras del impuesto uniformismo artístico que caracterizó el franquismo.

No obstante, la experiencia personal de Sorel y Armendáriz no es de orden poscolonial, sino que inspira la expresión poscolonial diegética de los personajes. Es su otredad psicoanalíticamente autoproyectiva (en particular en Armendáriz), el sentimiento kristeviano de ser *étranger à la maison*, lo que abre paso a la expresión poscolonial bisémica de la otredad de los inmigrantes negroafricanos. El primer sentido de esta expresión viene como expresión de la xenofobia o reacción ante ésta en una sociedad española en la que estereotipos de viejo abolengo siguen obstaculizando la eclosión de un espacio transnacional. Se manifiesta en la regresión a un sentimiento fundamentalista de identidad, expresión de un miedo a perder terreno ante la invasión del intruso. Finalmente, constituye la victoria de un estereotipo de inspiración política. Entran en este registro las escenas de rechazo de Alou en un bar de Lérida donde el camarero se niega a venderle una Coca-Cola, en la cosecha de peras donde tiene un altercado físico con su jefe, o en un bar de Madrid donde un grupo de jóvenes trata de quitarle un reloj sin pagar.

Sorel lleva la manifestación xenofóbica al extremo. Su enfoque, en general, pone más énfasis en definir la crisis del medio transnacional español como una crisis basada en la identidad racial y religiosa, mientras que, en *Las cartas de Alou,* el predominio de la cuestión económica puede hacer perder de vista el hecho de que la identidad, antes que nada, es lo que excluye a Alou. En la novela, un joven reclama un espacio libre de «moros» (y negros) porque tienen una religión y forma de ser diferentes, malas costumbres y una maldita música que ponen todo el día. Un maestro deja de enseñar porque los alumnos «moros» y negros no entienden nada, no saben hablar, sus compañeras españolas los temen porque las pueden violar en cualquier momento y su presencia en el medio escolar perjudica a los jóvenes españoles puesto que provoca regresión. No obstante, el extremo racismo y la xenofobia admiten la coexistencia de una contradictoria y paradójica pérdida del orgullo de la identidad nacional en algunos personajes españoles. Pero, como señalo con posterioridad, la organización sistémica de la otredad resta eficacia a todo anhelo de solidaridad. La solidaridad de la que hablo aquí ya es, sin embargo, un tímido debilitamiento del estereotipo que rige las relaciones transraciales, aunque no llega a constituirse como alternativa a la discriminación y a una identificación decisiva con el Otro. En palabras de Kristeva:

> Every native feels himself to be more or less a «foreigner» in his «own and proper» place, and that metaphorical value of the word «foreigner» first leads the citizen to a feeling of discomfort as to his sexual, national, political, professional identity. Next it impels him to identify —sporadically, to be sure, but nonetheless intensely— with the other (p. 19).

La mirada del Otro interno y la de los demás españoles convergen hacia el inmigrante, aquélla, solidaria, y ésta, distanciadora. Pero aun en el primer caso, la solidaridad no concluye con la integración. Eso se ve en la película en particular, a través de la aceptación y el rechazo consecutivo de Alou por el padre de Carmen, a pesar del verdadero amor que ésta siente hacia el inmigrante senegalés. Esta contradicción entre la solidaridad y la falta de integración es uno de los principales enfoques que estructuran los dos textos analizados aquí. Su explicación se encuentra en las diferencias culturales que condicionan la mirada al Otro africano. La cohabitación entre el inmigrante y el ciudadano español es un hecho de circunstancias específicamente económicas y laborales, pero la solidaridad y la convivencia llegan hasta el límite étnico-racial. Este límite es impuesto por la diferencia (manifiesta en el discurso y la mirada) sin la cual la estructura étnico-racial española pura no sobreviviría. Tanto *Las voces del Estrecho* como *Las cartas de Alou* recrean, cuestionándola, esta estructura tradicional e histórica de la sociedad española. Además de abrir paso en el texto al discurso poscolonial, la experiencia personal de Sorel y Armendáriz, como la de sus personajes, designa a la autoridad política como responsable de la narrativa que inspira los actos de la construcción de la otredad tanto interior como transnacional.

El Yo que ejerce su poder contra el Otro es un Yo político, y esta estructura de la otredad interna se proyecta en la otredad transnacional. Por eso el estereotipo mantenido por los ciudadanos españoles contra el inmigrante es una construcción de influencia política.[7] La

---

7. Véase la difusión y el poder panóptico del estereotipo como lo describe Michel Foucault en *Discipline and Punish: The Birth of the Prison*.

autoridad política está presente en los dos textos a través de la Guardia Civil, que realiza redadas y deportaciones, y los servicios de inmigración, que niegan la legalización a Alou a pesar de que cumple los requisitos, por ejemplo. Se puede ver también un sistema que tolera a los inmigrantes por necesidad laboral, en concreto para la industria agrícola de Andalucía en las dos obras, y, a su vez, los mantiene controlados para evitar su integración social y cultural. El estereotipo es sólo una parte, quizá la mayor, de la ideología hegemónica, entendiendo que ésta se identifica con la autoridad política.[8] Como señala María Asunción Gómez, el sistema dominante es el agente «estructurador de una "moral natural" que intenta perpetuar a lo largo de la historia, y que llega a ser fundamental en la concepción social del "Yo y la imagen del Otro"» (p. 29).[9] El estereotipo sigue erigiéndose como una barrera que artificialmente divide la sociedad transnacional en ciudadanos/extranjeros y autóctonos/inmigrantes. Alou, por ejemplo, es alternativamente víctima de rechazo por parte de la población y por la autoridad. Como consecuencia, en el Yo nacional se ejerce la autoridad omnipresente e inconsciente del estereotipo políticamente inspirado. Desde esta óptica se entiende el vaivén entre aceptación y rechazo, como lo define Kristeva y como se ve en particular en *Las cartas de Alou*.

Este vaivén desvela la gran crisis en el seno de la sociedad española, crisis que ambos textos enfocan a través de la cuestión económica. En la novela y la película, la venta ambulante se relaciona únicamente con los inmigrantes. Sin embargo, la economía agrícola y la estructura comercial familiar constituyen la actividad principal de ciudadanos de un país abierto a la economía mercantil capitalista. Así, los textos en cierto modo sugieren una evaluación de la adecuación entre la sociedad española y el sistema capitalista, o simplemente la adaptación del país al capitalismo. Ambos textos tienen una vi-

---

8. Muy significativos son los términos que usan Ellen Baldwin para designar la ideología en relación con el marxismo: «the ideas of a social group», pero también «a system of ilusory beliefs», «false consciousness»; y califica a la población de «cultural dupes».
9. Gómez hace esta aseveración en su análisis de *La mirada del hombre oscuro*, de Ignacio del Moral, y *Bwana*, de Imanol Uribe, película que, además de ser contemporánea de *Las cartas de Alou*, tiene un enfoque similar de la cuestión de la identidad multicultural española. Véase en este volumen, el ensayo de López Cotín, que también analiza estas películas.

sión mitigada del impacto económico en el bienestar del ciudadano. La actividad agrícola (en El Ejido, pero también en Madrid y Barcelona, polos industriales del país) en ambos textos y la concentración de la acción en los bares en *Las cartas de Alou* muestran una visión minimalista de la prosperidad económica. La mitigación del impacto social de la actividad económica ayuda a construir una respuesta antiideológica en los dos textos. La cuestión económica es reducida a las pequeñas actividades de subsistencia llevadas en los sectores agrícola y de pequeño comercio tanto por los ciudadanos españoles como por los inmigrantes. Pero con esto los autores no tratan de equiparar la situación económica de los inmigrantes a la de los ciudadanos españoles. Contra tal hipótesis está el hecho de que en la relación laboral los pequeños empresarios españoles (en El Ejido y en el campo de peras de Lérida, por ejemplo) emplean a los inmigrantes como mano de obra barata.

Considerar la cuestión económica y laboral como problema para los españoles es una base para entender el proceso de producción de la otredad en ambos textos. La novela y la película sugieren que la existencia de indigentes en el capitalismo neoliberal español pone las bases de la xenofobia. La diferencia entre el proletariado industrial de principios del siglo XX y el nuevo proletariado neoliberal, entonces, radica en la fuerte presencia del inmigrante africano en el seno del último. Al principiar el siglo XX, las izquierdas políticas españolas supieron instrumentalizar el hambre y la identidad reclutando a adeptos en las aldeas y también en ciudades como Madrid, Barcelona y Bilbao, entre otras. En la España de finales del siglo XIX y principios del XX había tenido lugar al mismo tiempo la consolidación de la industrialización regional (en Cataluña y el País Vasco), la construcción acelerada de Madrid como contrapeso a este desarrollo regional y el éxodo rural como consecuencia de los dos. Como resultado, nace la miseria urbana y suburbana que es la base de rearticulación de la sociedad española analizada en la película de Armendáriz y la novela de Sorel. Desde el principio del desarrollo industrial del último período franquista (los sesenta), la ciudad se ha constituido como lugar de lectura de la dialéctica social española. Esa dialéctica se resume en términos de quién posee (o puede acceder a la posesión) y quién no, con una élite político-económica y una plebe desempleada redistribuidas tanto en los pequeños como en los grandes centros urbanos.

Esta estructura social es el punto de partida para entender el nuevo contexto transnacional español que se presenta en *Las cartas de Alou* y *Las voces del Estrecho*. En primer lugar, el itinerario y la experiencia personal de los autores se juntan con la de sus protagonistas con la fuerte conciencia de una nueva combinación de solidaridad marginal nacional y transnacional. Por expresarse con intensidad en los nuevos márgenes de las metrópolis españolas, esta solidaridad aparece como contracorriente al imperante racismo/xenofobia. Este contexto, el respaldo dado a los inmigrantes por los autores y algunos protagonistas de los textos, tiende a desplazar la memoria y las convenciones de nacionalidad y de raza mantenidas por la oficialidad, y que, a fin de cuentas, se definen como enemigo común de los ciudadanos españoles y de los inmigrantes. En segundo lugar, sin embargo, el nuevo modelo económico neoliberal de la sociedad española es un campo predilecto de la otredad. En el proletariado neoliberal, la otredad se desplaza del Otro interno (de principios de siglo) al Otro extranjero (africano en la película y la novela). La sociedad proletaria neoliberal es el lugar de inscripción de nuevas ideologías que recuperan los estereotipos de otredad mantenidos desde la Edad Media y la época colonial, mezclándolos con los nuevos intereses de ciudadanos del país europeo con una de las mayores tasas de desempleo. De esta mezcla sale un nuevo tipo de otredad que instrumentaliza la urgencia laboral y económica de los españoles para mantener barreras culturales y étnico-raciales de vieja tradición.

Migración y memoria colonial

En los dos textos, y de manera más expresa en *Las voces del Estrecho*, el protagonista inmigrante piensa que sus antepasados, gracias al viaje histórico transatlántico, ya definieron un derecho de territorialidad. En la novela de Sorel, en concreto, la obstinación de los ahogados en imponer su presencia en España connota un reclamo de justicia poscolonial y posesclavitud. Pero la presencia de inmigrantes negroafricanos pone al descubierto el viejo conflicto identitario que data de la invasión musulmana medieval. Así, la inmigración de africanos articula una doble memoria en *Las voces del Estrecho* y *Las cartas de Alou*. La primera articulación reivindica la memoria árabe medieval. La segunda reivindica la memoria poscolonial, puesto que explica la presencia de los negroafricanos en España como consecuencia del colonialismo y el neocolonialismo europeos.

En relación con la memoria árabe, cabe recordar que el juego de damas en la película se vincula a la historia árabe. Desde el siglo X, los árabes jugaban al *al-qirq* (el molino), juego que se llamaría «alquerque» en España hacia el siglo XIII. De esta última versión procede el juego de las damas moderno, al que se libran los concurrentes en el bar del padre de Carmen en *Las cartas de Alou*. En el film, las damas se convierten en un juego que se disputa entre españoles y africanos. Alou y su amigo marroquí salen triunfantes del bar tras ganar mucho dinero en sus partidas victoriosas contra sus oponentes españoles. Este juego de por sí ya constituye un ejercicio de memoria porque sugiere la pervivencia de la cultura árabe en España. Además, con la victoria de los protagonistas africanos, Armendáriz aspira a subvertir y reformular la memoria reconstruyendo las relaciones transatlánticas. Que su compañero marroquí insista tanto en calificar a Alou de muy listo, después de ganar a las damas, cuestiona la tesis sobre la irracionalidad negra. Por otra parte, el personaje marroquí señala que los españoles no les permiten jugar cuando se dan cuenta de que son buenos jugadores. En otros términos, la ideología responsable del discurso que construye al Otro va reajustándose y readaptándose a la evolución y las circunstancias históricas. Si en el siglo XX ya no es posible negar la racionalidad del negro como lo era en los dos siglos precedentes, lo que queda son recursos para desviar toda iniciativa que demuestre su racionalidad. El principio del juego quiere que las damas blancas se coman las negras, pero con la victoria de los africanos son más bien las damas negras las que se comen las blancas. La alegoría del juego de las damas se mezcla, pues, con el sarcasmo. De hecho, los dos protagonistas africanos expresan en forma de bromas y risas sarcásticas su frustración por no ser reconocidos como lo que son. Es su manera de solucionar la tensión interior producida en su situación de víctimas de la otredad. Pero al mismo tiempo, este sarcasmo perfila una posición de autoridad, que materializa Alou en sus diferentes enfrentamientos con los españoles (menciono algunos ejemplos en este artículo). La victoria de las damas negras sobre las blancas es posible por las fantasías tanto de los protagonistas como del mismo Armendáriz. En estas fantasías, la realidad de la dominación del negro por el blanco en la colonia, la esclavitud y el neocolonialismo, así como en el contacto individual y colectivo en el marco transnacional, se convierte en una metáfora donde el negro vence y domina. Este mismo anhelo de «contra-realidad» se ve en *Las voces del Estrecho*. En el relato «El viejo de la montaña», el protagonista afirma la necesidad de la memoria y recuerda el tiempo en el que los pueblos orientales (entre ellos los del Magreb) fueron el centro del mundo, como hoy Estados Unidos. En aquel entonces, informa el protagonista, Al-Andalus, de donde los excluyen hoy, era su territorio (p. 84). En «Yo estuve en El Ejido», por otra parte, la narración restituye la memoria de la colonización y de la esclavitud: «Algunos, quienes más saben, opinan que somos los legítimos descendientes de nuestros antepasados, aquellos que cargados en barcos eran transportados a América para trabajar, los sobrevivientes, en las plantaciones de tabaco o los campos de algodón de Estados Unidos» (pp. 31-32). En la misma perspectiva, también es volviendo a la historia (la del nacionalismo) que el ciudadano posfranquista sale de un planteamiento interno y llega a la nueva lectura transatlántica de la cuestión de las nacionalidades. Joseba Gabilondo, por ejemplo, explica que el retorno de la violencia vasca en España («tensión y conflicto [inter]étnicos»), en particular en los noventa, «excede el terreno vasco de representación fílmica y apunta a una realidad más amplia: la del Estado español y su sistema nacionalista» («Uncanny Identity», p. 268).[10] Al subrayar la «recurrencia», la «familiaridad» y la «extrañez» (*uncanny*, mi traducción), Gabilondo se ubica en una perspectiva de repetición de la historia. Según explica, con la excepción de algunas especificidades, la situación de los inmigrantes africanos es similar a la de los latinoamericanos, caribeños, gitanos, mujeres, homosexuales y grupos lingüístico-culturales regionales. Sin embargo, a diferencia de las otras minorías, las latinoamericanas (descendientes de indígenas), caribeñas (descendientes de negros) y africanas se singularizan porque constituyen grupos de Otros poscoloniales, cuya poscolonialidad es

---

10. En su análisis de *Vacas* (1991), de Julio Medem, y *Airbag* (1997), de Juanma Bajo Ulloa, Joseba Gabilondo define al Estado español, más allá de su rol tradicional de regulador del orden político, como un «orden organizado alrededor de la otredad, el deseo y la violencia» (p. 276).

racial. Además, los matices en las manifestaciones de otredad de base racial varían de un grupo a otro y singularizan los diferentes grupos. Por otra parte, la nueva tradición cinematográfica española se inserta en un contexto sociológico-cultural en el que la representación de estas minorías sociales es muy anterior a la aparición del cine. Desde al menos el Siglo de Oro existe ya una abundante literatura que mantiene la vivencia mnemónica de la presencia negra, memoria particularmente simbólica cuando la recuerda, en el siglo XIX, un criollo cubano como Cirilo Villaverde en su novela *Cecilia Valdés*:

> Es que tu padre, por ser español, no está exento de la sospecha de tener sangre mezclada, pues supongo que es andaluz y de Sevilla vinieron a América los primeros esclavos negros. Tampoco los árabes, que dominaron en Andalucía más que en otras partes de España, fueron de raza pura caucásica, sino africana. Por otra parte, era común ahí entonces la unión de blancos y negros, según el testimonio de Cervantes y de otros escritores contemporáneos (p. 38).[11]

La anterioridad de la presencia negra en España (también la latinoamericana/caribeña y la asiática) al nacimiento del arte cinematográfico se debe al viaje del Otro que sigue el del Yo europeo. Este enfoque bidireccional del viaje transatlántico es una exigencia de orden conceptual, pero que resulta decisiva en tanto que restituye toda la historiografía transatlántica. Al enfocar el viaje en dos direcciones, el conocimiento transatlántico quiere resolver, asimismo, al menos metafóricamente, otro problema: el de la escritura histórico-colonial. Al centrarse en la realidad africana para explicar la migración, *Las voces del Estrecho*, en particular, constituye la tercera vía discursiva que propone Michel-Ralph Trouillot.[12] Si el propósito de dar voz a los protagonistas de la historia no es una innovación, el de dejar estas voces hablar de la triste realidad de las antiguas colonias es innovador en la novela y el cine españoles. El enfoque bidireccional de la pro-

---

11. Ivan van Sertima consagra un libro entero al tema de los esclavos africanos que habrían viajado a América antes de Cristóbal Colón.
12. Trouillot logra su objetivo de mostrar que puede existir una tercera solución entre el discurso positivista decimonónico y el «constructivista» (mi traducción del inglés) a partir de la década de 1970, dado que ambas formas de discurso deforman la historia. Explica que a veces las colectividades, esto es, las personas que hacen la historia, imponen una prueba de credibilidad a ciertas narrativas sobre acontecimientos históricos.

blemática de la inmigración permite dar un punto de vista alternativo a la narrativa eurocéntrica que generalmente ha fundado la legitimidad de la colonización en la entrada del Tercer Mundo a la modernidad. Sorel y Armendáriz se sitúan a contracorriente de la construcción discursiva medieval y colonial. Sorel, en concreto, se muestra conocedor de las circunstancias de la alienación de sus personajes en África, punto de partida de su alienación en el contexto español. Aunque Armendáriz no articula formalmente las causas de la emigración, las cartas de Alou a sus padres desde España, y las que escribe antes a Mulai, informan al espectador sobre los motivos de su emigración.

Lo que estructura las tramas, según he mencionado con anterioridad, es el juego entre la aceptación y la xenofobia.[13] En el film, esta estructura sigue una intención de corrección de la historia. Así, de Carmen, Alou recibe gratis la Coca-Cola que se le negó en otro bar, pero este caso de verdadero amor es el que va a extremar la xenofobia en la película. El ultimátum del padre de la joven, que, a pesar de su amistad con Alou, no admite una relación entre éste y su hija, coloca la sexualidad transrracial como la mayor amenaza a la pureza de sangre (Molina Gavilán y Di Salvo, p. 3). Si se considera el hecho de que Alou es, además, musulmán, la religión y la raza se unen como causa de la deportación que es la conclusión del proceso de otredad, dando razón a Yolanda Molina Gavilán y Tomás di Salvo, para quienes esta película recuerda las expulsiones de base racial y religiosa de la Reconquista.

La mirada de otredad en el marco poscolonial/posnacional

La sociedad española poscolonional/transnacional ha adoptado la raza y el estereotipo como motivos definitorios del imaginario colec-

13. Al analizar *Las voces del Estrecho*, Irene Andrés Suárez pone énfasis en el hecho de que este modo relacional de aceptación-xenofobia caracteriza los contactos transatlánticos de España a lo largo de la historia: «Las relaciones entre las dos orillas del Estrecho están puntuadas por largos períodos de reconocimiento mutuo, de comercio, de entrelazamiento culturales, intercambios intelectuales y trasvases de identidad, pero también por un largo proceso de desconfianza y oposición confesional, intensificado a partir del siglo XV, conflictos del pasado que condicionan de manera ineluctable en la actualidad la percepción de los españoles, también de los europeos, sobre esta categoría de inmigrantes» (p. 23).

tivo acerca del inmigrante, bien sea marroquí o negro. Aunque el surgimiento del último transnacionalismo (aproximadamente a partir de los años ochenta) ha aportado novedades a las relaciones entre españoles e inmigrantes, las viejas formas de percepción siguen informando y definiendo los contactos humanos. No obstante, en el análisis que sigue, voy a postular que los textos dibujan cambios en la configuración de la otredad. El primero, de orden espacial, integra la forma moderna del espacio definida desde la colonización y, paradójicamente, la reducción espacial a la que conducen la globalización y el transnacionalismo. Esta reducción tiene textual y extratextualmente su contrapeso en la entidad nacional y, como resultado, los dos textos dialogan con la situación real de la inmigración a España. El segundo cambio se relaciona con la importancia que están adquiriendo ciertas formaciones discursivas marginales en el espacio transnacional.

El joven Romeo en el relato «Romeo, el africano» de la obra de Sorel tiene un empleo de contable y lleva, desde la perspectiva narrativa, una vida paródicamente tranquila en su Tánger natal. La seguridad que encuentra en su empleo hace de él un joven privilegiado respecto de la mayoría, lo que contribuye a alejarlo de la sociedad y a hacer que fabule una existencia fuera de la misérrima realidad circundante. Tiene una vida completamente de ensueño: debe de ser diferente porque tiene un empleo y no puede tener una relación con las mujeres de su tribu porque no conocen nada más que el rol de paridoras que les asigna la tradición. Romeo conoce a la Sevillana mientras ésta está de vacaciones en Tánger y se enamora de ella. Con posterioridad muere ahogado en el estrecho de Gibraltar, cuando trata de visitarla en Sevilla, lo que afirma al mismo tiempo la diferencia cultural entre los dos:

> Me gustaría escucharte —le dice— pero tú eres diferente, como tu mundo, tu religión, tus costumbres. Fíjate, yo apenas he hablado con otras mujeres, éstas aquí conversan poco, están destinadas a casarse, a cuidar y servir al marido, tú eres como las que vemos en las películas (p. 131).

En otros términos, Romeo muere alienado en medio de cambios sociales que no están adaptados a la realidad cultural de su Marruecos natal. Motivo de la frustración y del viaje, la imposibilidad para el africano de la época poscolonial de identificar su identidad en su entorno cultural es el *leitmotiv* que dicta la trayectoria de los protago-

nistas tanto en el film como en la novela. En el film, el vaivén de
Alou se explica porque ha interiorizado una lección de larga tradición
que ha victimizado antes a sus padres y ahora a él mismo. Según esta
lección, la solución a la enajenación en la cultura moderna se debe
encontrar, curiosamente, en las atracciones materiales creadas por la
misma sociedad moderna. Es decir, la estructura circular de ambos relatos (Alou, como los ahogados del Estrecho, no cesa de reemprender
el viaje a Occidente) indica que el camino hacia la modernidad es inexorable a pesar de su inaccesibilidad y de la distancia que crea en las
comunidades humanas.

Cuando la Sevillana vuelve a Sevilla, Romeo viaja para visitarla. Los viajes de los dos, y también la red de prostitución («La Gran
Ramera») en la que se implican tanto jóvenes andaluzas como marroquíes, definen la estructura circular del espacio transatlántico. La
prostitución tiene interés por su contribución a la construcción de la
feminidad en general en el texto de Sorel. Las prostitutas marroquíes
hacen idas y vueltas a Marbella cruzando el Estrecho. En el relato
«La Gran Ramera», la prostitución es descrita como alternativa y actividad de escape de la mujer del matrimonio patriarcal más convencional, un matrimonio para satisfacer el apetito sexual del hombre y
producirle niños: «... limpiar la casa, preparar la comida, fregar los
cacharros, lavar y planchar la ropa, y dejarse penetrar, tenga o no ganas, por el hombre, cuando éste la reclama» (p. 135). He aquí un tono
textual abiertamente satírico contra algunos usos que de modo inexorable alejan la sociedad «tradicional» de la «moderna», y que existen,
sin embargo, tanto en Oriente como en Occidente. En el caso de una
instancia narradora que difícilmente afirma su autonomía, el escritor
asume de forma indirecta la conciencia textual. Como el escritor
transmite su propia perspectiva a través de un narrador no identificado en *Las voces del Estrecho*, ocurre que su punto de vista marca el
texto y mancha de parcialidad una narración, por otra parte, brillantemente antiorientalista.[14] ¿Peca el texto de Sorel de una percepción
cultural uniforme y unidireccional? El texto en conjunto se sitúa en la

---

14. Uso el término antiorientalista con el sentido de una tendencia discursiva crítica al orientalismo. Said explica que, como construcción discursiva de los europeos sobre Oriente, el orientalismo sostiene la idea de la superioridad de la identidad europea respecto todas las identidades no europeas. Así, aunque su origen histórico es el Extremo Oriente, el concepto de orientalismo es inclusivo. La teoría sobre el orientalis-

perspectiva contraria, como he venido mostrando, pero ciertas codificaciones como la descripción esencialmente dialéctica de la masculinidad versus la feminidad, en particular en el relato que he mencionado con anterioridad (las jóvenes vestidos a lo occidental con pechos al aire y las jóvenes cubiertas de los ojos hasta las uñas de los pies), no son completamente inocentes. A pesar de adoptar una perspectiva más bien paródica, también es cierto que el texto de Sorel ostenta una percepción orientalista, una percepción y definición de la africanidad desde un punto de vista español/europeo. Aunque esto no llega a debilitar la tesis de la solidaridad con el inmigrante y de la reformulación de la narrativa europea histórica que vengo sosteniendo en este análisis, crea una ambigüedad en la que el lector legítimamente se confunde. Sin embargo, la clave radica en observar más de cerca la visión de Sorel (y Armendáriz) del binomio «orientalismo» modernidad. La postura sarcástico-paródica de Sorel al abordar este tema afirma la existencia de costumbres que han persistido a pesar del carácter imperativo de la ideología moderna europea. Así se debería leer la cuestión femenina y la prostitución.

Antes que nada, si la mujer árabe sale de la «prisión» hogareña, el hecho de que lo haga para prostituirse vacía de sentido la idea de una búsqueda de salida adelante. La mujer (o el hombre) en los dos textos no tiene paradero cuando sale del marco tradicional. El protagonista africano queda atrapado en un intento indefinido de palpar una realidad soñada que no alcanza, sino que encuentra otra diferente, como Khadija en el relato «La Gran Ramera» de la novela:

> sabe que al regreso a casa han de reñirla, tal vez pegarla, pero no le importa: realiza ejercicios para ser libre, siente ya cómo grita su garganta, sus pulmones, todo su ser, el camino de la huida... Sus ojos navegan en busca del inmenso bosque de palmeras que más allá del recinto de la ciudad se extienden, al poniente: unas crecidas, otras enanas. Bajo paraguas de múltiples colores caminan hombres de tez morena, unos entrando, otros saliendo de la ciudad. A sus puertas, coros de ciegos que cantan, oran o recitan sus plegarias (p. 137).

---

mo pone las bases de varias teorías poscoloniales que son más específicamente regionales (Bhabha y Spivak, sobre Asia; Mbembe y Ngugi, sobre África, y Fanon, sobre América, entre otros ejemplos).

Por el rol que desempeña en mantener la tradición, la mujer árabe/musulmana constituye un blanco para la empresa uniformadora europea.[15] La inmigración es una actividad exclusivamente masculina en *Las cartas de Alou*, y la mujer africana está completamente ausente de la trama porque el joven que inmigra espera integrarse en la sociedad a través de una relación con una mujer española. La cuestión es diferente en *Las voces del Estrecho*. La trama de la novela sugiere que la mujer se encuentra bajo la presión del efecto combinado de un contexto hogareño y matrimonial que se ha hecho infernal por el contacto con la cultura europea y la falta de alternativas cuando sale al encuentro de esta última. Las situaciones de abusos domésticos que describen a la mujer como víctima no se leen como resultado de la dominación patriarcal, sino de la ruptura de la armonía en las relaciones intersexuales africanas. En otros términos, ni un texto ni el otro enfocan la cuestión sexual en el contexto tradicional africano, sino la condición de la mujer y el hombre africanos como víctimas en su encuentro con la modernidad occidental. Khadija, la joven de veintiún años del cuento «La Gran Ramera», experimenta esta realidad. Cede a la presión y se quita el velo de mujer musulmana, hace visible sus senos debajo de una prenda provocativamente transparente. Al final de este proceso transformador de la mujer musulmana, la instancia narradora concluye paródica y sarcásticamente que Khadija «[c]ontrasta así su modernidad con la de las mujeres que con ella se cruzan y la miran con gesto acusatorio desde sus grandes y penetrantes ojos negros, única desnudez que permiten sea contemplada» (p. 139). Sus mentoras son una antigua prostituta de Madrid deportada a Marruecos por indocumentada, y Leila, despedida en un principio de su trabajo en Marruecos por no aceptar una oferta sexual, sirvienta en España durante quince años y otra vez en Marruecos, soltera, madre y dueña de una casa. Su hermana habita en una chabola en Madrid y manda dinero a los dos hi-

---

15. Fanon explica que los franceses entendieron que quitarle el velo y llevar fuera del hogar a la mujer argelina eran la clave para ganar la lucha del control de Argelia contra los nacionalistas argelinos (*Dying Colonialism*, 37-38). La preocupación principal de Fanon es mostrar que la guerra de los franceses contra los nacionalistas argelinos se enfoca en la destrucción de la unidad familiar como lugar de mantenimiento de la estructura tradicional argelina. La desarticulación de la familia tradicional africana está en el centro de las tramas de *Las cartas de Alou* y *Las voces del Estrecho*.

jos que se quedaron en Marruecos. O sea, el primer signo del cuadro descrito aquí es la visión del derrumbe del edificio familiar a través de la maternidad y de la juventud. Las familias separadas, las madres solteras, la prostitución internacional, la falta de educación para la juventud son unos de los múltiples aspectos sociológicos con los que la trama codifica este derrumbe. Esta presentación textual de un edificio familiar derrumbado se acompaña de otro nivel discursivo en el que los occidentales (españoles) opinan sobre los «orientales», como he indicado con anterioridad. En otros términos, la otredad se define textualmente a la vez como una realidad material/palpable y en perpetua construcción. Se ve en la enajenación y alienación de los africanos en una modernidad que los excluye, y en el discurso del «yo» que sigue nombrándolos. Los dos textos no satirizan las diferencias culturales de los africanos (las costumbres arábigo-musulmanes, por ejemplo), sino la visión desde una perspectiva europea de estas diferencias. Mi lectura de la reproducción satírica de las costumbres marroquíes y africanas (y, en general, del tono muy escéptico y pesimista sobre el porvenir del continente africano en la sociedad moderna y de la denuncia sistemática de actitudes de xenofobia cultural) es como un *stream of consciousness* hecho posible por la intromisión del escritor en la mente de sus compatriotas para representar en el texto lo que de forma maquinal y estereotípica piensan de los inmigrantes. Esto se corresponde en el film con una estructura más rigurosamente dialógica.

Un protagonista (Alou), y sus altercados frontales con diferentes interlocutores españoles, guían el hilo narrativo. El protagonista negro se beneficia de la primacía narrativa, teniendo el marroquí/árabe una presencia clave pero de segundo rango. Como en la novela, los dos tipos de Otro forman uno en realidad, dado que no se discrimina su condición de víctima. La raza y la religión combinadas cuantifican la especificidad «oriental» en la que se basa la otredad. El color de la piel, en concreto de Alou, se convierte en un identificador eficaz de su otredad. El color crea la distancia, dado que al Yo español le resulta más fácil identificar a un senegalés como Alou que a un marroquí. Lo que quieren mostrar tanto Sorel como Armendáriz es que la percepción de la diferencia física desencadena el recuerdo de los elementos idiosincrásicos, religiosos y sexuales que en el imaginario español y en la vida cotidiana marcan diferencias culturales. Por eso los casos de conexión/solidaridad entre españoles e inmigrantes que he definido anteriormente como signos de solidaridad deben ser reconsiderados. Que sean factores de reducción de la distancia humana y mantengan las relaciones interculturales en un nivel superficial no es contradictorio. El mejor ejemplo es el carácter aprensivo de Alou en su relación con Carmen. Alou muestra que las diferencias culturales superan incluso la amistad y el amor. Aquí se define otra vez el carácter sistémico y estereotípico de la otredad. Aunque expresada a menudo de forma individual, el racismo y la xenofobia constituyen un fenómeno social de grupo. Por consiguiente, que haya personas con buenas intenciones como Carmen y la mujer de Mulai no es factor suficiente de hospitalidad y solidaridad. Como se trata de un sistema, cualquier impulso hospitalario (como el de las dos mujeres citadas) es directamente corregido por otro miembro de la sociedad que reproduce la tradición. Cuando Carmen y Alou se empeñan en creer en su idilio, el padre de aquélla le recuerda violentamente a Alou que no aceptaría perder a su hija, lo único que tiene. Su actitud (del padre) sugiere la exterioridad social de Alou, por lo que una relación de Carmen con el senegalés la situaría también en la periferia de la sociedad española. Es decir, el padre de Carmen expresa su aprensión ante una relación que llevaría a su hija a cruzar una línea biológica tradicionalmente infranqueable. La relación con Alou es un peligro que amenaza seriamente la pervivencia de la especie y podría decirse que se trata de un fundamentalismo basado en la pureza de sangre y de raza. Alou capitaliza toda esta realidad cuando recuerda a Mulai: «Éste no es nuestro país. A pesar de trabajo y dinero, nunca nos aceptarán». Y a Carmen le confiesa: «Mira a esa gente a tu alrededor. Yo siento sus miradas clavadas aquí. Sé que a los blancos no les caemos bien, no les gustamos». Al defenderse contra la exclusión, Alou al mismo tiempo se mueve de objeto a sujeto, de un Otro a un Yo defensivo que también identifica y define. En *Las voces del Estrecho*, Romeo muestra el mismo comportamiento en su relación con la Sevillana al mencionar la diferencia cultural que los separa. Se puede decir, por tanto, que el afán de representar al negro con conciencia y agencia es lo que más fuertemente se reitera en los dos textos. Lo que ha cambiado de la otredad colonial a la transnacional es que existen nuevas formas de protagonismo textual que, desde los márgenes, definen con autonomía existencial, discursiva y territorial voces que antes eran nombradas o bien en el discurso eurocéntrico o bien en una mediación narrativa de un autor omnisciente. Quiero abrir la conclusión de esta reflexión con la cuestión crucial de la relación entre la población nativa y el Estado español. La eficacia del discurso nacionalista ya ha sido mitigada. Este hecho confirma una tendencia, a nivel horizontal y no estatal, a la eclosión de una conciencia multiculturalista y transnacionalista. Lo antiguo en esto es el contexto multicultural transnacional. Lo nuevo es la radicalización en Occidente (Estados Unidos y Europa Occidental) del discurso xenófobo oficial ante la intensificación de la actividad migratoria desde los noventa. La eclosión de la realidad multicultural explica, al mismo tiempo, la radicalización del discurso oficial, basado en la promoción de la diferencia entre la civilización y la barbarie, entre Oriente y Occidente, que viene a contracorriente y sorprende a los depositarios del estado-nación oficial. No obstante, que el ciudadano europeo ordinario ya no garantice su participación en la producción de la diferencia entre Oriente y Occidente significa que ya no le convence un discurso que a lo largo de la historia no ha generado, sino que ha recibido y aplicado. La otra consecuencia es la falsedad de la tesis sobre la diferencia o choque de civilizaciones. De hecho, la solidaridad del ciudadano europeo con el inmigrante significa la crisis de su propia civilización. El enemigo de Occidente hoy está en su seno mismo. En este maremagno de una individualidad variada, Sorel y Armendáriz extraen a Alou y a los ahogados del estrecho de Gibraltar para expresar su especificidad como Otros y el carácter urgente con que en el siglo XXI se presenta, no la emigración/inmigración de la raza negra, sino su marginación en la sociedad moderna.

9.
Alianzas marginales entre Camerún y Galicia: el discurso contestatario del inmigrante africano en *Calella sen saída*, de Víctor Omgbá

María P. Tajes

> En los barómetros realizados por el CIS en febrero de 2001 y en junio de 2002 la inmigración ocupa el tercer lugar entre los problemas que, a juicio de los entrevistados, existen en la actualidad en España.
>
> M.ª Ángeles Cea D'Ancona, *La activación de la xenofobia en España*

En los últimos años, los intelectuales españoles al igual que la opinión pública, han comenzado a interesarse por el tema de la inmigración y han iniciado debates en diferentes medios y desde variadas perspectivas. A pesar de que se han realizado numerosos estudios de carácter histórico, legal, sociológico y cinematográfico, las exploraciones en el campo literario son escasas, debido, sobre todo, a que por el momento, la aproximación al tema es prácticamente unilateral, ya que la mayor parte de lo escrito acerca de la inmigración en España procede de los mismos españoles, testigos, observadores, copartícipes, pero no protagonistas del fenómeno. Por ello cobra especial interés la novela *Calella sen saída*, un texto basado en la propia experiencia migratoria de su autor, el escritor camerunés Víctor Omgbá, nacido en 1967.[1] Escrita originalmente en francés, lengua materna del autor, la novela fue traducida y publicada en gallego por la editorial Galaxia en el año 2001, con una segunda edición en 2005, y también ha aparecido en catalán bajo el título *Carreró sense sortida*.

Omgbá ofrece un texto pionero en las letras peninsulares, un testimonio crítico y desgarrador que no sólo informa o entretiene al lector, sino que lo invita a analizar discursos vigentes en España acerca de la inmigración, las preocupaciones sociales infundadas a las que

---

1. Víctor Omgbá cursó estudios de derecho en Camerún y se trasladó a España en 1995. *Calella sen saída* es su primera novela, aunque previamente había publicado algunos relatos en revistas y periódicos.

alude el epígrafe, los estereotipos asociados al Otro invasor, las actitudes xenófobas obvias y las privadas, aquéllas que gran parte de los españoles esconden bajo un disfraz de aparente tolerancia.

Para analizar el carácter contestatario de *Calella sen saída* se utilizará el concepto de *mimicry* propuesto por Homi Bhabha en *The Location of Culture*. Aunque no cabe duda de la relación colonial y poscolonial entre Europa y África, y de hecho, como se verá más adelante, Ombgá aborda el tema con detalle en la novela, el concepto de *mimicry* se empleará en este caso como la imitación o repetición distorsionada de un discurso dominante. Una imitación, según Bhabha, casi igual, «but not quite», cuya diferencia, representación parcial y exceso añaden ambivalencia o incertidumbre al discurso oficial, evidenciando sus fisuras, y amenazando y cuestionando su autoridad (p. 91).

¿Cuáles son los rasgos del discurso dominante acerca del inmigrante africano? ¿Cómo lo percibe el pueblo español? En un reciente estudio sobre los inmigrantes en la opinión pública española, Rafael Vazquez García concluye que «para el ciudadano común pensar en inmigración es pensar en conflicto, en tensión, en todo tipo de problemas» (p. 195).[2] Se culpa al colectivo inmigrante de problemas nacionales tales como la inseguridad ciudadana, el paro o la pérdida de identidad cultural, e incluso se le otorga una identidad étnica discorde con la realidad. Sabemos que, tal y como señala María Ángeles Cea D'Ancona en su meticulosa exploración de la xenofobia en España, en encuestas realizadas por el Centro de Investigaciones Sociológicas (CIS) en 1993, 1995, 1996 y 2000, más del 60 por 100 de los españoles al hablar de inmigrantes extranjeros piensan de manera inmediata en marroquíes y africanos en general, cuando la realidad es que en todos esos años cerca del 50 por 100 de los inmigrantes extranjeros procedían de Europa y sólo entre un 17 por 100 y un 29 por 100 provenían de África (p. 103). Resulta evidente, entonces, que si los influjos migratorios se perciben en España de forma negativa, y si la inmigración se identifica con los marroquíes y los negros africa-

---

2. La asociación de la palabra «problema» al influjo migratorio es generalizada y abarca todas las ideologías. Los sectores críticos y partidarios de restricciones ven el aumento de inmigrantes en el país como «un problema» nacional, y los más tolerantes, incluso los partidarios de una apertura total de las fronteras también catalogan de «problema» la situación actual de los inmigrantes.

nos, este colectivo será el que sufra los efectos de estrategias y discursos de resistencia destinados a mitigar los efectos de «la invasión en pateras», imagen recurrente y perpetuada por los medios de comunicación. A esta imagen hay que añadir el incremento de la percepción negativa del africano después de darse a conocer que varios de los responsables de los atentados de marzo del 2004 en Madrid eran de nacionalidad marroquí. Rafael Vázquez García elabora, tomando como base estudios del CIS, una lista de elementos característicos de estos discursos de resistencia que asignan al «Otro inmigrante» las siguientes cualidades: ignorancia, suciedad, derroche, desorden, vicios, malos hábitos, pereza, naturaleza salvaje e instinto (p. 201). A cada una de estas «faltas» del inmigrante le corresponde un «modelo ideal» y deseado por el anfitrión en un claro juego de oposiciones binarias. Este modelo ideal presupone un cambio que mitigue la diferencia y permita la asimilación, al menos parcial. Las acciones transformadoras que precipiten el cambio deseado, que aminoren la diferencia, se basan en la educación tanto formal como cívica y espiritual, concepto visto y ofrecido, como es de esperar, desde los parámetros occidentales.

El texto de Omgbá, podría leerse como una «mímica» de este discurso, de esta asignación de identidad. En él también se critica la ignorancia, suciedad, desorden, derroche, vicios y fanatismos de algunos inmigrantes y se propone un cambio propiciado por la educación. Sin embargo, al formular su propuesta, el camerunés desequilibra y denuncia los binarismos del discurso dominante acerca de la inmigración y propone, a partir de las fisuras discursivas de la xenofobia, un cambio diseñado e implementado, no sólo por el país de acogida, sino también por el propio inmigrante.

Calella sen saída es una novela narrada en tercera persona desde el punto de vista del protagonista, Antoine, un joven camerunés que llega a España de forma legal para continuar sus estudios de jurista, gracias a una beca otorgada por su gobierno. A su llegada a Madrid, es recibido por Gabriel, un amigo de infancia, quien lo acoge en la vivienda que comparte con otros inmigrantes e inmediatamente destruye las expectativas del recién llegado al exponerlo a la cruda realidad a la que se enfrentan los inmigrantes africanos. El carácter analítico e inconformista del protagonista lo lleva a criticar no sólo la situación en que viven sus compatriotas, sino la pasividad y conformismo de los mismos ante tal situación. Esto le acarrea tensiones con Guillerme, hijo de un político corrupto camerunés, y con el resto del grupo. El empeoramiento de las relaciones con sus compatriotas y el hecho de que no haya recibido el dinero de la beca, única forma de iniciar los estudios y mantener el estatus legal, lo empujan a desplazarse a A Coruña, con el objeto de encontrar un empleo estable que facilite la legalización. Después de sufrir de discriminación salarial y abusos en el puesto de trabajo, Antoine es detenido por carecer de papeles y se le da un plazo para apelar la sentencia de expulsión. La novela termina cuando lo apresan por segunda vez, pero el lector no llega a saber si la expulsión se produce o no.

Calella sen saída aparentemente coincide con la tendencia occidental de esencializar África como una gran masa homogénea. Son varias las ocasiones en que Antoine, el protagonista, evita confirmar su afiliación a un país concreto. El caso más obvio es cuando Emma, una española a la que conoce en Madrid y con la que mantiene un corto romance, le pregunta su procedencia:

—... ¿De dónde eres?
—Africano.
—Sí, africano, pero ¿de onde?
—Vaia, pois... de África (p. 45).[3]

El protagonista y la voz narrativa tienden también a utilizar expresiones como «compatriotas africanos» para referirse a inmigrantes procedentes de otras partes del continente. En tal caso, la palabra «compatriota» sugiere que la patria trasciende las fronteras estatales. Al preguntar al autor acerca de esta deliberada generalización, éste afirma que la razón es doble: por un lado, pretende que su experiencia represente la de cualquier africano inmigrante sin papeles y, por otro, al haber escrito la obra siendo todavía un inmigrante indocumentado quería evitar las represalias del gobierno dictatorial de Camerún en caso de ser deportado.[4]

En esta representación o imitación de generalizaciones homoge-

---

3. «...¿De dónde eres?» «Africano». «Sí, pero ¿de dónde?» «Vaya, pues... de África». (Todas las traducciones del gallego al castellano son mías.)
4. Datos obtenidos en una entrevista que tuve el placer de realizar a Omgbá en agosto de 2005.

neizadoras al referirse a África, Omgbá plasma también una diferencia, un *not quite* al ilustrar que no todos los inmigrantes africanos son iguales. En su novela distingue, pues, tres categorías o tipos basados en estatus socioeconómico y cultural antes que en fronteras geopolíticas: los inmigrantes educados, los que se desplazan por razones puramente económicas y los privilegiados y corruptos.

Para la sociedad española y europea en general, resulta difícil conciliar la idea de cultura o educación formal con la persona del inmigrante sin papeles. Como hemos visto anteriormente, se tiende a percibir al inmigrante como un individuo ignorante, falto de formación. La novela plasma tal concepción general de forma constante. El lector observa, por ejemplo, en una escena donde la comicidad roza el absurdo, a una empleada del Ministerio de Educación que ignora totalmente las peculiaridades de los sistemas educativos africanos. Ante su ignorancia, la empleada opta por usar las equivalencias de Senegal asumiendo que los sistemas educativos son iguales.

> Antoine respondeulle e ela púxose a buscar nun libro que sacou dun deses típicos andeis da administración. Mentres buscaba, indicoulle que sentase:
> —Non sei, pero aquí non vexo que figure o teu país —díxolle—. Só aparecen Marrocos, Senegal...
> —¿O teu país ten o mesmo programa de ensino que o de Marrocos e Senegal?...
> —¿Como?
> —¿Hai o mesmo sistema ou non?
> —Non teño nin a menor idea-contestou Antoine...
> —Ben, entón coido que haberá que aplicar o mesmo réxime que en Senegal... (pp. 67-68).[5]

La esencialización del continente africano es doble en la cita anterior. Por un lado, la empleada asume que, como africano, Antoine debiera conocer todos los sistemas educativos del continente. ¿Se le

---

5. «Antoine le respondió y ella se puso a buscar en un libro que sacó de uno de esos típicos andenes de la administración... "No sé, pero aquí no veo que figure tu país, —le dijo—. Sólo aparecen Marruecos, Senegal..." "¿Tu país, tiene el mismo programa de enseñanza que Marruecos y Senegal?..." "¿Cómo?" "¿Hay o no el mismo sistema?" "No tengo la menor idea", —contestó Antoine... Bien, entonces creo que habrá que aplicar el mismo régimen que en Senegal...»

ocurriría a un español dar por sentado que un francés conoce el sistema educativo de Inglaterra, Suecia o Alemania? Por supuesto que no. En segundo lugar, el hecho de que el libro de equivalencias disponible en el Ministerio de Educación español omita algunos países sugiere la exclusión de los mismos del panorama cultural, su disociación del concepto de cultura, la irrelevancia, desde el punto de vista occidental, de su producción cultural. Este incidente, lejos de denunciar la ignorancia por parte del extranjero, acusa a las instituciones españolas de carecer del conocimiento necesario para ayudar al inmigrante que no encaje dentro del tópico de ignorancia y analfabetismo.

Otra de estas instituciones impermeables ante el concepto de un africano educado es la de la policía. Hacia el final de la obra, Antoine es arrestado en la estación de autobuses de A Coruña por carecer de papeles. El arresto y posterior estancia nocturna en la cárcel están llenos de irregularidades donde se asocia al detenido con las ideas preconcebidas acerca de los inmigrantes africanos. Cuando Antoine explica a los agentes que entró en el país para continuar sus estudios, éstos dudan de tal afirmación:

> Cando rematou, o xefe, que non parecía convencido coa historia, preguntoulle:
> —Entón, ¿pódese decir que ti es avogado?
> —Teño unha licenciatura en Dereito, iso é todo.
> —E ¿por que non quedaches no teu país, se remataches a carreira?
> —Pois, por por desexos de prosperar-contestou Antoine, xa un pouco nervioso (p. 172).[6]

Hay que subrayar aquí no sólo que los oficiales de policía dudan de la formación académica del detenido, sino que también cuestionan un desplazamiento migratorio que no se deba enteramente a necesidades económicas. Tal disposición concuerda con la «teoría neoclásica de las migraciones» que, según los sociólogos Rosa Aparicio y Andrés Tornos, es la que predomina en los medios de comunicación a la hora de

---

6. «Cuando terminó, el jefe, que no parecía convencido con la historia, le preguntó: "Entonces, ¿podemos decir que tú eres abogado?" "Tengo una licenciatura en Derecho, eso es todo." "Y, ¿por qué no te quedaste en tu país, si has terminado la carrera?" "Pues por deseos de progresar", —contestó Antoine, ya un poco nervioso».

construir la identidad del emigrante típico:[7] «… una persona maltratada por la vida en su país que, para subsistir o al menos para subsistir con un mínimo de dignidad, se ve obligado a emprender la dura ruta del exilio. Y en su destino seguiría así: luchando desde sus carencias en el interior de una sociedad que lo ignora» (p. 21). Añaden Aparicio y Tornos que las consecuencias directas de tal percepción son bidimensionales. Por un lado, se crean organizaciones de apoyo de defensa y concientización social en pro de estos desamparados, pero, por otro, se fomenta una visión de la inmigración como una carga, como «una exportación a los países prósperos de las pobrezas, deficiencias de formación y carencias democráticas de los países pobres» (p. 21).

Aunque la mayoría de los personajes de la obra pertenecen a este colectivo postulado por la «teoría neoclásica de la emigración», tanto Omgbá como Antoine, en el ámbito textual, fijan la presencia de la diferencia, de una fisura en la teoría que enmarca el discurso dominante, y que sitúa al africano en el espacio de la necesidad, la inopia y el analfabetismo. Hay que recalcar que ante la ignorancia que aflora en la sociedad española acerca del Otro africano, Antoine y la voz narrativa en tercera persona, que muchas veces se confunde con la del personaje, hacen alarde de un conocimiento profundo y analítico de la historia, la geografía y la sociedad españolas, e incluso europeas en general, a la vez que demuestran una conciencia clara y metódica de la realidad africana.

La voz narrativa sienta los cimientos de su autoridad discursiva al describir la ciudad de Madrid ligándola a la historia española: «… coas súas belidas construccións: as do vello Madrid dos Austrias; as da fin do século pasado de Cibeles e Gran Vía, restauradas e ben coidadas…» (p. 51).[8] También promulga una clara voluntad de acercamiento a la cultura de acogida: «Coñecer a cidade e as súas actividades significa que non só hai que observar as rúas, os edificios e os barrios, senón que tamén hai que interesarse polos costumes das súas xentes. Hai que saber cómo viven, cómo se divirten, cómo traballan,

---

7. Se denominan teorías neoclásicas de las migraciones las interpretaciones recientes del modelo clásico del *push-pull*, un modelo basado en aspectos económicos. Para una exploración detallada de las distintas teorías sobre migraciones y la evolución de las mismas, véase Ribas Mateos.
8. «… con sus viejas construcciones: las del antiguo Madrid de los Austrias; las del fin del siglo pasado de Cibeles y Gran Vía, restauradas y bien cuidadas…».

cómo aman, cómo avellentan e cómo morren» (p. 51).[9] El conocimiento del Otro propuesto por Omgbá choca frontalmente con la aproximación y aparente simpatía hacia África y lo africano de algunos sectores de la sociedad española. El padre de Emma, la novia madrileña de Antoine, ejemplifica tal postura con su oposición rotunda a la relación de su hija con un inmigrante africano negro. Emma se muestra confundida ante la oposición paterna: «Non entendeu a súa actitude. Sempre lle escoitara falar de África con simpatía: das súas paisaxes, dos seus animais... E ademais, cando vián aparecer na televisión ós negritos víctimas da fame, dicían "pobres pequenos"» (p. 141).[10] Vemos pues como el conocimiento superficial del Otro conduce a una aceptación o integración del mismo también superficial, de ahí la propuesta de la voz narrativa.

Asimismo, se explora de forma detallada la situación actual de África como consecuencia de un pasado histórico concreto. En este apartado, el narrador en tercera persona deja sentada la autoridad de la obra y de Antoine al narrar las reflexiones del protagonista y mostrarlo conocedor de las aportaciones a este tema de teóricos como Tibor Mende, Remé Dumont, Josué Castro, Alfred Suv y Paul Bairoch. Lo peculiar de su postura es que, aun sin negar la existencia del neocolonialismo en África, se atribuye parte de la culpa de la situación a la pasividad de los mismos africanos, proponiendo una solución que parta de los intelectuales y dé prioridad a la educación del pueblo: «No fondo de todo subsiste o propio espectro do ser africano que, cada vez máis, considera que as cousas se resolven soas» (p. 130).[11] La voz narrativa, identificada con la de Antoine, insta a la acción para alcanzar la democracia por medio de la educación:

Trátase dunha revolución, dunha rebelión interna e introspectiva que tódolos africanos (homes, mulleres, nenos, vellos...), tódalas forzas vi-

9. «conocer la ciudad y sus actividades significa que no sólo hay que observar las calles, los edificios y los barrios, sino que hay también que interesarse por las costumbres de sus gentes. Hay que saber cómo viven, cómo se divierten, cómo trabajan, cómo aman, cómo envejecen y cómo mueren.»
10. «No entendió su actitud. Siempre le había oído hablar de África con simpatía: de sus paisajes, de sus animales... Y además, cuando veían aparecer en la televisión a los negros víctimas del hambre, decía "pobres pequeños"».
11. «En el fondo de todo subsiste el propio espectro del ser africano que, cada vez más, considera que las cosas se resuelven solas.»

vas, deben levar a cabo.... Antoine sabía que esta sensibilización só era posible facendo certas precisións dende abaixo, dende a educación, erradicando a arma máis mortífera en si mesma, que é o analfabetismo (p. 131).[12]

Vemos entonces cómo el texto coincide con el estereotipo descrito por Vázquez García al denunciar la ignorancia de un sector extenso de la población africana y la pasividad ante la misma. Coinciden también en considerar la educación como el vehículo de aproximación a una mejora de la situación del emigrante en potencia antes de tomar la decisión de desplazarse, y consecuentemente a una reducción del flujo migratorio o una mayor integración de aquellos que deciden emigrar. Sin embargo, Omgbá difiere del discurso vigente al remover al intelectual africano de la pasividad y nombrarlo artífice del cambio. Él mismo, y su novela, como artefacto cultural, funcionarían a modo de agentes desmanteladores de las ideas preconcebidas acerca de la inmigración africana y artífices de una propuesta de reducción del flujo migratorio, no por el cierre de fronteras, sino por la mejora de las condiciones de vida en el país de origen.

El afanoso papel contestatario del texto llega al punto de hermanarse con la periferia española, protagonista de tensiones territoriales y defensora de la pluralidad lingüística. No hay que olvidar que *Calella sen saída* ha sido publicada en gallego y catalán antes que en castellano. Aun cuando la elección del idioma de publicación no haya sido deliberada,[13] el hecho de que dos de las comunidades periféricas con identidad lingüística propia se interesen por un escritor y un tema marginales corrobora la identificación de las políticas reivindicativas de los dos sectores. Así en *Calella sen saída*, se propone una pluralidad lingüística en los países africanos muy similar a la existente en España y el resto de Europa:

---

12. «Se trata de una revolución, de una rebelión interna e introspectiva que todos los africanos (hombres, mujeres, niños y ancianos) todas las fuerzas vivas, deben llevar a cabo... Antoine sabía que esta sensibilización sólo era posible haciendo ciertas precisiones desde abajo, desde la educación, erradicando el arma más mortífera en sí misma, que es el analfabetismo».

13. El autor afirma que la editorial Galaxia exigió la traducción al gallego y luego se la propusieron en catalán.

> África non sairá adiante se antes a intelixencia africana non xoga un papel preponderante no proceso educacional e de revitalización das nosas linguas maternas. Deben recuperarse esas linguas e levalas ós anfiteatros. ¿Por qué non falar dunha Facultade de Filoloxía de Linguas Locais, por exemplo? (p. 133)[14]

Incluso sienta el ejemplo de varios países europeos:

> A maior parte dos países europeos comprenderon que é un factor importante o da institucionalización das linguas locais... En España, o castelán ou español admite linguas autonómicas, coma o galego, o euskera, o catalán... Igualmente acontece nun país tan pequeno coma Suiza, donde conviven catro linguas (p. 135).[15]

Salta a la vista la naturaleza pedagógica de la cita anterior ya que una descripción tan sencilla y detallada de la pluralidad lingüística española o suiza va claramente dirigida a un lector extranjero, quizás al emigrante africano que con la lectura del texto comenzará a concienciarse acerca de qué política seguir en el país de origen.

La publicación de la obra en gallego establece además un vínculo con el pasado emigrante español, tema raramente tocado en la literatura y los medios de comunicación españoles, pero con una intrínseca presencia en la identidad del pueblo gallego. Como muestra cabe recordar que el voto emigrante determinó que Manuel Fraga Iribarne perdiera las elecciones a la presidencia de la Xunta de Galicia de 2005. «Pero ti nunca me comentaches que os españois fosen un pobo de emigrantes», reclama Antoine a su novia madrileña cuando ésta le comenta que parte de su familia ha emigrado a Suiza (p. 70).[16] Tal comentario establece un puente discursivo entre *Calella sen saída* y los textos de la emigración española, olvidados o relegados de la memoria colec-

---

14. «África no saldrá adelante si antes la inteligencia africana no desempeña un papel preponderante en el proceso educativo y de revitalización de nuestras lenguas maternas. Se deben recuperar esas lenguas y llevarlas a los anfiteatros. ¿Por qué no hablar de una Facultad de Filología de Lenguas Locales, por ejemplo?»
15. «La mayor parte de los países europeos comprendieron que la institucionalización de las lenguas locales es un factor importante... En España el castellano o español admite lenguas autonómicas, como el gallego, el euskera, el catalán... Igualmente acontece en un país tan pequeño como Suiza, donde conviven cuatro lenguas».
16. «Pero tú nunca me comentaste que los españoles fueran un pueblo de emigrantes».

tiva por representar un pasado que conviene olvidar, un tiempo en el que el español, lejos de representar al imperio, al colono, al anfitrión, formaba parte, en cada país de acogida, de una masa inmigrante poco educada, marginal y desprotegida.[17] A este propósito, Omgbá señala en su entrevista que con frecuencia se le aproximan emigrantes españoles retornados para subrayar lo identificados que se sienten con el personaje de Antoine, ya que las vivencias del protagonista, sus luchas, no difieren mucho de las experimentadas por ellos mismos.

Aun cuando Antoine representa al letrado africano, al inmigrante culto que no se desplaza únicamente por razones económicas, la escasa flexibilidad de su propio gobierno y del español lo condenan a formar parte del colectivo que emigra por razones económicas, el mismo al que se refiere la «teoría neoclásica de las migraciones» y al que pertenecen los «sin papeles». Antoine se resiste en la medida de lo posible a esta pérdida de estatus. Al principio de la obra se enfatiza la diferencia entre el protagonista y Gabriel, el amigo que lo recibe en Madrid:

> Sempre xuntos, sempre iguais. A diferencia que había entre eles era que Antoine proseguira os seus estudios, e el non. Debido ó seu devezo pola aventura, deixounos plantados antes de cumplir os vinte anos. Veuse a Europa a través do deserto do Sahara (p. 14).[18]

Cuando el protagonista se percata de que la beca adjudicada en su país nunca llegará y que no podrá matricularse en una universidad española sin ella, ni tampoco renovar el visado, contempla la posibili-

---

17. Las condiciones específicas de los desplazamientos de españoles a América al comienzo del siglo XX y a Europa a mediados del mismo siglo, son peculiares a cada uno de los éxodos, pero en ambos casos, el emigrante español, de origen humilde en su mayoría, pasa a formar parte del margen que ha de definir o remodelar su identidad ante el centro anfitrión. Aun en los casos en que el gobierno español negoció contratos de trabajo para sus ciudadanos en países europeos se formularon innumerables denuncias acerca de las condiciones de estos contratos: aglomeración de los trabajadores en pabellones que servían de residencia, aislamiento de la población autóctona, resistencia por parte del país de acogida a fomentar la reunificación familiar, discriminación salarial, etc.
18. «Siempre juntos, siempre iguales. La diferencia que había entre ellos era que Antoine había proseguido sus estudios y él no. Debido a su pasión por la aventura los dejó plantados antes de cumplir los veinte años. Se vino a Europa a través del desierto del Sahara».

dad de trabajar de vendedor ambulante en el metro: trabajo arduo, arriesgado y típicamente ligado al inmigrante ilegal africano. Aunque no le queda más remedio para sobrevivir que desempeñar esta ocupación, él la considera por debajo de su estatus profesional y lamenta que su educación sirva de tan poco:

—¿Por qué teño que poñerme a vender no metro? —preguntábase—. ¿De qué me serviron tódolos anos que pasei cos cóbados fincados no pupitre, rompendo a cabeza e os pantalóns? (p. 81).[19]

Tal lamento se transforma rápidamente en protesta por la orientación institucional de la mano de obra inmigrante hacia sectores concretos, fomentando así su percepción en la sociedad como trabajadores de segunda clase, menos capacitados para empleos fuera de los sectores asignados. En una visita que el protagonista realiza a una comisaría en Madrid con el objeto de informarse acerca de la posible obtención de un permiso de trabajo, se ve claramente su indignación y el cuestionamiento del sistema:

«… explicáronlle que a policía non admite dos inmigrantes nada máis que contratos en certos sectores: servicio doméstico, agrícola, construcción e hostelería» (p. 83).[20]

Antoine responde con una pregunta incisiva: «¿E os meus títulos?» (p. 83).[21] La inclusión del protagonista en el colectivo de los «inmigrantes económicos» y de los «sin papeles» una vez caducado su visado de turista, le permite el suficiente acercamiento para arrojar una mirada desfamiliarizada y crítica tanto de los propios inmigrantes, como de la sociedad que los acoge o los rechaza. Varias de sus observaciones se hacen eco de las características negativas que, según el estudio de Vázquez García, suelen asignarse en España al inmigrante, pero siempre evita binarismos exacerbados y ciegos, tan típicos en la sociedad de acogida.

19. «-¿Por qué me tengo que poner a vender en el metro? —se preguntaba— ¿De qué me sirvieron todos los años que pasé con los codos pegados al pupitre, rompiéndome la cabeza y los pantalones?»
20. «le explicaron que la policía no admite de los inmigrantes nada más que contratos en ciertos sectores: servicio doméstico, agrícola, construcción y hostelería».
21. «¿Y mis títulos?»

Antoine observa incrédulo la miseria y suciedad en que viven sus compañeros de piso: «Non podía crer o que estaba vendo. Lembrou ter ollado algo semellante nun documental sobre favelas, nunha reportaxe na que o xornalista, para describir aquilo, utilizara a palabra "cubil". Era un tugurio mal pintado e peor conservado» (p. 20).[22] Si bien los hechos, la suciedad y malas condiciones de vida de los inmigrantes, corroboran completamente el estereotipo propuesto por Vázquez García, la narración de los mismos plantea fisuras discursivas al invertir la relación centro-margen. La situación típica es que el ciudadano occidental observe desde la comodidad de su casa y con lágrimas en los ojos, la situación precaria de los barrios de favelas, producto ineludible de la pobreza «tercermundista». Sin embargo, en este caso es el marginal, el africano, el que presencia y denuncia un fenómeno semejante en Occidente, vinculándolo con las imágenes de los países menos desarrollados que se suelen proyectar desde una mirada imperial, para usar el concepto de Mary Louise Pratt.[23]

La ruptura con la mirada unilateral se produce al responsabilizar tanto a la sociedad española como a los propios inmigrantes por estas condiciones de vida tan deplorables. En A Coruña, Antoine observa cómo los propietarios españoles subdividen ilegalmente los pisos para hospedar a un número desmesurado de inmigrantes con objeto de incrementar las ganancias pecuniarias en forma de alquiler:

> Pareceulle caro, tendo en conta as malas condicións e falta de hixiene, que saltaban á vista. Era imposible imaxinar unha vida digna e decente naquel lugar... todo estaba dividido e volto a dividir en pequenas habitacións duns dous ou tres metros cadrados, nas que se entraban dúas persoas xa non cabía unha terceira (p. 155).[24]

---

22. «No podía creer lo que estaba viendo. Recordó haber visto algo semejante en un documental sobre chabolas, en un reportaje en el que el periodista, para describir aquello, había utilizado la palabra "cubil". Era un tugurio mal pintado y peor conservado».
23. Pratt explora, en *Imperial Eyes*, la forma en que los escritos de viajes (*travel writing*) realizados bajo la mirada occidental y dirigidos a un lector también occidental representan al Otro partiendo de parámetros epistemológicos y de discursos imperialistas.
24. «Le pareció caro, teniendo en cuenta las malas condiciones y falta de higiene, que saltaban a la vista. Era imposible imaginar una vida digna y decente en aquel lugar... todo estaba dividido y vuelto a dividir en pequeñas habitaciones de unos dos o tres metros cuadrados, en las que si entraban dos personas ya no cabía una tercera».

El apartamento carece de cocina y los inquilinos han de cocinar en el balcón, donde el casero «levantara un muro coa suficiente altura como para que os veciños non pudiesen ver os inmigrantes» (p. 156).[25] Sólo cabe identificar el piso con el suelo español y la metáfora está servida: los empresarios se enriquecen gracias a la mano de obra extranjera, se desea su contribución al producto interior, pero a la vez se levanta un muro simbólico que los separe de la sociedad, que mantenga la ilusión de homogeneidad, y que jamás admita la creciente necesidad de su presencia para hacer viable la economía nacional.

Sin embargo, Antoine también denuncia la pasividad de sus compatriotas por la cual terminan encajando perfectamente en el estereotipo. Si bien es verdad que su condición económica y social les permite muy poco control sobre el tamaño o calidad de la vivienda, también lo es que la suciedad y el desorden son elementos controlables y de fácil reparación. Es por ello que el protagonista censura enérgicamente el estado del piso de Madrid: «Todas aquelas manchas negruzcas, repartidas de xeito caprichoso e incontrolado polos recantos, falaban por si mesmas», el ambiente «cargado por un desagradable olor a tabaco e humidade» y los dormitorios que presentaban un aspecto de «desorde, suciedade e abandono» (pp. 20-21).[26] La comparación de este «tugurio» con la casa de la madre, «limpa, aínda que pobre... despedindo un sutil cheiro a terra»,[27] desvincula la falta de aseo de la condición socioeconómica del individuo y, lo que es más importante, también la desliga de la «tierra», de la madre, del país de origen (p. 35). Es decir, la suciedad y el desorden en que viven muchos inmigrantes lejos de constituir una marca cultural del país de origen, constituyen el resultado del conformismo y la pasividad de individuos que desde la marginalidad aceptan y asimilan el modelo de comportamiento que la sociedad les asigna y espera de ellos. La obra resiste afanosamente la progresión de tal círculo vicioso al contrastar las mañanas de resaca y despreocupación de Gabriel con la esmerada limpieza de Antoine:

25. «había levantado un muro con las suficiente altura para que los vecinos no pudiesen ver a los inmigrantes».
26. «Todas aquellas manchas negruzcas, repartidas de forma caprichosa e incontrolada por las esquinas hablaban por sí mismas»; «cargado por un desagradable olor a tabaco y humedad»; «desorden, suciedad y abandono».
27. «limpia, aunque pobre... despidiendo un sutil olor a tierra».

Gabriel levantouse o primeiro. Sería preto das catro da tarde. Achegouse a Antoine, que estaba fregrando na cociña.
—¿Esguécheste hai moito? —preguntoulle.
—Si —respondeu Antoine, frotando enerxicamente e tratando de quitar a graxa acumulada na encimeira.
—Gabriel foi á neveira, sacou un yogurt e sentou nunha das cadeiras da cociña. Antoine seguía refregando con forza (p. 59).[28]

La obra enseña al lector inmigrante que la asociación generalizada de la inmigración con la suciedad y el desorden puede evitarse o cuestionarse desde la agencia individual, desde la resistencia a la asimilación de marcas de identidad impuestas, desde la negativa rotunda a la pasividad, gran plaga que según Omgbá azota al África poscolonial.

El autor también aborda y critica el tema del derroche o despilfarro no como un defecto inherente al inmigrante sino como consecuencia de un fenómeno sociológico y psicológico de mayor envergadura. En un estudio detallado de los procesos psicológicos producto de la emigración, León y Rebeca Grinberg señalan que el emigrante se convierte en depositario de las expectativas de su grupo y por tanto se siente presionado a alcanzar un éxito propio pero esperado y anhelado por los que se quedan en el país de origen. De ahí que se originen narrativas de éxito que representan idílicamente el proceso migratorio y la vida del emigrante con la finalidad de satisfacer falsas expectativas provenientes de los compatriotas, aun cuando esto suponga una distorsión de la realidad. Estas quiméricas narrativas terminan, a su vez, por tentar a emigrantes en potencia a iniciar el desplazamiento. El citado estudio de Aparicio y Tornos acerca de las redes sociales de los inmigrantes extranjeros en España concluye que «más de un tercio de sujetos, en los colectivos considerados, estuvo influido en su venir por connacionales que ya se encontraban aquí [en España]» (p. 53). Omgbá, consciente de esta realidad, la desmenuza en su novela. Antoine, para empezar, se decide a

---

28. «Gabriel se levantó primero. Serían las cuatro de la tarde. Se acercó a Antoine, que estaba limpiando en la cocina... "¿Hace mucho que te levantaste?" "Sí", respondió Antoine, frotando enérgicamente y tratando de sacar la grasa acumulada en la encimera. Gabriel fue a la nevera, sacó un yogurt y se sentó en una silla en la cocina. Antoine seguía restregando con fuerza.»

estudiar en España tentado por las cartas y llamadas que recibe de su amigo Gabriel:

> Gabriel o chamaba por teléfono dende España e contáballe o estupendo que era levar unha vida ó xeito de Europa: coches, mulleres, viaxes polos países comunitarios... Todos estes datos, acaso mesturados e entrelazados con outras circunstancias, foron un dos motivos que determinaron a súa saída do país (p. 23).[29]

Al efecto ejercido por esta comunicación a distancia hay que añadirle las apariencias y ostentación de los emigrantes que retornan, muchos de ellos deportados:

> ¡Había que velos cando volvían a África! Era cousa de contemplalos desfilar coas súas roupas caras e os seus coches novos, alugados a un prezo desorbitado, que ás veces equivalía a dous meses de salario dun traballo duro (p. 38).[30]

Incluso los hay que llegan deportados y aseguran estar de vacaciones por un tiempo hasta que emprenden el viaje para cruzar la frontera ilegalmente de nuevo (p. 104). El resultado es la emigración en cadena que sólo una campaña informativa en los países de origen protagonizada por los mismos emigrantes podría paliar. Sin embargo, el miedo al ridículo, el temor a destruir las expectativas del grupo hace que, en lugar de informar objetivamente, los inmigrantes pronuncien, como indica Ombgá, la típica frase «ó mellor tes sorte» (p. 104).[31]

En Madrid, la ostentación del inmigrante, el querer aparentar llega a dimensiones merecedoras del término bajtiniano de carnavalización. El primer fin de semana de estancia en la capital, Antoine acompaña a sus compañeros de piso a una discoteca frecuentada por

---

29. «... Gabriel lo telefoneaba desde España y le contaba lo estupendo que era llevar una vida al modo de Europa: coches, mujeres, viajes por los países comunitarios... Todos estos datos, acaso mezclados y entrelazados con otras circunstancias, fueron uno de los motivos que determinaron su salida del país».
30. «¡Había que verlos cuando volvían a África! Era cosa de contemplarlos desfilando con sus ropas caras y sus coches nuevos alquilados a un precio desorbitado, que a veces equivalía a dos meses de salario de un trabajo duro».
31. «a lo mejor tienes suerte».

africanos y observa con estupor e indignación la representación de una farsa colectiva, donde las penurias y condiciones de vida deplorables se suspenden por unas horas para convertirse en opulencia traducida en automóviles alquilados, ropas caras y despilfarro continuo en alcohol y mujeres. Antoine ofrece una visión desfamiliarizada de la farsa:

... a obsesión coa que uns e outros querían demostrar que tiñan máis para gastar, que tiñan mellor coche, que tiñan as mellares roupas... Agora comprendía as razóns polas que Gabriel cambiara de coche. Este querer aparentar, vergonzoso e incalificable, tiña un fin: atraer a mirada dos seus compatriotas. A través das súas caras podíase ver debuxado o orgullo, a vaidade, a presunción (p. 58).[32]

Esta mirada ridiculiza y critica duramente el comportamiento de los compatriotas. Describe a las mujeres, por ejemplo, como: «ridículas coas súas roupas e maquillaxes esaxeradas e graxentas. Parecía que representaban algún personaxe do entroido», y no logra comprender que «os seus compatriotas, que se laiaban da súa mala situación, gastasen o pouco que tiñan en extravagancias» (pp. 56, 59).[33] Es en este aspecto donde *Calella sen saida* concurre con el discurso dominante que asocia al inmigrante con el despilfarro y plantea la educación como paliativo. Pero la educación propuesta por Omgbá se basa en la información proveniente de los propios inmigrantes y dirigida a los jóvenes de los países de origen; una información que mitigue las falsas expectativas y que por lo tanto, no instigue a las mentiras y las farsas a los desplazados. La obra termina precisamente con una firme determinación por parte de un Antoine que se cree derrotado y a punto de ser deportado: «... non había consentir que os seus propios irmáns, potenciais inmigrantes tamén, entraran nese mesmo cárcere do que él viña de se liberar: non quería para eles nin miradas fuscas, nin

---

32. «... la obsesión con que unos y otros querían demostrar que tenían más para gastar, que tenían mejor coche, que tenían la mejor ropa... Ahora comprendía las razones por las cuales Gabriel había cambiado de coche. Este querer aparentar, vergonzoso e incalificable, tenía un fin: atraer la mirada de sus compatriotas. En sus caras se podía ver dibujado el orgullo, la vanidad y la presunción».
33. «ridículas con su ropa y maquillaje grasiento. Parecía que representaban algún personaje carnavalesco»; «sus compatriotas, que se quejaban de su mala situación, gastasen lo poco que tenían en extravagancias».

explotación laboral, nin miseria» (p. 227).³⁴ A su vez, la obra, como artefacto cultural, supone un grito de advertencia, un primer paso hacia la información de los que no han partido todavía, un testimonio desgarrador de uno de los suyos.

Este testimonio aparece completado y enriquecido por el de otros inmigrantes que, a diferencia del protagonista, llegaron a España de forma ilegal. El caso que se plasma con más detalle es el de Moktar, protagonista de lo que la obra denomina enigmática y patética aventura del desierto (p. 97). Moktar, un senegalés musulmán de unos treinta años, es el compañero de apartamento en Madrid que sale mejor parado en la narración. Antoine observa que trabaja mucho, tiene el cuarto muy limpio y aseado, en contraposición al resto del piso, y habla poco, de ahí su apodo de «gran ausente» (p. 78). Pero «gran ausente» puede denominar también su condición de inmigrante ilegal que cruza el desierto y entra en Europa por la ruta de Melilla. Ausente de su casa, ausente de África, y ausente en un país en el que no existe legalmente. Ante la insistencia de Antoine, el senegalés narra su arduo viaje hasta llegar a suelo español y deja claro que uno ha de enfrentarse a infinidad de vicisitudes, tanto en España como en África. El lector cruza con Moktar el desierto en un difícil y cruel viaje que no todos consiguen superar, atraviesa las montañas de Argel, donde observa la falta de solidaridad de los nativos que sólo tratarán bien al viajero si buscan estafarlo después, falsificará salvoconductos o los comprará falsificados y será estafado por traficantes de personas. A las penurias del viaje contribuyen tanto los propios africanos con su hostilidad y estafas, como los traficantes de personas españoles y éstas en lugar de culminar en unas condiciones de vida satisfactorias en el país de acogida, lo hacen en la xenofobia y el rechazo. De ahí la firme resolución de Moktar de abandonar España, advertencia a gritos para los jóvenes que planean emigrar.

La condición de «sin papeles» convierte a Antoine en delincuente, infractor de las leyes nacionales y en uno de los muchos detenidos que pasan a engrosar las estadísticas que vinculan al inmigrante con la delincuencia. En el 2002, el CIS formula la siguiente

---

34. «... no iba a consentir que sus propios hermanos, potenciales inmigrantes también, entrasen en esa misma cárcel de la que él se acababa de liberar: no quería para ellos ni miradas hoscas, ni explotación laboral, ni miseria».

pregunta a la población: «¿Está usted muy de acuerdo, bastante, poco o nada de acuerdo con que hoy en día, en España, existe una relación entre inseguridad ciudadana e inmigración?» El resultado es que un 59,5 por 100 de los entrevistados está muy o bastante de acuerdo con la afirmación. La pregunta crea una gran polémica entre los medios oficiales y la opinión pública, ya que se acusa al CIS de fomentar con la formulación de tal pregunta actitudes xenófobas. En junio de 2002, el entonces vicepresidente del gobierno, Fernando Rajoy, informó de que en el mes de mayo del mismo año «el 90,34 por 100 de los nuevos ingresos de presos preventivos habían sido extranjeros (Cea, p. 193). Lo que Rajoy no mencionó, ya que el dato se opondría a la política migratoria de su partido, es que los críticos aseguraban que el número de inmigrantes en prisión preventiva era tan grande porque los jueces son más reacios a dejarlos ir, ya que temen la fuga, y porque se contaban en estas listas a aquellos que eran detenidos y/o encarcelados por su carácter de indocumentados, no por haber cometido otras infracciones. A su vez el catedrático de derecho penal Luis Díez Repolles alega en un artículo publicado en el diario español *El País*:

> Que la inmigración irregular está en el origen de una parte significativa del actual crecimiento de la delincuencia quizá no sea una afirmación políticamente correcta, pero es un hecho contrastado. Lo que no lo es, en absoluto, es que el inmigrante en cuanto tal tiende a delinquir. Lo correcto es justamente lo contrario: hay menor criminalidad entre los inmigrantes regularizados que entre los nacionales... Sólo si no tiene de qué trabajar se busca la vida como puede. Nada nuevo, la marginación social siempre ha conllevado delincuencia (cit. en Cea, p. 192).

Es decir, por un lado se criminaliza al colectivo inmigrante al inflar las cifras de delincuentes con los detenidos indocumentados, y por otro, se relaciona el crecimiento de la delincuencia con el hecho de ser inmigrante, sin aclarar, como hace Díez Repolles, que los inmigrantes legales no delinquen, sólo lo hacen los ilegales que, por carecer de papeles, se ven condenados a una existencia marginal. Además, al analizar los datos del CIS, María Ángeles Cea concluye que la asociación de la inmigración con el incremento de la delincuencia es mayor, precisamente, en las comunidades autónomas con menor número de inmigrantes y también con menor tolerancia para ellos (pp. 187-189).[35] O lo que es igual, la ignorancia del Otro conduce a su criminalización. En *Calella sen saída*, la detención de Antoine corrobora el tópico, pero siempre con una fisura que muestra una realidad más amplia en la cual los que se comportan de forma irregular son los agentes de policía y no el detenido. Poco después de la detención en la estación de autobuses, y después de haberle interrogado, los oficiales de policía insisten en que el joven firme su declaración sin leerla antes:

—¿Firmas, ou non? —conminouno o xefe.
—¡A ver por que collóns non firmas! Non podemos estar aquí perdendo o tempo contigo-dixo outro.
—Aquí ninguén se vén chulear.
—Por favor, cálmense, señores —dixo Antoine—. Non o asinarei ata que non o lea (p. 178).[36]

Otro oficial se aferra de nuevo al tópico para justificar la investigación de posibles antecedentes penales: «—Supoño que saberás que moitos dos vosos dedícanse á delincuencia. Por iso é preciso facer este tipo de investigación previa» (p. 182).[37] El posevio «vuestros» establece una barrera invisible que los separa de un «nuestros» y justifica la presunción de antecedentes penales por el solo hecho de ser extranjero.

Ya en la comisaría, el detenido sufre humillaciones por parte de las autoridades y de los civiles: «Antoine agardaba, espido como unha lombriz a piques de ser aplastada. O policía en cuestión indicoulle que se aniñase e que apretase repetidas veces as mans contra o seu abdome. A flexión deixábao nunha postura ridícula e humillante...» (p. 185).[38] Este registro es obviamente apropiado cuando se trata de un sospecho-

---

35. Para un análisis detallado de los datos y de las reacciones de los medios de comunicación ante los mismos, véase Cea.
36. «¿Firmas o no? "preguntó el jefe." "¡A ver por qué cojones no firmas! "No podemos estar aquí perdiendo el tiempo" —dijo otro—. "Aquí nadie se viene a chulear. Por favor, cálmense, señores —dijo Antoine—. No lo firmaré hasta que no lo lea"».
37. «Supongo que sabrás que muchos de los vuestros se dedican a la delincuencia. Por eso es preciso hacer este tipo de investigaciones previas».
38. «Antoine aguardaba desnudo como una lombriz a punto de ser aplastada. El policía en cuestión le indicó que se agachase y que apretase repetidas veces las manos contra su abdomen. La flexión lo dejaba en una postura ridícula y humillante...».

so de tráfico o venta de estupefacientes, pero no para un hombre cuyo único delito es el de carecer de un permiso de residencia. Una vez comprobado que Antoine carece de antecedentes penales y que tampoco porta drogas, la humillación no termina. Después de entregarle el pantalón sin cinturón, una manta y un bocadillo, lo conducen a la celda en la que pasará la noche. La dificultad con la que el africano camina para que no se le caigan los pantalones provoca la mofa de sus carceleros: «O garda, vendo os esforzos e a postura, non puido conter os risos. Partíase a gargalladas» (p. 185).[39] También ha de soportar la saña de otro detenido, un español que le escupe a la cara con el siguiente enunciado: «Fillo de puta, vaite ó teu país» (p. 184).[40] La obra vincula, pues, al protagonista inmigrante con la delincuencia, lo presenta como infractor, como detenido, pero también como víctima del furor xenófobo y como objeto de burla y ridiculización por el sólo hecho de ser diferente. De hecho, lejos de ejercer la violencia, los inmigrantes la temen y la reciben. No es de extrañar entonces que Gabriel se niegue a entrar en el centro de Madrid por la noche por miedo a ser agredido, especialmente después del ataque sufrido por su amigo Marcel, quien fue apaleado y apuñalado mientras sus agresores justificaban sus actos de la siguiente forma: «No, se nós non somos racistas. O que queremos é que os negros se queden na súa casa... É en África onde debedes estar... O voso é andar nas árbores, cos monos» (p. 30).[41]

Gabriel aclara a Antoine lo que siente el inmigrante ante una opinión pública tan desfavorable:

> Na rúa mírante como se foses un obxecto curioso, igual ca un bicho raro e perigoso, como se fosos romper o equilibrio social... Estas miradas, penetrantes e inquisidoras, acaban por molestar, e danlle a un a impresión de que se atopa nunha gaiola de monos á vista de todos» (p. 63).[42]

39. «El guarda, viendo sus esfuerzos y su postura, no pudo contener la risa. Se deshacía a carcajadas...».
40. «Hijo de puta, vete a tu país».
41. «No, si no somos racistas. Lo que queremos es que los negros se queden en su casa... es en África donde debéis estar... lo vuestro es andar en los árboles, con los monos...».
42. «—En la calle te miran como si fueses un objeto curioso, igual a un bicho raro y peligroso, como si fueses a romper el equilibrio social... Estas miradas, penetrantes e inquisidoras, acaban por molestar, y le dan a uno la impresión de que se encuentra en una jaula de monos a vista de todos».

Nótese el uso de la palabra «mono» que en este caso supone una apropiación del discurso dominante para rebatirlo. Gabriel termina con un claro reclamo: «inmigración e delincuencia non son sinónimos» (p. 63).[43] Frente a los inmigrantes letrados y a los de carácter puramente económico, *Calella sen saída* identifica a aquellos que disponen de medios económicos y por consiguiente no han de enfrentarse a los contratiempos típicos de la condición de inmigrante. Guillerme, hijo de un político corrupto, representa a este grupo privilegiado que voluntariamente ignora tanto las deplorables condiciones de vida en el país de origen como los avatares de los inmigrantes en el de adopción.

El mismo día en que Guillerme y Antoine se conocen la enemistad entre ambos se hace evidente cuando, al indicar Antoine que las cosas en el país de origen van mal, Guillerme responde con una carcajada mientras alega que «Parece mentir, tódolos que chegan aquí contan sempre o mesmo» (p. 29).[44] Al ser hijo de un político todavía influyente en el país de origen, el joven se niega a admitir la crisis del mismo, al igual que cuestiona la idea de que los inmigrantes africanos sean objeto de discursos y estrategias de resistencia por parte de la población autóctona. Así, ante las alegaciones de Marcel de que se refieren a ellos con apelativos como «negros de mierda», «Europa para los europeos», «monos africanos» o «salvajes bárbaros», Guillerme indica que «non todos recibimos o mesmo trato» (p. 30). Esta prepotencia que le otorga el poder económico y político sobre sus connacionales hace que Guillerme sea respetado y sobre todo temido. Pero Antoine, representante de los letrados africanos, de los únicos con capacidad crítica y agilidad retórica para cuestionar y poner en evidencia los abusos de gobiernos y gobernantes, no se deja intimidar. De hecho, las tensiones entre ambos culminan en un enfrentamiento cara a cara en el que Antoine acusa a su compatriota de perpetuar los abusos que siempre han existido en África, al despilfarrar el dinero estatal disfrutando de una beca que no usa para estudiar sino para comprar automóviles. Al final del altercado, Guillerme promete a su contrincante que hará uso de sus influencias para que jamás reciba su beca. Esa promesa sí se cumple: el político corrupto sustrae los re-

---
43. «inmigración y delincuencia no son sinónimos».
44. «Parece mentira, todos los que llegan aquí cuentan siempre lo mismo».

cursos para que el letrado no se eduque y presiona a los compañeros para que lo expulsen del piso, de ahí que Antoine decida mudarse a A Coruña. Pero al final de la obra, es la voz del letrado, de Antoine, y de Omgbá en última instancia, la que perdura; promesa de una redención africana basada en el cuestionamiento desde la información, la formación y el inconformismo. El propio Omgbá formula este tipo de denuncias en el ensayo que aporta a *Emergencia*, una colección de trabajos de escritores africanos acerca de su visión del pasado, presente y futuro del continente:

> ... la responsabilidad es de los mismos africanos, de sus dirigentes que, confinados en sus sillones de reyezuelos, ayudan a nutrir la depauperación de su gente en beneficio de los intereses propios, de su familia, de su clan (p. 238).

Al retomar el concepto de *mimicry* de Bhabha, resulta más evidente que el discurso contestatario propuesto por Víctor Omgbá en *Calella sen saída* imita o recrea los tópicos acerca del inmigrante y la inmigración en España, subrayando fisuras discursivas que los cuestionan y desmantelan. Esencializa el territorio africano, pero no a sus habitantes, critica defectos de los emigrantes por razones económicas, pero también observa varios de estos defectos en la población autóctona, o al menos parte de la causa de los mismos. Advierte acerca de los «malos africanos», curiosamente los ricos, los que suelen ser aceptados por la sociedad, y finalmente lanza un grito instigador para que los intelectuales africanos cuestionen, critiquen y reten las ideologías y las prácticas gubernamentales vigentes en sus países, a fin de reconstruirlos. Si la novela llega a Camerún en unos años, será interesante comprobar cuánto interés despertará en los lectores y el tipo de efectos que producirá en los jóvenes inmigrantes en potencia.

CUARTA PARTE

MIRADAS ÉTICAS

10.
¿Miradas éticas o fascistas? Representaciones de inmigrantes africanos en *Salvajes* y *Poniente*

Dosinda García-Alvite

> El problema de la cultura española de los últimos cinco siglos es que se ha creado una tradición que se ha convertido en un icono incapaz de abarcar y de comprender la riqueza de su propio contenido.
>
> JUAN GOYTISOLO, *España y sus ejidos*

Según Michel Foucault, en su análisis de la historia de la filosofía, los movimientos fascistas surgen en múltiples campos, y se caracterizan por exigir obediencia a un sistema de moral absoluta que se impone a todos los niveles, del espiritual al de la vida diaria. Esta visión absoluta elimina todo tipo de dudas y también de sorpresas, porque resume y somete todos los procesos a un sistema. Como contraste, la ética se caracteriza por afirmar la diferencia en sí misma y por sí misma, por buscar la apertura de la verdad (Lucy, p. 208). En su prefacio al *Anti-Oedipus* de Gilles Deleuze y Felix Guattari, Foucault señala que establecer la posibilidad o existencia de una síntesis es fascista, y, por oposición, la ética consiste en la afirmación de la dispersión, la proliferación y la yuxtaposición (p. xiii). El fascismo, de hecho, no sólo se conectaría entonces con movimientos políticos autoritarios como el de Hitler y Mussolini, sino que, de modo más peligroso, surgiría dentro de nosotros mismos, en nuestro comportamiento diario, manifestándose como el deseo que nos atrae al poder, a aquello que, de hecho, nos domina y explota. Como explica Foucault, evitar esta forma de autoritarismo no es fácil, pero puede lograrse cuando se prefiere lo múltiple, la diferencia sobre la uniformidad, los flujos sobre la unidad, las asociaciones flexibles sobre los sistemas, es decir, cuando se escapa de clasificaciones binarias y simplistas que establecen jerarquías (pp. xiii-xiv).

Mi propuesta en este capítulo es analizar cómo la historia y la historiografía españolas han definido la identidad nacional trazando un movimiento pendular que, yendo de extremo a extremo, abarca desde movimientos fascistas y autoritarios hasta movimientos éticos y de apertura, los cuáles se hacen evidentes en momentos de crisis.[1] Tal como señala Juan Goytisolo en la cita que encabeza este capítulo, en la historia oficial y hegemónica de España a partir de 1492 dominan los movimientos totalizadores y reductores de la riqueza vital que ha experimentado este país. Últimamente, a través de los procesos de inmigración que se registran en España a partir de los años ochenta, figuras políticas, y grupos sociales y culturales han tomado posiciones que articulan una de estas dos tendencias. En particular, la presencia de inmigrantes africanos —bien «moros», bien africanos subsaharianos, cuyo número ha crecido considerablemente en el suelo peninsular— ha provocado reacciones tan sonoras y acciones tan definidas que se hace necesario un estudio sobre el lugar que África o «lo negro» puede ocupar en relación a la identidad «española» o en el imaginario español contemporáneo. Un análisis de las películas recientes *Salvajes* y *Poniente*, que se centran en comportamientos y actos conflictivos por parte de ciudadanos españoles con respecto a los inmigrantes africanos, pondrá de manifiesto cómo los movimientos de contrapunto, de apertura y cerrazón, que caracterizan la definición de la identidad española en relación a África, entran en diálogo y confrontación de modo continuo. En último término, mi análisis de estas dos obras revela que, a pesar de la fuerte presencia de actitudes fascistas y sistematizadoras, los directores de estas películas avanzan interpretaciones pluralistas y múltiples de la realidad ofreciendo visiones éticas de los problemas que afrontan los españoles en la actualidad.

Salvajes (2001), de Carlos Molinero, es una adaptación cinematográfica de la obra teatral homónima de José Luis Alonso de Santos, y desarrolla la historia de una mujer que vive y cuida de tres sobrinos como «una santa sacrificada», cerca de Murcia. El más joven, Raúl, es un neonazi comprometido que tiene banderas, lemas y símbolos nazis en su cuarto; la sobrina, Lucía, está enamorada de Fausto, el

---

1. Ejemplos de estas fuerzas centrífugas que se plantean como opuestas serían las reacciones provocadas por las evaluaciones históricas que Américo Castro y Claudio Sánchez Albornoz han hecho de España. Es interesante notar cómo la labor historiográfica de Castro es recuperada en la actualidad por intelectuales españoles que han establecido una posición crítica positiva sobre la mezcla cultural de etnias, culturas, religiones, entre ellas la africana, en la Península. Véase, por ejemplo, el libro editado por Subirats sobre Castro y el islam en España.

dueño de un club nocturno que comercia con drogas y dirige el tráfico de ilegales en la zona, y el sobrino mayor, Guillermo, trabaja en el puerto para este jefe del mundo del hampa, vigilando los cargamentos de inmigrantes ilegales africanos en grandes contenedores metálicos. A raíz del brutal apaleamiento de un ciudadano senegalés en la zona, la investigación policial del suceso revelará las actitudes racistas subyacentes y provocará acciones violentas.

Por otra parte, *Poniente*, dirigida por Chus Gutiérrez en 2002, presenta un guión escrito por la directora en colaboración con Icíar Bollaín, y sitúa la acción en la región de Almería. El argumento desarrolla la historia de Lucía, una maestra que, al saber que su padre ha muerto, decide volver a su pueblo de origen con su hija y hacerse cargo de los invernaderos de tomates que poseía su padre. Lucía recibe el apoyo de Curro, el contable de las fincas, del que se enamora, pero tiene dificultades con su primo Miguel, quien desea aumentar su propia explotación agrícola y no aprecia que Lucía mantenga la herencia de su padre o tenga buenas relaciones con los inmigrantes africanos que los dos emplean. La resistencia del primo a que una mujer tenga el control y haga sentir su influencia en los modos de producción de tomates y de contratación de inmigrantes es tan fuerte, que se convertirá en el líder de una revuelta racista y machista (contra Lucía y lo que ella representa) que destroza el pueblo.

La representación que las películas ofrecen de incidentes racistas y xenófobos se conecta con una realidad existente y creciente en España, que requiere un estudio inmediato. En este capítulo se prestará atención a los orígenes de esta realidad y a aspectos que se recuperan del pasado, así como a sus características y manifestaciones, y finalmente, a los modos de pertenencia nacional y sus posibles consecuencias que se enfatizan en estas dos obras fílmicas.

Identidad nacional e historia de africanos en España

Uno de los procesos que más ha contribuido a la reformulación de las identidades nacionales es la globalización, y uno de los fenómenos que ha acelerado la definición de identidad ha sido el incremento de movimientos migratorios, ya que éstos transforman las configuraciones nacionales (económicas, étnicas, raciales, religiosas) establecidas hasta el momento. Los analistas Brian Jenkins y Spyros Sofos comentan que la migración ha ejercido cambios en varios aspectos políticos en Europa:

> The centrality of the issue of immigration in contemporary political discourse has raised questions about the rights of citizenship, the nature of nationality, the viability of a multicultural society, across the European Union (p. 9).

De modo similar, la inmigración en España ha cambiado considerablemente la identidad de este país y la imagen que otros se formaban de ella, especialmente cuando se analiza la africana. La importancia de este tema se mide además en el tratamiento más frecuente que merece en el espacio público, las medidas políticas y sociales, la situación económica y las obras culturales producidas en la España contemporánea.

En el campo cultural, el cine ya cuenta con un *corpus* importante de películas que analizan y exponen el tema de la inmigración en España. Desde principios de los años noventa, cuando las corrientes migratorias con destino a la Península adquieren una importancia considerable, se han producido obras como: *Cartas de Alou* (Montxo Armendáriz, 1990), *El techo del mundo* (Felipe Vega, 1995), *Bwana* (Imanol Uribe, 1996), *Taxi* (Carlos Saura,1996), *Cosas que dejé en La Habana* (Manuel Gutiérrez Aragón, 1997), *Said* (Lorenç Soler, 1998) y *Flores de otro mundo* (Icíar Bollaín, 1999), entre otras. Estas películas tienen en común el hecho de mostrar la presencia de inmigrantes en España como un problema, desde un punto de vista atento a las dificultades de adaptación e inclusión que experimentan al llegar al país, de modo que, como los críticos Yolanda Molina Gavilán y Thomas di Salvo han señalado:

> ... these films call first and foremost for acceptance of the migrant and the marginal subject on the part of the intended Spanish audience, and ultimately question the legitimacy of racial isolationism for the purpose of constructing an idealized supranational European identity.

Recientemente, según hemos indicado, las películas *Salvajes* y *Poniente* se centran también en la inmigración en España, en especial la procedente de África. Estos dos trabajos cinematográficos muestran un avance considerable en el tratamiento del tema, por varias razones. Primero, el enfoque se centra ahora en los españoles y los modos en que se acercan a la migración, ofreciendo múltiples puntos de análisis, desde las actitudes más positivas hasta las más negativas. Este factor indica que las obras tienen un alto valor representativo y de reflexión por la atención que prestan a las reacciones de los españoles hacia la inmigración, y, sobre todo, al enriquecimiento de la categoría de «otredad» que este proceso trae a España. En este sentido, es conveniente recordar que Elaine Scarry afirma que el modo en que actuamos hacia otros se ve afectado por el modo en que los imaginamos (p. 98). Estas películas nos muestran los modos en que los directores y los actores españoles «imaginan» y recrean experiencias de la inmigración, incluyendo acciones xenófobas, como las que ocurrieron en El Ejido, o actitudes de apertura y cosmopolitismo, exponiendo, así, una visión heterogénea y múltiple de la realidad. Segundo, y aspecto radical en mi opinión, las dos películas muestran a diferentes niveles (directo e indirecto) un comentario de cómo, por un lado, los propios inmigrantes ven a los españoles y los aspectos que les separan de ellos, y, por otro, también reconocen disparidades entre sí mismos.

Salvajes es una película original por el tratamiento estético del tema, en el que la cámara se sirve de técnicas de documental, con movimientos rápidos, fotografía cruda y escenas que oscilan desde el enfoque de primeros planos muy marcados de los protagonistas a grandes planos angulares, los cuales dan un tono científico y un sentido de deconstrucción de la humanidad presentada. La presencia de los inmigrantes africanos se analiza en la película a través de varios elementos. Primero, el proceso de investigación policial de un apaleamiento de un ciudadano senegalés por el joven Raúl y su grupo de amigos neonazis; segundo, por el tráfico de inmigrantes que se expone como realizado a una escala mercantil, y tercero, con el final sorprendente en el que, en un efecto de cajas chinas o muñecas rusas, se muestra cómo la historia que vemos es un rodaje hecho por inmigrantes de origen africano, que, en la conclusión, ofrecen breves comentarios autoetnográficos y su propia evaluación de los procesos de la migración. Posiblemente, como señala Isabel Santaolalla, esta composición se debe a que «el director intenta "reparar" esa falta de protagonismo concediéndoles la voz a las víctimas al final» (*Los «Otros»*, p. 133).

Por su parte, *Poniente* amplía los puntos de referencia del análisis típico de la inmigración al prestar atención a las condiciones específicas de funcionamiento de los invernaderos y la producción de tomates de la zona mediterránea, un campo de trabajo que une a los españoles y a los inmigrantes de modo inevitable. Asimismo, se examinan los niveles de la identidad en cuanto al género y a la clase social, y cómo se relacionan y son interdependientes con respecto a la migración. Se permite esta profundización al presentar a una mujer, Lucía, en el papel de protagonista de la película, y al explorar las dificultades que su compañero sentimental, Curro, tiene para definir su propia identidad, porque es hijo de emigrantes españoles en Suiza y, a su vuelta, ha sufrido para reintegrarse en España.

Efectivamente, una de las cuestiones fundamentales con las que dialogan las dos películas es cómo relacionarse con un extranjero, con un extraño, en concreto, cuando éste viene de África, bien de la zona norte, por lo que es frecuentemente denominado «moro», bien de la zona subsahariana, cuya historia y condiciones son menos conocidas para los españoles, haciéndose, por tanto, más foráneo aún. En este sentido, el contacto con el «extranjero africano» y el modo de acercamiento o alejamiento hacia esta persona va a revelar no solamente qué es lo que se conoce, sino también el modo en que los distintos grados de familiaridad del Otro afectan a los propios españoles. Iain Chambers describe los efectos que provoca la extrañeza, el hecho de que un sujeto desconozca a otro, de la siguiente manera:

> The stranger is an emblem —she or he is a figure that draws our attention to the urgencies of our time: a presence that questions our present. That stranger, as the ghost that shadows every discourse, is the disturbing interrogation, the estrangement that potentially exists within us all. As the symptom that renders our «selves» problematic, perhaps impossible, the stranger commences with the emergence of the awareness of my difference and concludes when we all recognize ourselves as stranger (*Migrancy*, p. 6).

La presencia de inmigrantes africanos en España obliga a los españoles a una revisión de su propia identidad, que a veces es problemática, dificultosa y, por tanto, no deseada. De manera inconsciente, con su sola aparición, los africanos plantean una relectura de la propia «diferencia» de los españoles. Por eso, si aceptamos la afirmación de Jean Cocteau de «Yo soy el otro», o, como enfatiza Julia Kristeva, «el otro está en nosotros», se puede decir que cuando una cultura, sociedad o comunidad margina a ciertos sujetos como Otro está intentando excluir o reprimir lo que realmente es una parte de sí misma que le es difícil de entender y, por ello, aceptar.[2] La identidad de una cultura, de una nación, es entonces, inestable y muestra conflictos y tensiones de modo natural. El problema surge cuando, para combatir la sensación de vulnerabilidad e inseguridad que esto conlleva, algunas sociedades crean distinciones entre esas partes de sí mismas que les complacen y quieren retener, y aquellas que aborrecen o quieren expulsar. En este proceso, las partes excluidas se convierten en el Otro. Y lo que no debería olvidarse nunca es que, cuando se discrimina algo o a alguien, se está discriminando contra uno mismo.

La relación de España con su Otro africano tiene una tradición poco conocida, dado que, desgraciadamente, en la época contemporánea reciente ha sido percibida e imaginada como problemática. Según el escritor guineoecuatoriano Francisco Zamora Loboch, el negro o subsahariano tiene una larga presencia positiva en el imaginario español hasta 1476, fecha en que la paz de Alcaçovas legitimiza la trata de negros en la península Ibérica. En esta época, varias obras literarias ofrecen una visión afirmativa de esta población que se extiende por España, y especialmente en Sevilla. Personajes como Zaide, el padrastro de Lázaro de Tormes, la hija de Celestina —mitad gallega y mitad africana—, los criados que son confidentes de sus amos en *Santo negro de Rosambuco* y *Negro de mejor amo*, de Lope de Vega, o la princesa Micomicona a quien Don Quijote quiere defender, son ejemplos de una visión inquisitiva y abierta hacia ellos.[3] Pero es a partir de 1640, según Zamora Loboch, con la interrupción del comer-

---

2. Según la interpretación de Dani Cavallaro de estos autores (p. 129).
3. Una evolución paralela o al menos similar podría encontrarse en Europa. Aquí sería conveniente recordar, como apunta Neverdeen, que durante la Edad Media y el Renacimiento el rey mago negro era una figura dominante, positiva, en actitud de igual-

cio de esclavos provenientes de Portugal, cuando las actitudes de los españoles se hicieron más negativas aún. Desde entonces las referencias a su presencia en la Península se redujeron gravemente, o empeoraron, como se puede observar en el poema «Boda de negros», de Quevedo. Alusiones a la relación de España con sujetos provenientes de África no vuelven a ocupar un espacio público importante hasta finales del siglo XIX con los escritos de Joaquín Costa, Ramiro de Maeztu y Ángel Ganivet, que impulsaban un proyecto regeneracionista nacional en África, y a principios del siglo XX, con las actividades del grupo de africanistas que teorizaban sobre la presencia española en las zonas del Magreb y Guinea Ecuatorial, las cuales, sin embargo, ocupan un espacio muy pequeño en el imaginario nacional contemporáneo.[4]

En conexión con las carencias que posee la memoria histórica de los españoles, uno de los inmigrantes que explica sus razones para venir a España al final de *Salvajes* comenta que, si en los años sesenta y setenta los españoles buscaban mejoras económicas fuera de su país, ahora el proceso se ha invertido y España «también tiene que recibir a los que vienen». Asimismo, otro sujeto recuerda que su país de origen, Guinea Ecuatorial, fue una colonia española hasta la reciente fecha de 1968, lo que ha facilitado su elección de España como destino de migración. Por su lado, *Poniente*, le recuerda al espectador español, como indica Santaolalla, que «su pertenencia al primer mundo desarrollado, su recientemente adquirida identidad europea, es sólo una máscara que no logra ocultar el hecho de que, tan sólo unos pocos años atrás, era el español el que emigraba con su maleta de cartón» (*Los «Otros»*, p. 144). Las dos películas coinciden, por lo tanto, en subrayar los lazos históricos y económicos que acercan España y África, pero que son vistos como problemáticos por los españoles en la época contemporánea y, por eso, olvidados.

---

dad humana mientras ayuda a la Virgen María. Sin embargo, poco después, al aparecer esclavos africanos en muchas casas europeas, su imagen se empequeñeció y se transformó rápidamente en servil (p. 127).
4. El movimiento de expansión colonial en África, o africanismo, adquirió fuerza en España a finales del siglo XIX, al mismo tiempo que Europa se repartía África. Pero, es después de la pérdida de las colonias de ultramar, en 1898, cuando España centró sus energías en expandir su influencia en Marruecos y Guinea Ecuatorial, en parte como un acto de continuación del imperio que acababa de perder. Véase el ensayo de Martin-Márquez incluido en este libro.

En relación con la evolución histórica de la identidad española, que ha estado condicionada por una relación oficialmente reconocida o no con África, es necesario clarificar el uso del término «negro» en el contexto peninsular. Esta expresión se utiliza de modo genérico para denominar a todo sujeto procedente del continente africano. Aunque con frecuencia se establece un contraste entre la persona de procedencia subsahariana y la del norte del continente, la palabra «negro», a modo de sinécdoque, puede abarcar a todo africano de modo similar a la aplicación en el siglo XVI del término «moro» a los dos grupos:

> In sixteenth-century Portugal and Spain, and in Naples and Venice the Moor as servant was a familiar figure. The term «Moor», by the way, was for a long time applied to both Arabs and black people in Europe; in England in the late sixteenth century the term «blackamore» introduced an element of differentiation, but «Moor» continued to be used for blacks (Nederveen, p. 125).

La tendencia descrita de unificar a todos los habitantes de África bajo un solo denominador, bien de «moro» en el pasado, o de «negro» (y a veces «moro») en el presente, indica un proceso reductor, simplificador, de la variedad de la realidad, es decir, un movimiento fascista de definición de la relación de España (y Europa) con África. Y como se ha notado anteriormente, a lo largo de la historia, la mirada que se dirige hacia los sujetos africanos, el modo en que se los imagina, es una mirada de contrapunto, en la que la visión esencializadora y fascista de exclusión es interrumpida por momentos de diálogo e igualdad en los que se les considera parte de la identidad nacional.

«Moros fuera», «Negros no»: racismo y xenofobia en la España del siglo XXI

Las películas *Salvajes* y *Poniente* analizan en profundidad cómo los españoles se sienten afectados por la inmigración proveniente de África. Varios aspectos son comunes a las dos películas: las reacciones racistas y xenófobas, una reevaluación de los procesos migratorios (tomando en cuenta los de los propios españoles) y el modo en que la inmigración influye en los paradigmas de definición de la identidad nacional.

Las imágenes tan impresionantes y efectivas, por inesperadas, del apaleamiento en silencio y no explícito de un senegalés en *Salvajes* y el final conmovedor de *Poniente*, en el que grupos de vecinos del pueblo atacan con bates a los inmigrantes y a los españoles que los defienden, y queman sus casas instigados por consignas racistas, traen a la memoria los trágicos sucesos históricos de El Ejido del mes de febrero del año 2000. Estas actividades agresivas contra inmigrantes africanos se deben a dos actitudes que han crecido recientemente en España: el racismo y la xenofobia.

Según la organización CERD (Committee on the Elimination of Racial Discrimination), se puede decir que hay dos fuentes originadoras de racismo y xenofobia en España: una conectada con el movimiento *skinhead* de derechas, con una audiencia fuerte en las ciudades grandes y los grupos de jóvenes, y otra vinculada a cuestiones de trabajo.[5] Por eso, según Amnistía Internacional, las detenciones por crímenes racistas han aumentado en España desde 1996:

> In 1999 the number almost tripled. Out of 89 suspects for racist crimes 50 were from Cataluña, 14 in Navarra, nine in Valencia, six in Andalucía, five in Canarias, two in Extremadura, two in Madrid and one in Murcia. In 2000 114 people were arrested and the figures for Andalucía and Cataluña are reversed (54 in Andalucía, 13 in Cataluña, 12 in Madrid, 12 in Valencia, 10 in Castilla-La Mancha, nine in Murcia and two in Aragón and Castilla-León).

Estos incidentes violentos contra los inmigrantes deben ponerse en relación con un contexto europeo en el que, como apunta Amy Elman, la xenofobia ha aumentado siguiendo informes de los políticos de derechas y de los medios de comunicación que presentan a los in-

---

5. Es necesario aclarar, como explica Antonio Salas, que los *skinhead* no son un grupo unitario, sino que tienen ideologías diversas, que en el campo político van de lo progresista a lo conservador. Por ejemplo, el grupo de cabezas rapadas SHARP, que se organizó contra los prejuicios raciales, o los RAR, de rock antirracista, muestran un compromiso social e ideológico bien diferente de la percepción dominante de los cabezas rapadas como grupos fascistas y conservadores (p. 47).

migrantes como una fuerza desestabilizadora en las sociedades receptoras. Esta imagen negativa creada por los periódicos, la radio y la televisión es tan persistente, que en *Poniente* es analizada ya al principio de la película. La primera noche que Lucía y su hija Clara pasan en su nueva casa, las noticias de la televisión hacen referencia a las remesas de nuevos inmigrantes que acaban de desembarcar en las playas de las costas del sur. Las escenas muestran policías e inmigrantes en un contexto confuso, que provoca incomodidad en el espectador. La hija le dice a la madre: «Esto parece una invasión, mamá. Aquí va a haber guerra». Esta afirmación, en la voz inocente de la niña, refleja la reacción de inestabilidad y temor que este tipo de retratos provoca en el inconsciente del espectador.[6]

En ese sentido, el historiador David Corkill, ha comentado que los medios de comunicación establecen con frecuencia una correlación entre la inmigración y el crimen, en particular, el aumento de tráfico de drogas, la prostitución y la mendicidad en las calles, lo que provoca que una mayoría de los españoles apoyen restricciones gubernamentales hacia los inmigrantes que buscan empleo, a pesar de que éstos, según datos oficiales, constituyen únicamente un 0,7 del total de los trabajadores activos en el mercado (p. 163).

En efecto, según Omar Encarnación, en 2002 había en España 895.720 inmigrantes legales y alrededor de 850.000 ilegales, el porcentaje más bajo de población no nativa en la Unión Europea: un 2,5 por 100 en contraste con 4,2 por 100 en el Reino Unido, 5,6 por 100 en Francia y 8,9 por 100 en Alemania. Pero la percepción de que hay un número elevadísimo de inmigrantes y la reacción que provoca proviene, según Encarnación, del hecho de que, en la España contemporánea, la inmigración «has become one of the three most important subjects in the national political agenda, together with unemployment and terrorism» (p. 171). Por otro lado, según Ubaldo Martínez Veiga, una de las falacias más persistentes en el pensamiento popular es la idea de que los inmigrantes quitan los trabajos a los

---

6. Es irónico además que la imagen televisiva muestre a la locutora de televisión Rosa María Mateos, conocida por su presentación equilibrada de las noticias en el programa *Informe semanal*. Esta conexión posiblemente indica que incluso los medios de información serios participan de una corriente alarmista y parcial en la información que dan sobre la realidad de la inmigración.

nativos, basada en la concepción errónea de que cada economía posee un número fijo de puestos de trabajo, y de que alguien que llega nuevo amenaza el trabajo de los residentes (p. 32). Parte del problema viene derivado, en opinión de Bernabé López García, de los estereotipos que el público tiene sobre los países de origen de los inmigrantes, de modo que si hay fuertes diferencias étnico-religiosas entre la población nativa y la inmigrante, y a eso se le unen viejos lazos coloniales, las reacciones negativas contra los inmigrantes se acentúan perceptiblemente (p. 47).

Las manifestaciones xenófobas como las que presentan las películas y el caso de El Ejido son muy virulentas. Sin embargo, como señalan Omar Encarnación y Laura Huntoon también son infrecuentes y limitadas. A pesar de ello, el hecho de que sucesos tan graves se lleguen a producir, indica que las metas de la multiculturalidad a la que se alude con frecuencia en el país no se aplican a sujetos de etnias diferentes a la de la mayoría de los españoles. Situaciones como las que presenta *Salvajes*, en las que Raúl y sus amigos se refieren a su víctima como «el negrazo de mierda», o Eduardo, el policía, habla del senegalés apaleado como «congo», indican la existencia de racismo, bien de un modo abierto o de modo latente. Identificar a alguien por su apariencia física en relación con una clasificación racial indica que todavía existe un racismo biológico, en el que se considera que un grupo es superior al otro por su constitución física. En este caso, Eduardo no ha desarrollado una sensibilidad para identificar a la víctima por su nombre, lo cual le daría un valor de igualdad a él mismo, sino que lo reconoce solamente por su aspecto biológico diferencial.[7]

En este sentido, *Salvajes* propone la representación del sujeto subsahariano («negro») a través de un proceso de deconstrucción del imaginario racista. La película no ofrece un acercamiento emocional al hombre negro, y esto facilita un análisis más objetivo de la dialéctica racista. En concreto, aunque el espectador entra a través de la cá-

---

7. Como expresa Lawrence Blum, en su análisis del racismo como fenómeno general, y Martin Evans, sobre el racismo en Europa, el concepto de raza no tiene una base biológica sino que es una construcción social que se forma sobre dos paradigmas, subordinación y antipatía (Blum, p. 8), o que transforma a las personas en categorías abstractas, bien sea mediante la violencia y el abuso, o la fascinación y el exotismo (Evans, p. 35). En los casos comentados de las películas está clara la base violenta.

mara en la casa del senegalés y ve a su esposa, su hijo y su bebé, el tratamiento documental y el uso del silencio en la banda sonora no fomentan una identificación emocional con ellos. Esta posición mental y sentimental alejada produce la sensación de que el espectador tiene un punto de vista casi objetivo, lo que permite que la atención se concentre en el tratamiento agresivo y violento que los policías usan en el interrogatorio de la familia.

Ampliando las referencias a actos racistas, la película *Poniente* ofrece al menos dos posibilidades de comportamiento hacia las personas africanas. Por un lado, Lucía se aprende el nombre de Chad, un trabajador temporal e inmigrante africano de quien busca consejo sobre el cultivo de los tomates, lo cual indica una relación igualitaria, ya que el sujeto es humanizado al ser reconocido de modo individual. Por otro, Paquito, el capataz de los invernaderos recomienda a Lucía que no se dirija a Chad, ya que, según él, puede tomarse muchas confianzas. Esta carencia de diálogo entre el español y el inmigrante africano a nivel individual adquiere, sin duda, repercusiones a nivel nacional, cuando el rechazo se manifiesta colectivamente y un grupo de agresores, habitantes del pueblo, ataca a todos los inmigrantes como se ve al final de la película. Los dueños de las explotaciones agrícolas, dependiendo de su trabajo pero no queriendo reconocer su deuda, repelen a los inmigrantes con actos violentos cuando éstos reclaman sus derechos y, por tanto, su posición de sujetos.

Este rechazo, con precedentes en la historia de España, puede relacionarse con las prioridades que, según Zygmunt Bauman, han establecido la base del estado moderno:

National states promote «nativism» and construe its subjects as «natives.» They laud and enforce the ethnic, religious, linguistic, cultural homogeneity. They are engaged in incessant propaganda of shared attitudes. They construct joint historical memories and do their best to discredit or suppress such stubborn memories that cannot be squeezed into a shared tradition —now redefined in the state-appropriate quasi-legal terms, as «our common heritage». They preach the sense of common mission, common fate, common destiny. They breed, or at least legitimize and give tacit support to, animosity towards everyone standing outside the holy union (p. 64).

El establecimiento de este tipo de diferencias entre nativos y foráneos es a veces llevado a extremos en la forma de un pensamiento exclusivista y, por tanto, fascista, que apoya los actos racistas y las actitudes xenófobas que nutren los grupos *skinheads* como el constituido por los protagonistas de *Salvajes*.[8] El rechazo de los extranjeros, y específicamente de los inmigrantes, sobre todo africanos, se refleja en varias ocasiones, como cuando Raúl y sus amigos comentan: «El culo nos lo van a joder los putos inmigrantes. Otros veintitrés millones que quieren gastarse en proteger el Estrecho. Que no pueden venir aquí a robarnos el pan e irse de rositas». El horror a los Otros, o xenofobia, percibe un peligro en el desarrollo de una sociedad multiétnica, y, por eso, la formación de sociedades de individuos con características similares se ve necesaria para contrarrestar esa realidad.[9]

Según señala John Clarke, el motivador principal de la constitución de grupos con la ideología *skinhead* es la de recrear, a través de la pertenencia a una banda, un sentido de comunidad tradicional como la que tenían las clases trabajadoras en los años sesenta (en Inglaterra, al menos), precisamente a raíz de la ausencia de esa comunidad. Pero, como indica este estudioso:

> However, the skinhead style does not revive the community in a real sense; the post-war decline of the bases of that community had removed it as a real source of solidarity; the skinheads had to use an *image* of what that community was as the basis of their style. They were the «dispossessed inheritors»; they received a tradition which had been deprived of its real social bases (p. 176).

---

8. Sin embargo, los ingleses que han llegado a la Península a partir de los años ochenta no han provocado este tipo de reacciones agresivas a pesar de que «Britons living in Fuengirola cannot be considered integrated within wider Spanish society, either in terms of ethnic identity or in more concrete actions» (O'Reilly, p. 181).
9. Es bastante irónico que muchos de los nombres de grupos de *skinheads* hagan referencia a la cultura celta, cuando los irlandeses, de origen celta, fueron considerados «los negros europeos» por los británicos y los estadounidenses a partir de la mitad del siglo XIX y buena parte del XX, lo cual muestra un desplazamiento de significado en el significante «celta». Véanse, por ejemplo, las reflexiones de Nederveen sobre la representación de los irlandeses como simios y de piel oscura por los británicos, a partir del siglo XIX, durante el proceso de expansión colonial de Inglaterra. Paralelamente, en Inglaterra y en Estados Unidos se establecieron comparaciones verbales y gráficas frecuentes entre los irlandeses y los negros, siempre con tonos denigrantes y opresores (p. 214).

Para Clarke, una de las características que se enfatizan con más frecuencia para dar sentido de comunidad es el territorio, asociado a una cierta localidad, con movimientos de defensa y demarcación del espacio (piénsese, por ejemplo, en el caso del inmigrante marroquí joven que no es admitido en la discoteca, o a quien no alquilan un piso en *Poniente*). Otro elemento definidor es el desarrollo de una masculinidad que se identifica con fortaleza y dureza corporal y bravura o valor ante las dificultades. Una manifestación de esta masculinidad sería la violencia física ejercida en el Otro, el que es diferente, tal como la vemos practicada por los sobrinos de Berta contra el senegalés. Resulta significativo, por ejemplo, que Raúl se considere «un patriota» y aspire a entrar en el ejército y hacerse paracaidista, para lo cual se entrena todos los días, pero no quiera ir a «defender musulmanes» a Bosnia cuando sea soldado.

La existencia de grupos juveniles fascistas como los *skins* (de derecha), neonazis y nacional-*bakaladeros* es uno de los fenómenos más recientes e intrigantes de la España contemporánea. Omar Encarnación afirma que en este país no se han alcanzado los niveles de actuaciones racistas que existen en otros países europeos, motivados por las nuevas corrientes migratorias, y que existe una ausencia de partidos y movimientos políticos de extrema derecha ya que ésta se halla desorganizada, fragmentada y aislada del campo político actual (p. 181). Sin embargo, la consigna de Raúl de que hay que celebrar el aniversario de Hitler, «que está más vivo que nunca», parece haber motivado la formación de más de cuarenta grupos fascistas y xenófobos, como los famosos Ultrasur, asociados con el equipo del Real Madrid.[10] Este giro social hacia movimientos totalitarios significa la cerrazón, la exclusión de la diversidad que un sistema democrático debe garantizar. Los derechos humanos que el mundo occidental abandera, e incluso impone en otras regiones del globo, se reducen drásticamente en los casos de agresiones contra inmigrantes como los expuestos en las películas *Salvajes* y *Poniente*.

---

10. Una muestra de la extensión de este movimiento se encuentra en los libros de Antonio Salas o de David Madrid, que relatan la infiltración de los protagonistas en este tipo de organizaciones. Con un estilo documental, y posiblemente novelado, es impresionante, sin embargo, que el libro de Salas causara tal interés entre los lectores españoles que tuvo veintinueve ediciones en menos de dos años.

«No tengo ni patria ni equipaje, no soy de ningún lado, sólo del sol»[11]

El nacionalismo se funda en el establecimiento de unos principios básicos comunes y la identificación de unas fronteras nacionales simbólicas. Por eso, reconocer a los miembros que no pertenecen a la nación se erige en uno de los elementos fundamentales de un movimiento nacionalista. La historia de España es rica en ejemplos que muestran esta tendencia fascista, como es el caso de la limpieza de sangre. Sin embargo, las manifestaciones de antisemitismo a las que dio lugar no eliminaron la existencia de críticas feroces contra ese movimiento exclusivista, como las de Ignacio de Loyola y Luis de Granada, ni la fascinación permanente por la cultura judía que han experimentado los españoles a lo largo de su historia. Como comenta Henry Kamen, Américo Castro demostró en sus estudios críticos que la influencia judía sobre la literatura española ha tenido un valor continuo (pp. 24-25). En este sentido, España parece haberse definido a sí misma históricamente como una entidad nacional, en el proceso de situarse a favor y en contra de sus Otros. De modo similar, las películas que se analizan en este trabajo proponen una visión muy crítica de las reacciones fascistas que la presencia de inmigrantes africanos provoca en los españoles, y a través de su estructura artística avanzan la tesis de que la identidad del sujeto español y, por tanto, de la nación, debe ser una identidad fluida y flexible, ya que los movimientos exclusivistas producen una violencia física y ética insostenible.

En *Salvajes*, la escena en que, como un gesto que marca su paso a la etapa adulta, Raúl provoca a su hermano en la caseta donde se refugian diciéndole «Mátame, no me duele nada», y el final, con su muerte casi gratuita el día de su cumpleaños, ponen de relieve el vacío y el dolor que la violencia trae consigo. De nuevo, la cámara con movimientos rápidos e irregulares y con el sonido amortiguado, sugiere, más que muestra, la fugacidad de la vida y la carencia de valores estables. Esta composición técnica tiene el efecto de que, en las escenas violentas, se disminuye el posible placer visual del espectador. La cámara, que toma la posición del sujeto que en un momento tiene vida, y un segundo después la pierde, enfatiza así la tesis de que

---

11. Estribillo de la canción más repetida en la banda sonora de *Poniente*.

la violencia es estéril. La película propone, con esta conclusión argumentativa y con su manejo de la técnica cinematográfica, que la violencia que alimenta la xenofobia no es productiva. De modo similar, en *Poniente*, la muerte es el resultado inmediato de la violencia de clase social e ideológica que el primo de Lucía ha ejercido. Cuando al final de la película este hombre grita desgarrado al ver a Miguelito muerto: «He matao a mi hijo, he matao a mi hijo», su dolor es la culminación del sufrimiento que él mismo ha provocado. Por un lado, este hombre había ejercido su autoridad paterna de un modo agresivo y autoritario, golpeando a Miguelito para que le obedeciera, con lo cual el hijo se había escapado de casa y pedido trabajo a Lucía, en cuya oficina se refugiaba y dormía la noche del incendio. Por otro, sin conocer esta situación, el primo había organizado y pagado la destrucción de los invernaderos de Lucía como un acto físico y simbólico de rechazo a lo que ella representaba: una visión de diálogo y justicia hacia los inmigrantes. La violencia, en los dos casos, sólo produce destrucción.

Sin embargo, una lectura más profunda de estos hechos finales de la película revela que de modo paralelo a esta visión fascista, radicalmente negativa de la situación, existen otras interpretaciones éticas activas, aunque no alcancen mucha visibilidad. Así, cuando Miguelito se refugia con Lucía, de manera consciente o inconsciente, está apoyando el tipo de trabajo que ella realiza y al mismo tiempo se convierte en representante de una generación de jóvenes españoles que ven a los inmigrantes de un modo más libre, menos condicionado, que sus padres. Es posible que Miguelito vea a los africanos simplemente como trabajadores, sin asignarles todos los otros significados que les dan los miembros de la generación de su padre. El hecho de que él mismo, el hijo de un gran propietario, trabaje por el mismo sueldo que el que reciben los inmigrantes le sitúa en un nivel de igualdad en cuanto a derechos y obligaciones, sin exigir distinciones sociales. Por eso, cuando su padre le mata, no sólo elimina al muchacho que es su hijo, sino que en un nivel más profundo, ataca esta actitud de igualdad. Y ésta es una de las reflexiones más productivas que presenta la película: un análisis a nivel generacional que indica que no todos los españoles participan de actitudes violentas, xenófobas o racistas, sino que es necesario analizar localidades y grupos generacionales, económicos y sociales específicos para desvelar motivaciones e historias diferentes en esos actos exclusivistas.

Apoyando esta visión crítica de la violencia y el racismo que algunos personajes de *Salvajes* y *Poniente* representan, las películas también ofrecen un cuestionamiento más teórico del posible lugar que los planteamientos fascistas de racismo y xenofobia ocupan a través de los propios títulos de las obras, y el significado particular que «salvajes» y «poniente» reciben dentro del mundo representado. Cuando se queja de las irregularidades de tratamiento que se dan a los trabajadores inmigrantes en los invernaderos, Lucía, la protagonista de *Poniente*, afirma: «Tengo la sensación de estar viviendo en el oeste. ¿Qué pasa?, ¿que aquí cada uno hace lo que le da la gana?». Estas preguntas retóricas apuntan a la irregularidad de las condiciones de trabajo que los inmigrantes sufren, y al ejercicio de poder sin límites de que los propietarios españoles gozan en sus explotaciones agrícolas, manteniéndolas al margen del sistema laboral deseable en los países como España, miembros de una Europa occidental, que se presentan como adalides del sistema democrático. Esta crítica ya había sido hecha con anterioridad por Juan Goytisolo, quien, comentando la violencia de El Ejido en 2000, señala:

> Mientras contemplaba las imágenes del frenesí colectivo en diversas televisiones nacionales y extranjeras, me acordé del poblado del *Far West* del valle almeriense de Tabernas en el que rodaban antaño los westerns (reconvertido hoy en atracción turística), con sus *sheriffs*, justicieros, bares, tribunal y patíbulo listo para los ahorcamientos: la parodia de la ficción se había transmutado en escenario y guión de una brutal realidad (p. 37).

La comparación de las condiciones laborales de los inmigrantes en el Levante español con el Oeste americano subraya el hecho de que no se respeta la ley o, simplemente, de que domina la ley del más fuerte. De modo irónico, apunta también a cómo la cultura occidental, del oeste de Europa, que en las actitudes racistas se erige en superior a la de los inmigrantes, desdice bajo estas condiciones sociales toda su retórica de modelo a imitar, ya que se convierte en un ocaso, en la desaparición, en el poniente de la luz de la razón y el equilibrio en que supuestamente se basa.

Yendo más allá aún, *Poniente* ofrece una metáfora visual que refuerza este concepto. Mientras conduce, Lucía se pierde entre los invernaderos y se desespera porque está rodeada de paredes de plástico blanco, en un laberinto sin ningún tipo de dirección. El plástico, y su materialidad, que cubre la tierra y llega hasta el cielo, impide la visión, elimina su sentido de orientación, y se convierte en un símbolo del artificio que destroza la naturaleza tanto humana como física (piénsese en los trozos de plástico que vuelan por el cielo, ensuciando el paisaje). Las dificultades que presenta el plástico provocan una crisis en Lucía, hasta que algunos inmigrantes llegan para ayudarla. Cuando acepta su auxilio, no sin reticencia, uno de ellos expresa: «Tenemos pocas visitas por aquí, esto es el fin del mundo». El plástico, que ha permitido un gran avance económico en la región, se convierte en símbolo también de la erosión de valores humanos que la carrera por el avance capitalista ocasiona.[12]

Una conclusión similar se alcanza en *Salvajes* cuando Eduardo, en su trabajo de policía, comenta, refiriéndose sin duda a España: «Estoy harto de vivir en un país de salvajes». Dada la rica historia de la palabra, el uso de «salvajes» tiene una valoración irónica. «Salvajes», conectado con selva o espacio no civilizado, indica la existencia de personas pertenecientes a sociedades primitivas, consideradas personas brutales o rudas. El término fue utilizado en la Edad Media para designar a personas europeas, en contraste con las civilizaciones avanzadas del islam y Bizancio, y se recuperó durante los siglos XVI a XIX para referirse, primero a los indígenas americanos y más tarde a los habitantes de África, contrastando el «buen salvaje» como ser humano a nivel cero frente al ser deseado, el humano con una cultura (sobre todo europea) (Nederveen, p. 30-33). La historia de la palabra ofrece un fuerte contraste con su uso como título de la película. Las reacciones contra los inmigrantes africanos mantienen vigente el binomio selva y civilización (también conocido como «civilización y

---

12. El análisis que Goytisolo hace de la situación en el área de El Ejido señala que Almería ha sido tradicionalmente un país de emigrantes pero nunca adquirió una cultura de la emigración que ayude a reconstruir las condiciones, elementos y consecuencias de la movilización de personas, por razones económicas, sociales o políticas, a nuevos territorios. Como señala el autor: «La memoria de un pasado cifrado en su anhelo de huir de la pobreza no plasmó en una comprensión de la miseria ajena ni en una ética solidaria» (p. 27).

barbarie»), en la que la primera es todo aquello que no es Europa, y, por tanto, España. Mientras que estos elementos opuestos han sido activados en el país, posiblemente para superar la inferioridad interiorizada a raíz de la frase atribuida a Alexandre Dumas padre de «África comienza en los Pirineos», la película muestra que estas divisiones son muy cuestionables y que los actos racistas alejan aún más a España de la cultura civilizada en este tipo de imaginarios.

De modo similar, el título «Poniente» también es deconstruido para ofrecer una visión crítica del racismo y la xenofobia en la estructura de la obra. En contraste con la propuesta de «poniente» como el fin del mundo con una acepción negativa, la película adelanta, asimismo, una visión alternativa positiva. «Poniente» es el nombre que Curro (el contable que trabaja con Lucía después de regresar de Suiza) y Bembi (un inmigrante que ha venido varias veces a España como temporero) quieren poner al chiringuito que planean abrir en la playa para no depender económicamente de nadie. En este sentido, «poniente» significaría el diálogo entre culturas y su posible mezcla. Representando un sueño de independencia y libertad, el bar «Poniente» se convertiría en el espacio nuevo que habitan personas como Curro y Bembi. Los dos hombres son sujetos que han cruzado fronteras nacionales en un proceso de migración y buscan escapar de las definiciones esencializadoras que la sociedad impone sobre ellos. Por ejemplo, Curro, cuando habla con un amigo y compañero de migración de su padre comenta: «Yo me crié en Suiza y siempre me sentí diferente, y lo malo es que aquí también me siento diferente. Lo malo es que uno nunca sabe quién es». Paralelamente, Bembi explica a Curro que aunque la gente le llama «moro» y piensa que es un árabe, sus raíces nacen en la cultura bereber, la de un pueblo que habitó la propia España durante siglos. Para estos sujetos dislocados y al margen de la sociedad hegemónica, el chiringuito llamado «Poniente» encarna la posibilidad de trabajar juntos y crear una nueva identidad. «Poniente» marcaría el establecimiento de raíces, raíces nuevas, que aunque toman en cuenta sus lugares de origen, sus pertenencias previas, indican la creación de una nueva realidad.

En definitiva, la identidad española que proponen estas dos películas, y con mayor énfasis *Poniente*, se caracteriza por la flexibilidad y la fluidez. La repetición en la banda sonora de *Poniente* del estribillo que dice: «No tengo ni patria ni equipaje, no soy de ningún lado, sólo del sol, cada estrella es mi nación, no tengo ni tribu ni linajes, hijo de los vientos de la tarde, no tengo país ni estación», indica la importancia que este pensamiento tiene en la película. La concepción de una identidad nómada, abierta, moldeable, se ofrece así como alternativa a una visión nacional que, aspirando a la seguridad en la búsqueda de lo común, se vuelve inflexible e injusta. La presencia de África en el imaginario español es amplia y con una larga trayectoria, pero corre el peligro de ser reducida, a pesar del número creciente de sujetos africanos en la Península. Solamente una aceptación de la multiplicidad que los africanos traen a España y una posición de diálogo hacia ellos hará posible que la identidad nacional española tenga un significado positivo, ético.

11.
Lucrecia Pérez en el imaginario cultural de España: del racismo a la ética del perdón

Silvia Bermúdez

Considerados uno de los fenómenos económicos y sociales más importantes de los siglos XX y XXI, los procesos migratorios de las dos últimas décadas son fundamentales para entender las complejas negociaciones identitarias que se llevan a cabo en la España contemporánea y que atañen tanto al estado-nación como a las naciones culturales.[1] De la pluralidad de medios y discursos que participan en el debate social —publicaciones, páginas web, manifestaciones, congresos, conciertos de música—[2] destaco aquí el particular modo en que la música popular

---

1. Vale la pena recordar que, como indica Verena Stolcke, las migraciones contemporáneas no son algo nuevo pues se estima que cerca de cuarenta y cinco millones de europeos «huyeron de la pobreza en el Viejo Mundo para "hacer las Américas"» (p. 21) durante el siglo XIX. También Hans Enzensberger argumenta que las migraciones no son algo nuevo y que la supuesta «gran migración» que define al siglo XX es una falacia. Con respecto a la percepción de que los inmigrantes son una «amenaza» para la identidad nacional, se ha de precisar que el discurso de exclusión culturalista se utiliza tanto para «defender» la identidad española como las otras identidades nacionales que constituyen la España democrática. En el primer caso, uno de los ejemplos más dramáticos de ideologías xenófobas se encuentra en las octavillas distribuidas en Madrid meses antes a que se llevara a cabo el asesinato de Lucrecia Pérez en Aravaca, el 13 de noviembre de 1992. Con el reclamo «GRITO DE COVADONGA/Llamada para defender la identidad española», las octavillas afirmaban «¡ESPAÑOLES!/¡Nuestra patria está en peligro! (citado por Tomás Calvo Buezas, p. 15). También se encuentran muestras de esta ideología en la página web firmada por Juan Mirena (http://inmigracion-sus-peligros.espana.es/). En Catalunya, la muestra del fundamentalismo cultural lo encontramos en la constitución del partido neonacionalista «Plataforma per Catalunya» donde se considera a la inmigración «una seriosa amenaça per la identitat i cohesió social de Catalunya» (http://www.pxcatalunya.com).
2. C. Gaya y M. Rizo resumen la omnipresencia del debate en los medios de comunicación del siguiente modo: «Si obrim qualsevol diari o posem la ràdio o la televisió, la migració apareix com a tema en tot tipus de gènere» («Interculturalitat, immigració

española se inserta en los debates. Recordemos que no sólo grupos tan diversos como Mecano, Amistades Peligrosas, Tam Tam Go, Los Rodríguez, Radio Futura y SKA-P producen canciones que evalúan la inmigración, el racismo y la xenofobia, sino que cantautores como Carlos Cano, Pedro Guerra, Joaquín Sabina y Joan Manuel Serrat también han asignado musicalmente los posibles significados que los flujos migratorios tienen en el imaginario cultural español.

Una de esas articulaciones simbólicas merece particular atención, «Canción para Lucrecia», del cantautor andaluz Carlos Cano (Granada, 1946-2000),[3] pues con el homenaje que brinda a Lucrecia Pérez, una mujer negra de la República Dominicana asesinada en Aravaca por motivos raciales el 13 de noviembre de 1992, Cano participa en los procesos de simbolización que se han llevado a cabo de este trágico hecho social. No olvidemos que el crimen conmueve a la opinión pública y desencadena innumerables movimientos sociales y políticos de lucha contra el racismo y la discriminación.[4] La pregun-

---

i cultura de la pau», p. 1). De la extensa e incesante bibliografía destaco los estudios consultados: Giménez Romero; Calvo Buezas, *Crece el racismo*; Barbadillo; Bañón Hernández; Civale; Stolcke y Campo Ladero, entre otros. Con respecto a páginas web, véanse, entre otras, y además de las mencionadas en la nota 1, Andalucía Acoge; Contamíname, Fundación para el mestizaje cultural, creada por el cantautor Pedro Guerra. Con respecto a las manifestaciones sólo indico aquí algunas de las que tuvieron lugar en 1992, antes y después del asesinato de Lucrecia Pérez. Así, con el lema «Igualtat per viure, Diversitat per conviure. Contra el racisme, la xenofòbia i la intoleràncía», S.O.S Racisme Catalunya convoca una en febrero de 1992. Varias se suceden en noviembre de 1992 de las que da cuenta la prensa diaria, véanse *El País Digital* y *El Mundo.com*. Entre la multitud de conciertos musicales destaco aquí el organizado el 21 de marzo del 2001 en Madrid por la «Coordinadora Estatal de Inmigrantes con y sin papeles» bajo el lema «Música contra el Racismo», donde participan cantautores como Pedro Guerra, Jorge Drexler, Said Aughssal, además de grupos como Alcohol Jazz, Guerrilla Gorila y Habana Abierta (http://www.esquinalatina.com/noticias/noticias.asp?id=413). Los conciertos y certámenes musicales se dan por todo el territorio nacional, siendo un ejemplo el «Encuentro de jóvenes Viriatorock contra el Racismo y la Xenofobia», organizado todos los años a partir del 2000 en Extremadura, en la ciudad de Azuaga, por los jóvenes azagueños y la Concejalía de Azuaya.
3. Renovador de la copla y uno de los grandes impulsores de la canción andaluza, Carlos Cano es una de las figuras musicales más respetadas y admiradas de la España democrática con éxitos tan conocidos como «La verdiblanca» (1975), «La murga de los currelantes» (1976), «La rumba del pai-pai» y «Política no seas saboría» (ambas de 1981).
4. Según la asociación antirracista «Derecho para tod@s» el crimen marca, simbólicamente, la emergencia política del movimiento antirracista en España («Ley de Extranjería: causas y azares»). El impacto del mismo se sigue manifestando años des-

ta sobre el porqué de esta convulsa y airada respuesta a lo que se percibe como una anomalía xenófoba de sectores aislados la plantea acertadamente Tomás Calvo Buezas en *El crimen racista de Aravaca*:

¿Por qué el asesinato de una persona ha cobrado tanta relevancia pública, cuando son tantos los crímenes que anualmente se cometen y además se trata de una mujer-pobre-extranjera-ilegal-negra, categorías todas menospreciadas en esa misma sociedad española, que ahora se resuelve convulsiva, extrañada y airada...? (p. 14).

La respuesta, como indica el propio Calvo Buezas, tiene que ver con un reconocimiento colectivo: el asesinato de Lucrecia Pérez deja al descubierto una España racista. Y dado que la intolerancia y los prejuicios étnicos tienen consecuencias reales brutales se requieren acciones concretas que promuevan la aceptación de la diversidad étnico-cultural de los inmigrantes.

De acciones concretas se trata en el caso de «Canción para Lucrecia» de Carlos Cano, pues es desde un claro rechazo al racismo a partir de la ética del pedir perdón que hemos de entender la función social de esta composición musical. Perteneciente a su disco compacto *Forma de ser* (1994), la canción aparece dos años después del evento y uno después del enjuiciamiento de los culpables por racismo —primera sentencia que se dicta en España por este cargo—. Como veremos más adelante, es el racismo —el hecho de que Lucrecia Pérez fuera asesinada por ser negra— la preocupación central de la canción. No es éste el primer gesto solidario de Cano con los inmigrantes de América Latina, pues ya en *Mestizo*, disco compacto que salió a la venta en 1992, se dedica a resaltar los procesos de mestizaje que se derivan de la diversidad étnica y cultural que aportan los inmigrantes. No puede pasar desapercibido el comentario irónico de ofrecer al público canciones como «Me llaman sudaca» y «Mestizo» el mismo año en que España celebra un recobrado prestigio geopolítico a la sombra del viaje de Colón a las Américas en 1492.

Ahora bien, al discutir cuestiones de etnicidad y racismo debemos tener en cuenta que ni una ni otra son categorías fijas sino cam-

---

pués musicalmente con «Lucrecia» del disco compacto *Planeta Eskoria* (2000) del grupo SKA-P.

biantes, que se sitúan en contextos históricos específicos. De hecho, en *Racism and Society*, John Solomos y Les Back resaltan que los racismos contemporáneos «attempt to fix human social groups in terms of *natural* properties of belonging within particular and geographical contexts ... It follows [then] that racist discourses need to be rigorously contextualised» (p. 27, énfasis en el original). Es decir, las evaluaciones de las manifestaciones racistas deben hacerse teniendo en cuenta los específicos momentos políticos, sociales, culturales y económicos en que se enuncian y entendiendo que sus significados se dan en un constante estado de negociación y evolución. De ahí mi insistencia en considerar los significados culturales de «Canción para Lucrecia» en el marco de la celebraciones españolas del quinto centenario y dentro de la función testimonial que cumplen los cantautores.

¿Por qué la música para hablar de todo esto? En primer lugar, porque es en este específico espacio de producción cultural donde primero se da testimonio de la inmigración (Bermúdez).[5] En segundo lugar, porque nos permite «tomar el pulso» al estado actual de procesos, eventos y situaciones sociales (Lipsitz). Además, en cuanto producción popular la música posee una cualidad colectiva intrínseca: «... es capaz de transmitir identidades afectivas, actitudes y patrones de comportamiento de grupos socialmente definidos» (Tagg, p. 74). En efecto, la capacidad de la música para «transmitir identidades afectivas» es fundamental para entender la «relación de persuasión» que se da entre artista/artistas y público (Frith, p. 166). Y quizá nada emblematiza mejor esta «relación de persuasión» como la que se da entre cantautor y público.

No en vano los cantautores son reconocidos como poetas, una suerte de juglares modernos comprometidos con sus oyentes en el acto de expresar profunda emoción desde la autenticidad (Shuker, pp. 20-21, 277).[6] No sorprende por ello que en la página web de Car-

---

5. Lo confirma Irene Andrés Suárez al afirmar que «la produccción literaria española sobre la inmigración es relativamente reciente ya que arranca de los años noventa aproximadamente» (p. 8). Comparativamente, en la música, y ya en 1984, el grupo musical Radio Futura daba cuenta de los procesos migratorios con su canción «Un africano en la Gran Vía» del álbum *La ley del desierto/La ley del mar*. Para un estudio de este grupo, véase el capítulo de Villamandos en este volumen.
6. La supuesta «autenticidad» de los cantautores es cuestionada por Terry Bloomfield cuando evalúa el *folk-rock* estadounidense del primer Bob Dylan, Joan Baez y Judy Collins (p. 61). Sin embargo, en el caso de España y América Latina los cantau-

los Cano se describa el papel del cantautor en términos emotivo-sentimentales: «[p]ara el cantautor lo fundamental es el compromiso. Hacer de lo vivido lo cantado, de lo cantado lo vivido, y si decimos camino, eso implica compartir» (http://www.carloscano.com). No cabe duda que esto es lo que busca Carlos Cano con su «Canción para Lucrecia». Para entender el gesto solidario y dolorido hemos de retornar al contexto político social de los eventos racistas que pasan a resemantizar el año de 1992 como uno de celebración a uno de duelo.

No podemos obviar que el asesinato de Lucrecia Pérez ocurre a finales de un año de ambiente festivo y carnavalesco en el que España ha invertido máximo capital económico y cultural, y dentro de dos marcos específicos que hemos de evaluar: un macrocontexto que atañe a lo que Hans Enzensberger llama «La gran migración», y dentro de un microcontexto que atiene a las graves y constantes tensiones sociales que se sucedían en Aravaca con anterioridad al asesinato de Lucrecia Pérez. De hecho, serán estas tensiones las que contrasten con los festejos y *performances* de los Juegos Olímpicos, la Expo de Sevilla y las celebraciones del Quinto Centenario, pues 1992 dejará de estar de fiesta a raíz del crimen racista. El fin de todas estas celebraciones no puede ser más trágico, pues deja, entre el confeti y los vasos desechados, el cuerpo sin vida de una mujer dominicana que había llegado apenas un mes antes a España buscando ser parte de la fiesta.

En relación al macrocontexto, recordemos que la migración masiva de las tres últimas décadas del siglo XX ha revertido del flujo de europeos hacia sus colonias o excolonias al flujo de millones de habitantes del llamado tercer mundo hacia las antiguas metrópolis o hacia las nuevas potencias mundiales en el hemisferio boreal. De modo que ahora millares de hombres y mujeres se desplazan sin cartografía definida —aunque se vivencia como específica y limitada—, y son todos estos flujos migratorios económicos, estos movimientos de fuga de la indigencia —que van de África, de América Latina, de la Europa del Este a la Europa Occidental— los que chocan contra las murallas de los acuerdos internacionales y las lapidarias leyes de in-

---

tores gozan de un prestigio cultural incomparable con figuras que han contribuido a la educación sentimental de millones de personas como Silvio Rodríguez, Pablo Milanés, Violeta Parra, Víctor Jara, Joan Manuel Serrat, Víctor Manuel y Caetano Veloso, entre otros.

migración. Sin embargo, como bien argumenta Enzensberger, ya es hora de reconocer que la llamada migración económica es también una forma de refugio político ante la indigencia, la falta de servicios de salud, de educación y de trabajo causadas por decisiones políticas en los países de origen (pp. 53-54).

En el caso del microcontexto, la tensión interétnica se agudiza en un conflicto que opone a los vecinos de Aravaca contra los inmigrantes dominicanos, en su mayoría mujeres que trabajan en el servicio doméstico y que se reunían los jueves y domingos por la tarde en una plaza de Aravaca. Lo insostenible de la situación queda recogido en un artículo de *El País* del 23 de octubre de 1992, donde parece anunciarse la tragedia racista:

> Aravaca es una bomba de relojería. Día a día aumenta el rechazo vecinal a la presencia masiva de inmigrantes dominicanos. Algunos les atribuyen todos los males: prostitución, droga, peleas, suciedad. Otros proponen soluciones: un centro de reunión para la colonia caribeña. Los dominicanos están hartos del acoso policial y de ser tratados como delincuentes.

Fatídicamente, el anuncio se cumple el 13 de noviembre cuando cuatro enmascarados penetran en las ruinas de lo que era la antigua discoteca Four Roses y disparan contra cuatro personas dominicanas que cenaban a la luz de una vela. Lucrecia Pérez cae herida de muerte por dos tiros, uno en el corazón.

La toma de postura de Carlos Cano contra este crimen se enuncia con nitidez en «Canción», que cito de su página web:

> Yo te quiero escribir una carta de amor
> que llegue a tu país en semilla de flor
> que atraviese en la noche océano y tormenta
> luego como un lucero deje un sueño en tu puerta.
> Yo te quiero cantar y pedirte perdón por tu muerte, Lucrecia
> por esta canción que comprende la luna, el ron y la palmera
> que en tu isla canela sólo come el tiburón.
> ¡Ay!, cuatro rosas de fuego ardiendo salieron y todo acabó.
> ¡Ay! cuatro rosas dejaron la flor de un disparo en tu corazón.
> Pobre Lucrecia tan pobre y negra te vengará un andaluz
> a la luz de la luna cantando el «vudú».

Merecumbé, merecumbé un alacrán por la pared
merecumbé, merecumbá por la pared va un alacrán
y el corazón con su aguijón te comerá
merecumbé, merecumbé, merecumbá.
Los que matan la luna son los mismos de siempre,
los que arrancan las flores con sus botas de muerte
los que amargan la vida y asesinan los sueños
que cantan los poetas buscando un tiempo nuevo.
No gozan el amor, ni tocan los tambores, ni cantan
el bolero, ni pintan corazones en los árboles verdes
ni en las playas de arena, ni bailan el merengue
pa echar fuera sus penas.
¡Ay! una calle sin salida, una mirada asesina
y allí sola la dejaron. ¡Ay!
Aquí negros no queremos, negro muerto, negro bueno
negro vivo, negro malo.
Suenen los cueros con rabia, suenen los cueros,
venga compadre esa rumba que al blanco vuelve tarumba
y al negro pone rumbero.
Merecumbé, merecumbé un alacrán por la pared
merecumbé, merecumbá por la pared va un alacrán
y el corazón con su aguijón te comerá
merecumbé, merecumbé, merecumbá

(http://www.carloscano.com)

Sustentada retóricamente en la anáfora y enunciada cual carta de amor que busca llegar, utópicamente, a la República Dominicana, «Canción» se convierte en un testimonio paradigmático de la «historia no oficial» del racismo en España a la vez que participa de la ética del pedir perdón. En un acto de contrición que toma la culpa colectiva y la hace propia, el cantautor enuncia el motivo ético que lo impulsa «yo te quiero cantar y pedirte perdón por tu muerte, Lucrecia.» Esta instancia ética debe unirse a la pancarta solitaria de «EXTRANJEROS, PERDONADNOS» que resaltaba entre las muchas que acompañaban la manifestación «Contra el racismo y la xenofobia» del 21 de noviembre de 1992 (citado por Calvo Buezas, p. 57). Ambos gestos, aunque no monumentales, han de entenderse como actos necesarios de lo que Joseba Gabilondo denomina «discursos de retribución» (p. 263), cuya importancia resta en que son los únicos que pueden permitir que se desarrolle en España una nueva (meta) historiografía política y éticamente comprometida en reconocer al Otro (Gabilondo, «Historical Memory», p. 263).[7] El «pedir perdón» de Carlos Cano no sólo tiene significado en la esfera moral de la nación sino que también funciona dentro de lo que Adorno denomina «base económica de la música» (p. 310). El valor de lo económico se resalta de modo particular en *Forma de ser*, pues es el primer disco en el que el cantautor hace las veces de productor. Esto convierte esta colección musical en un producto cultural distinto de los anteriores, pues el valor simbólico de la «autenticidad» se resalta aquí de modo particular: éste es un álbum que Carlos Cano puede reclamar como «auténticamente» suyo a todos los niveles. Al ejercer de compositor, productor y cantante, Cano se hace completamente responsable del producto y, por lo tanto, del acto de pedir perdón por la muerte de Lucrecia.

Esta petición no se lanza al vacío sino que se contextualiza dentro de ciertos detalles específicos que nos obligan a conocer los hechos del crimen. Así con la repetición de «¡Ay! cuatro rosas» en dos versos consecutivos, «Canción» nos recuerda el nombre —Four Roses— del local donde el crimen se llevó a cabo. Los versos, además, cumplen otra función importante para el gesto de pedir perdón: se ha de reconocer la culpa que origina este acto de contrición. De ahí que sea precisamente en estos versos donde se especifique que, tal como he explicado con anterioridad, Lucrecia muere de un disparo al corazón: «¡Ay! cuatro rosas de fuego ardiendo salieron y todo acabó. / ¡Ay! cuatro rosas dejaron la flor de un disparo en tu corazón».

Sin embargo, «Canción» no sólo se limita a pedir perdón sino que también ofrece retribución a través de la venganza que la canción anuncia: «te vengará un andaluz / a la luz de la luna cantando el "vudú"». La venganza no implica, en este caso, una reproducción de la violencia que acaba con la vida de Lucrecia sino que se produce en el imaginario cultural donde un hombre andaluz se entrega a prácticas religiosas —«el vudú»— que definen la identidad étnico-cultural de la mujer dominicana. De origen africano, el vudú dominicano tie-

---

7. Según Gabilondo, quien sigue la propuesta de Roy L. Brooks, los discursos de retribución requieren que se dé el reconocimiento de la falta, que se pida perdón y que se ofrezcan desagravios («Historical Memory», p. 252).

ne, a pesar de la represión sufrida, «fuerza numérica de representatividad» y esto hace que la cosmovisión religiosa de los dominicanos esté profundamente influenciada por esta práctica (Andújar Persinal, p. 285; Deive, pp. 171-174).[8] A través del enlace ritual de andaluz y dominicana la canción también recupera el Sur como el espacio geopolítico de la otredad —Andalucía en el Sur de España, la República Dominicana al Sur de España— y pide ser leída dentro de la tradición de la poesía latinoamericana. Los ecos del «Sensemayá» de Nicolás Guillén resuenan en la repetición anafórica de «merecumbé, merecumbé, merecumbá»[9] haciendo que la composición de Carlos Cano se inscriba dentro de las preocupaciones ético-sociales del poeta cubano: hacer que la identidad africana de Latinoamérica forme parte de la «ciudad letrada» y elemento constituyente de su rostro (Smart, pp. 104-114). Mas también se oyen los versos de «Intermedios del hombre blanco» del puertorriqueño Luis Palés Matos: «¡Ahí vienen los tambores! / Ten cuidado, hombre blanco, que a ti te llegan / para clavarte su aguijón de música» (*La poesía de Luis Palés Matos*, p. 567). No en vano, la voz poética de «Canción» reclama: «Suenen los cueros con rabia, suenen los cueros / venga compadre esa rumba que al blanco vuelve tarumba». Ambos comparten la imagen del «aguijón» para dar cuenta del miedo que generan las manifestaciones étnico-culturales de la africanidad. Recordemos que Palés Matos también articula un proyecto cultural que, en este caso, propone tomar en cuenta lo afrohispánico para las Antillas (Vázquez Arce).

Aclaro que enlazar «Canción para Lucrecia» con la poesía no es un gesto arbitrario de mi parte. De hecho, es el premio Nobel José Saramago quien describe las canciones de *Forma de ser* como: «poemas cargados de gente ... donde se recoge la voz de la guajira, de la mujer en general, de Lucrecia, de la reina del blues ... de Rigoberta

---

8. Las complejas relaciones étnicas entre Haití y la República Dominicana se manifiestan también en la terminología que hace referencia a la práctica del vudú (Andújar Persinal). No olvidemos que la emergencia de la nación dominicana se produce separándose de la república negra de Haití y que son cuestiones de «africanidad» las que subyacen en el enfrentamiento de estas dos naciones.
9. El merecumbé es una forma musical de las costas caribeñas de Colombia creada por Francisco «Pacho» Galán, que surge en los años cincuenta combinando los ritmos del merengue y la cumbia.

Menchú...» (http://www.carloscano.com). El énfasis de Saramago en marcar que se trata de la mujer en general no puede pasar desapercibido pues resalta un aspecto que define la inmigración dominicana de los años noventa: tiene rostro de mujer (Gallardo). El comentario de Saramago también pone de manifiesto otro aspecto importante de estas canciones-poemas: funcionan como testimonios donde la subalterna no habla (Spivak), pero el cantautor da testimonio de su existencia. De ahí que las claras referencias a factores de clase social y etnicidad —«Pobre Lucrecia tan pobre y negra»— deban entenderse en su dimensión testimonial. Al adjetivar cuantitativamente la pobreza de la mujer negra, el sujeto lírico pone de relieve dos aspectos importantes en las discusiones sobre trabajo, migración y racismo. Por un lado, el «tan» revela que Lucrecia es un ejemplo más del fenómeno socioeconómico conocido como «la feminización de la pobreza».[10] Por otro, destaca los dos identificadores que sirven para justificar actitudes racistas contra los inmigrantes: su pobreza y el color de su piel.

Ahora bien, Solomos y Back insisten en que no se pueden establecer relaciones simplistas de causalidad entre las migraciones de trabajadores, las comunidades que constituyen y el desarrollo del racismo (p. 53). Sin embargo, ellos mismos reconocen que no podemos negar que la cuestión de la inmigración es un elemento central en la formulación de ideologías y prácticas racistas contemporáneas (p. 54). Esto queda claro en «Canción» cuando se reproducen comentarios racistas que rechazan la presencia de inmigrantes negros incitando a la práctica de la violencia y el crimen: «Aquí negros no queremos, negro muerto, negro bueno / negro vivo, negro malo». Mas el cantautor no se limita a reproducir la ideología racista que hace de Lucrecia Pérez una de sus víctimas, también la descalifica con unos versos que dejan en claro la cobardía y bajeza moral de los asesinos: «¡Ay! una calle sin salida, una mirada asesina / y allí sola la dejaron ¡Ay!». No es irrelevante que sean estos comentarios los que anteceden a los racistas.

---

10. En el informe de las Naciones Unidas de 2000 se explica que son mujeres la mayoría del billón y medio de personas que subsisten con un dólar o menos diariamente. En el caso específico de Lucrecia, su pobreza se denota en que pierde el trabajo doméstico que consigue por «no saber lo que es un grifo» (Calvo Buezas, p. 33).

Un aspecto que no podemos dejar de lado al evaluar la posición antirracista de Cano es que a pesar de los ya reconocidos valores éticos y testimoniales que operan en la canción, se dan también estrategias de «contención racial». Así, la presentación de la República Dominicana en «Canción» se lleva a cabo metonímicamente con referencias sensuales estereotipadas —«ron», «palmera», «isla canela» y «tiburón»— que no esconden el «peligro» —«tiburón»— que yace en las aguas del Caribe. Construida como un paraíso para gozar y bailar —«merecumbé, merecumbé, merecumbá»— la República Dominicana pasa a ser en las últimas décadas del siglo XX destino turístico-sexual de muchos españoles. De hecho, las características negativas asignadas a los asesinos —«no gozan el amor, ni tocan los tambores, ni cantan / el bolero, ni pintan corazones en los árboles verdes / ni en las playas de arena, ni bailan el merengue / pa echar fuera sus penas»— refuerzan los estereotipos que en el imaginario colectivo de España se le asigna al país de Lucrecia. Sin embargo, como explica Beverley Mullings en «Caribbean Tourism: Trouble in Paradise?», ya es hora de aceptar la realidad: cuarenta años de turismo en esta región se han convertido en una amenaza para las bases sociales y ecológicas sobre las que se construyen las fantasías paradisíacas que consumen los turistas europeos y estadounidenses (p. 97).

No podemos obviar que las estrategias de «contención racial» que «Canción» reproduce se generan dentro de la específica historia colonial de España con la República Dominicana. Aunque compartida con el resto de América, esta historia requiere que recordemos que el país de Lucrecia se inscribe en el imaginario nacional de España como la primera colonia europea del llamado «Nuevo Mundo» y con el significativo nombre de La Española —hoy isla de Santo Domingo—. La Española recibe su nombre de Cristóbal Colón y es a raíz del proceso colonizador que sigue a este primer «descubrimiento» que se desarrolla lo que el pensador costarricense Quince Duncan denomina «la doctrina del racismo tal cual la entendemos hoy» (p. 40).[11]

Contra esta doctrina Carlos Cano compone, produce y canta

---

11. Con una extensa obra crítica centrada en los afrodescendientes de Costa Rica y la región del Caribe, Quince Duncan es, además, autor de las novelas *Los cuatro espejos* (1973), *Final de calle* (1979) y *Kimbo* (1989). Entre sus narraciones breves destaca la colección *Un señor de chocolate: treinta relatos de la vida de Quince* (1996).

«Canción para Lucrecia», y al reconocer los trazos que el racismo deja —las estrategias de «contención racial» a las que he hecho referencia— sólo busca debilitar la fuerza que tiene la doctrina del racismo. No podemos olvidar, como señalan Solomos y Back, que la «racialización» de las relaciones sociales y políticas contemporáneas se debe tanto al racismo como al antirracismo (p. 104). En este sentido, evaluar las huellas del racismo es una actividad necesaria en la práctica del antirracismo para desmantelar las narraciones e ideologías racistas. Nada expone mejor la postura de Carlos Cano ante la lacra social que es el racismo que su acto de pedir perdón por el asesinato de Lucrecia Pérez. Un visionario musical, puede que sea necesario considerar a Carlos Cano también un visionario social que ya en 1994 reconocía el valor ético de pedir perdón.

Bibliografía

Obras analizadas

Cine y televisión

Bwana (1996), dir. Imanol Uribe, Aurum.
Las cartas de Alou (1990), dir. Montxo Armendáriz, Screen Internacional.
Cristo negro (1963), dir. Ramón Torrado, R. Gonzalo Elvira
Flores de otro mundo (1998), dir. Icíar Bollaín, La Iguana, Alta Films.
Havanera 1820 (1993), dir. Antoni Verdaguer, IMATCO, Televisió de Catalunya S.A.
Misión blanca (1946), dir. Juan de Orduña, CIFESA.
Poniente (2002), dir. Chus Gutiérrez, Ana Huete y Olmo Films.
Salvajes (2001), dir. Carlos Molinero, Filmax.
Se buscan fulmontis (1999), dir. Álex Calvo-Sotelo, Telefábrica Multimedia.

Literatura

Alonso i Català, M. (1998), *En el mar de les Antilles*, Oikos-Tau, Vilassar de Mar.
Dalmau, Á. (1999), *Habanera: El reencuentro con un oculto pasado antillano*, Algaida, Sevilla.
Del Moral, I. (1992), *La mirada del hombre oscuro*, Sociedad General de Autores, Madrid.
Ndongo-Bidyogo, D. (1997), *Los poderes de la tempestad*, Morandi, Madrid.
— (1987), *Las tinieblas de tu memoria negra*, Fundamentos, Madrid.

Omgbá, V. (2001), *Calella sen saída*, Galaxia, Vigo.
Sorel, A. (2000), *Las voces del Estrecho*, Muchnik, Barcelona.

Música

Amistades Peligrosas (1991), «Africanos en Madrid», *Relatos de una intriga*, EMI.
Cano, Carlos (1994), «Canción para Lucrecia», *Forma de ser*, Dahur.
Glutamato Ye-Yé (1984), «Todos los negritos tienen hambre y frío», *Todos los negritos tienen hambre y frío*, Ariola.
Mecano (1988), «El blues del esclavo», *Descanso dominical*, BMG.
Radio Futura (1988), «Paseo con la negra flor», *Maxisingle*, Ariola.
— (1984), «Semilla negra», *Maxisingle*, Ariola.
— (1984), «Un africano en la Gran Vía», *La ley del desierto/La ley del mar*, Ariola.

Bibliografía teórica y crítica

Abaga Edjang, F. (1997), *La ayuda externa en el desarrollo de Guinea Ecuatorial*, Los Libros de la Catarata, Madrid.
Addelston, J. (1999), «Doing the Full Monty with Dirk and Jane: Using the Phallus to Validate Marginalized Masculinities», *The Journal of Men's Studies*, 7.3, pp. 337-352.
Adelson, Leslie A. (2001), «Against Between: A Manifesto», *Unpacking Europe. Towards a Critical Reading*, eds., S. Hassan Salah e I. Dadi, Museum Boijmans Van Beuningen, NAi Publishers, Rotterdam, pp. 244-255.
Adorno, T. (1990), «On Popular Music», *On the Record*, eds., S. Frith y A. Goodwin, Pantheon, Nueva York, pp. 301-314.
Afinoguénova, E., «"What has to be occupied is the first chair in front every TV set": la crítica cultural de Manuel Vázquez Montalbán como estrategia política», http://vespito.net/mvm/cron.html.
Afro-Hispanic Review, 19.1 (2000) (monográfico sobre Guinea Ecuatorial).
Allinson, M. (2000), «The Construction of Youth in Spain in the 1980s and 1990s», *Contemporary Spanish Cultural Studies*, eds., B. Jordan y R. Morgan-Tamosunas, Arnold, Londres, pp. 265-273.
Álvarez Junco, J. (2001), *Mater Dolorosa. La idea de España en el siglo XIX*, Taurus, Madrid.

«Americanos» «Indianos»: arquitectura i urbanisme al Garraf, Penedès i Tarragonès (Baix Gaià), segles XVIII-XX (1998), 2.ª ed., Biblioteca-Museu Balaguer, Vilanova i la Geltrú.

Amnistía Internacional (2002), «SPAIN. Crisis of Identity. Race-related Torture and Ill-treatment by State Agents», Library. Online Documentation Archive (16 de abril), http://web.amnesty.org/library/Index/ENGEUR 410012002?open&of=ENG-317.

Andalucía Acoge, http://www.acoge.org.

Andrés Suárez, I. (2003), «Inmigración y literatura española actual: Las voces del Estrecho», España Contemporánea, 16, pp. 7-24.

Andújar Persinal, C. (1995), «La presencia negra en Santo Domingo», Presencia africana en el Caribe, coord. L. M. Martínez Montiel, Consejo Nacional para la Cultura y las Artes, México D.F., pp. 237-312.

Aparicio, R. y A. Tornos (2005), Las redes sociales de los inmigrantes extranjeros en España, Ministerio de Trabajo y Asuntos Sociales, Subdirección General de Información Administrativa y Publicaciones, Madrid.

Bakhtiarova, G. (2002), «Empires of the Habanera: Cuba in the Cultural Imaginary of Catalonia», University of Southern California (tesis doctoral).

— (2004), «Transatlantic Returns: The Habanera in Catalonia», Quadernse de l'Institut Català d'Antropologia, 3 http://www.icantropologia.org/quaderns-e/03/03_06.htm.

Bakhtin, M. (1988), The Dialogic Imagination, ed., M. Holquist, trads., C. Emerson y M. Holquist Austin, Texas UP.

Balcells, A. (1996), Catalan Nationalism, ed., G. J. Walker, trad., J. Hall, St. Martin's, Nueva York.

Baldwin, E. et al. (1999), Introducing Cultural Studies, Georgia UP, Atenas.

Balibar, E. e I. Wallerstein (1991), Race, Nation, Class: Ambigous Identities, Verso, Nueva York.

Ballesteros, I. (2001), Cine (in)surgente. Textos fílmicos y contextos culturales de la España posfranquista, Fundamentos, Madrid.

Bañón Hernández, A. M. (2002), Discurso e inmigración: Propuestas para el análisis de un debate social, Universidad de Murcia, Murcia.

Barbadillo, P. (1997), Extranjería, racismo y xenofobia en la España contemporánea. La evolución de los setenta a los noventa, CIS, Madrid.

Bauman, Z. (1991), Modernity and Ambivalence, Cornell UP, Ithaca.

Beiter, U. E., ed. (1999), The New Europe at the Crossroads, Peter Lang, Nueva York.

Bermúdez, S. (2001), «Rocking the Boat: The Black Atlantic in Spanish Pop Music From the 1980s and the '90s», Arizona Journal of Hispanic Cultural Studies, 5, pp. 177-193.

Bhabha, H. (1990), «DissemiNation: Time, Narrative, and the Margins of the

Modern Nation», *Nation and Narration*, ed., H. Bhabha, Routledge, Nueva York, pp. 291-322.
— (1994), «Frontlines/Borderposts», *Displacements. Cultural Identities in Question*, ed., A. Bammer, Indiana UP, Bloomington, pp. 269-272.
— (1994), *The Location of Culture*, Routledge, Nueva York.
Bloomfield, T. (1991), «It's Sooner than You Think, Or Where Are We in the History of Rock Music?», *New Left Review*, 190, pp. 59-81.
Blum, L. (2002), *«I'm not a Racist but...» The Moral Quandary of Race*, Cornell UP, Ithaca.
Bollaín, I. (1999), «Entrevista», *El Siglo* (9 de julio), 8C.
Brandes, S. (1990), «The Sardana: Catalan Dance and Catalan National Identity», *The Journal of American Folklore*, 103, pp. 24-40.
Cabré, J., J. Fuster, A. Verdaguer y V. Villatoro (1993), *Havanera: Adaptació literària del guió cinematogràfic a càrrec de Jaume Fuster*, Magrana, Barcelona.
Calvo Buezas, T. (1995), *Crece el racismo, también la solidaridad: los valores de la juventud en el umbral del siglo XXI*, Tecnos, Madrid.
— (1993), *El crimen racista de Aravaca*, Editorial Popular, Madrid.
— (1997), *Racismo y solidaridad de españoles, portugueses y latinoamericanos. Los jóvenes ante otros pueblos y culturas*, Libertarias, Madrid.
Campo Ladero, M.ª J. (2004), *Opiniones y actitudes de los españoles ante el fenómeno de la inmigración*, CIS, Madrid.
Camporesi, V. (1993), *Para grandes y chicos: Un cine para los españoles 1940-1990*, Turfan, Madrid.
Campos Serrano, A. (2002), *De colonia a estado: Guinea Ecuatorial, 1955-1968*, prólogo de D. Ndongo-Bidyogo, Centro de Estudios Políticos y Constitucionales, Madrid.
Cano, C., http://www.carloscano.com.
Castells, M. (2003), «El poder de la identidad» (18 de febrero), *El País.es*.
Castro de Paz, J. L. y J. Peña Pérez (1993), *Ramón Torrado: Cine de consumo no franquismo*, Xunta de Galicia, A Coruña.
Cavallaro, D. (2001), *Critical and Cultural Theory. Thematic Variations*, The Athlone Press, Londres.
Cea D'Ancona, M. Á. (2004), *La activación de la xenofobia en España, ¿Qué miden las encuestas?*, CIS, Madrid.
Certeau, M. de (1984), *The Practice of Everyday Life*, trad., S. Rendall., University of California P, Berkeley.
Cervera, R. (2002), *Alaska y otras historias de la movida*, Plaza y Janés, Barcelona.
Chambers, I. (1990), *Border Dialogues: Journeys in Postmodernity*, Routledge, Nueva York.

— (2001), *Culture after Humanism: History, Culture, Subjectivity*, Routledge, Nueva York.
— (1994), *Migrancy, Culture, Identity*, Routledge, Nueva York.
Civale, C. (2004), *Esclavos: Informe urgente sobre la discriminación en España*, Sudamericana, Buenos Aires.
Clarke, J. (2002), «The Skinheads and the Magical Recovery of Community», *Cultural Resistance Reader*, ed., S. Duncombe, Verso, Londres.
Clifford, J. (1992), «Travelling Cultures», *Cultural Studies*, eds., L. Grossberg, C. Nelson y P. Treichler, Routledge, Nueva York.
Colectivo IOE (1995), *Discursos de los españoles sobre los extranjeros. Las paradojas de la alteridad*, CIS, Madrid.
— (1995), «Extraños, distintos, iguales, o las paradojas de la alteridad. Discursos de los españoles sobre los extranjeros», *Revista de Educación*, 307, pp. 17-51.
— (2001), *¡No quieren ser menos! Exploración sobre la discriminación laboral de los inmigrantes en España*, Unión General de Trabajadores, Madrid.
Colmeiro, J. (1997), «"Pr'a Habana me vou": Identidad, tropicalización y nomadismo cultural en *Gallego*», *Cine-Lit III: Essays on Hispanic Film and Fiction*, Oregon State University, Corvallis.
Comissió Catalana del Cinquè Centenari del Descobriment d'Amèrica (1985), *I Jornades d'Estudis Catalano-americans*, Generalitat de Catalunya, Barcelona.
— (1987), *II Jornades d'Estudis Catalano-americans*, Generalitat de Catalunya, Barcelona.
— (1990), *III Jornades d'Estudis Catalano-americans*, Generalitat de Catalunya, Barcelona.
— (1992), *IV Jornades d'Estudis Catalano-americans*, Generalitat de Catalunya, Barcelona.
— (1993), *V Jornades d'Estudis Catalano-americans*, Generalitat de Catalunya, Barcelona.
Contamíname, Fundación para el Mestizaje Cultural. http://www.contaminame.org.
Conversi, D. (1997), *The Basques, the Catalans and Spain: Alternative Routes to Nationalist Mobilisation*, Nevada UP, Reno.
Corkill, D. (2000), «Race, Immigration and Multiculturalism in Spain», *Contemporary Spanish Cultural Studies*, eds., B. Jordan y R. Morgan-Tamosunas, Arnold, Londres, pp. 48-57.
Cornejo Parriego, R. (2002-2003), «Espacios híbridos, iconos mestizos: imaginando la España global», *Letras Peninsulares*, 15.3, pp. 515-531.
— (2005), «Genealogía esquizofrénica e identidad nacional en *Malena es un nombre de tango* de Almudena Grandes», *La pluralidad narrativa.*

Escritores españoles contemporáneos (1984-2004), eds., Á. Encinar y K. M. Glenn, Biblioteca Nueva, Madrid, pp. 43-59.
Covarrubias, S. de (1987), *Tesoro de la lengua castellana o española*, ed., M. de Riquer, Alta Fulla, Barcelona.
Deive, C. E. (1992), *Vodú y magia en Santo Domingo*, Fundación Cultural Dominicana, Santo Domingo.
Delgado, E. (2002), «La nación deseada: europeización, diferencia y la utopía de (las) España(s)», *From Stateless Nations to Postnational Spain/De naciones sin Estado a la España postnacional*, eds., S. Bermúdez, A. Cortijo Ocaña y T. McGovern, Society of Spanish and Spanish-American Studies, Boulder, pp. 207-221.
Derecho para tod@s, «Ley de Extranjería: causas y azares», http://www.nodo50org/derechoparatodos/Debates/.
Derribos Arias, http://www.derribosarias.com.
Du Bois, W. E. B. (1907), *The Souls of Black Folk. Essays and Sketches*, McClurg, Chicago.
Duncan, Q. (2001), *Contra el silencio: Afrodescendientes y racismo en el Caribe continental hispánico*, Universidad Estatal a Distancia, San José, Costa Rica.
El Caribe, 7 de mayo de 2005, http://www.elcaribe.com.do.
Elman, R. A. (2001), «Testing the Limits of European Citizenship: Ethnic Hatred and Male Violence», *NWSA Journal*, 13.3, pp. 49-69.
Encarnación, O. (2004), «The Politics of Immigration: Why Spain is Different», *Mediterranean Quarterly*, 15.4, pp. 167-185.
«Encuentro de jóvenes Viriatorock contra el Racismo y la Xenofobia», http://www.viriatorock.com.
Enzensberger, Hans M. (1992), *La gran migración*, trad., Michael Fabe-Kaiser, Anagrama, Barcelona.
Escalada, R. (2003), «El nacimiento de la movida madrileña», *Cuadernos Hispanoamericanos*, 636 (junio), pp. 8-14.
Escrivá, Á. (2000), «The Position and the Status of Migrant Women in Spain», *Gender and Migration in Southern Europe. Women on the Move*, eds., F. Anthias y G. Lazaridis, Berg, Nueva York, pp. 199-225.
Evans, M. (1996), «Languages of Racism within Contemporary Europe», *Nation and Identity in Contemporary Europe*, eds., B. Jenkins y S. A. Sofos, Routledge, Londres, pp. 83-100.
Fanon, F. (1967), *Black Skin/White Masks*, trad. Ch. Lam Markmann, Grove Press, Nueva York.
— (1965), *A Dying Colonialism*, trad., H. Chevalier, Grove Press, Nueva York.

Febrés, X. (1986), *Les havaneres, el cant d'un mar*, Quaderns de la revista de Girona, Girona.
Fernández-Fígares Romero de la Cruz, M. D. (2003), *La colonización del imaginario: Imágenes de África*, Universidad de Granada, Granada.
Ferrater i Mora, J. (1967), «Las formas de la vida catalana», *Obras selectas*, vol. 1, *Revista de Occidente*, pp. 238-275.
Fleitas Alonso, C. (1989), *Guinea: Episodios de la vida colonial*, Agencia Española de Cooperación Internacional, Madrid.
Foucault, M. (1995), *Discipline and Punish: The Birth of the Prison*, trad., A. Sheridan, Vintage Books, Nueva York.
— (1977), «Preface», *Anti-Oedipus: Capitalism and Schizophrenia*, F. Guattari y G. Deleuze, trad., R. Hurley *et al.*, Viking Press, Nueva York, pp. xi-xiv.
Fra-Molinero, B. (2002), «La educación sentimental de un exiliado africano: *Las tinieblas de tu memoria negra*, de D. Ndongo-Bidyogo», *Afro-Hispanic Review*, 21.1-2, pp. 161-170.
Frith, S. (1996), *Performing Rites: On the Value of Popular Music*, Harvard UP, Cambridge.
Gabilondo, J. (2003), «Historical Memory, Neoliberal Spain, and the Latin American Postcolonial Ghost: On the Politics of Recognition, Apology, and Reparation in Contemporary Spanish Historiography», *Arizona Journal of Hispanic Cultural Studies*, 7, pp. 247-266.
— (2001), «Introduction. The Hispanic Atlantic», *Arizona Journal of Hispanic Cultural Studies*, 5, pp. 91-113.
— (2002), «Uncanny Identity: Violence, Gaze and Desire in Contemporary Basque Cinema», ed., J. Labanyi, *Constructing Identity in Contemporary Spain: Theoretical Debates and Cultural Practices*, Oxford UP, Oxford, pp. 262-279.
Gallardo, G., «Mujeres del sur en Europa. Dominicanas en Madrid. La Vivencia del racismo», http://www.eurosur.org/wide/wspa/w9321720.html.
Gallero, J. L., ed. (1991), *Sólo se vive una vez. Esplendor y ruina de la movida madrileña*, Árdora, Madrid.
García Canclini, Néstor (2001), *La globalización imaginada*, Paidós, Buenos Aires.
García Gimeno, F. (1999), *El paraíso verde perdido, Guinea*, Pues, Madrid.
Gaya C. y M. Rizo, «Interculturalitat, immigració i cultura de la pau: els mitjans de comunicació com a constructors de l'immigrant», http://www.portalcomunicacion.com/catunesco/esp/2/2000/down/RG.PDF.
Gilman, Sander L. (1985), «Introduction: What Are Stereotypes and why Use Texts to Study Them?», *Difference and Pathology. Stereotypes of Sexuality, Race and Madness*, Cornell UP, Ithaca, pp. 15-35.

— (1985), «The Hottentot and the Prostitute: Toward an Iconography of Female Sexuality», *Difference and Pathology. Stereotypes of Sexuality, Race and Madness*, Cornell UP, Ithaca, pp. 77-108.

Gilroy, P. (1992), «Cultural Studies and Ethnic Absolutism», *Cultural Studies*, Routledge, Nueva York, pp. 187-198.

— (2004), «Foreword: Migrancy, Culture, and a New Map of Europe», *Blackening Europe. The African American Presence*, ed., H. Raphael-Hernández, Routledge, Nueva York, pp. xi-xxii.

Giménez Romero, C., coord. (1993), *Inmigrantes extranjeros en Madrid. Panorama social y perfil sociodemográfico*, Comunidad de Madrid, Madrid.

Glutamato Ye-Yé, http://crydee.sai.msu.ru/public/lyrics/cs-uwp/g/glutamato.yeye/vive.subida.

Goddard, K. (2000), «Looks Maketh the Man: The Female Gaze and the Construction of Masculinity», *The Journal of Men's Studies*, 9.1, pp. 23-39.

Gómez, M. A. (2002), «Subalternidad de raza y género en *La mirada del hombre oscuro*, de Ignacio del Moral y *Bwana*, de Imanol Uribe», *Estreno*, 28, 2, pp. 28-33.

Goytisolo, J. (1995), *El bosque de las letras*, Alfaguara, Madrid.

— (2003), *España y sus ejidos*, Hijos de Muley Rubio, Madrid.

— (2005), «París después de la batalla» (25 de noviembre), *El País.es*.

Goytisolo J. y S. Naïr (2000), *El peaje de la vida*, Aguilar, Madrid.

Graham, H. y A. Sánchez (1995), «The Politics of 1992», *Spanish Cultural Studies: An Introduction*, ed., H. Graham y J. Labanyi, Oxford UP, Oxford, pp. 406-418.

Gramsci, A. (1977), «Socialism and Culture», *Selections from Political Writings (1910-1920)*, ed., Q. Hoare, trad., J. Mathews, International Publishers, Nueva York, pp. 10-13.

Gregorio, C. (1988), *Migración femenina. Su impacto en las relaciones de género*, Narcea, Madrid.

Grinberg, L. y R. Grinberg (1996), *Migración y exilio: estudio psicoanalítico*, Biblioteca Nueva, Madrid.

Grossberg, L., C. Nelson y P. Treichler, eds. (1992), *Cultural Studies*, Routledge, Nueva York.

Guillot, E. (1992), *Radio Futura*, La Máscara, Valencia.

Halberstam, J. (2001), «Oh Behave! Austin Powers and the Drag Queens», *GLQ. A Journal of Lesbian and Gay Studies*, 7.3, pp. 425-452.

Hall, S. (1996), «On Postmodernism and Articulation», *Stuart Hall: Critical Dialogues in Cultural Studies*, eds., D. Morley y K.-H. Chen, Routledge, Nueva York.

— (1997), «The Spectacle of the Other», *Representation: Cultural Representations and Signifying Practices*, ed., S. Hall, Sage, The Open University, Londres, pp. 225-290.

Hargreaves, J. (2000), *Freedom For Catalonia? Catalan Nationalism, Spanish Identity and the Barcelona Olympic Games*, Cambridge UP, Cambridge.

Hassan, S. e I. Dadi (2001), «Introduction-Unpacking Europe», *Unpacking Europe. Towards a Critical Reading*, eds., S. Hassan Salah e I. Dadi, Museum Boijmans Van Beuningen, NAi Publishers, Rotterdam, pp. 12-21.

—, eds. (2001), *Unpacking Europe. Towards a Critical Reading*, Museum Boijmans Van Beuningen, NAi Publishers, Rotterdam.

«Havanera 1820», folleto promocional de la película, 4 pp.

Hines, Th. (2002), *I Want That. How We All Became Shoppers*, HarperCollins, Nueva York.

Hobsbawn, E. J. (2002), *Nations and Nationalism since 1780. Programme, Myth, Reality*, Cambridge UP, Cambridge.

Holmlund, C. A. (1991), «Displacing Limits of Difference: Gender, Race and Colonialism in Edward Said and Homi Bhabha's Theoretical Models and Marguerite Duras's Experimental Films», *Quarterly Review of Film and Video*, 13, pp. 1-22.

hooks, bell (1992), «Eating the Other. Desire and Resistance», *Black Looks. Race and Representation*, South End, Boston, pp. 21-39.

— (1992), «Representations of Whiteness», *Black Looks: Race and Representation*, South End, Boston, pp. 165-178.

Huntoon, L. (1998), «Immigration to Spain: Implications for a Unified European Union Immigration Policy», *International Migration Review*, 32.2, pp. 423-450.

«Inmigrantes. Crece la marea», http://www.elpais.es/19990808/espana/inmigra.htm.

Instituto Nacional de Estadística, http://www.ine.es.

Jameson, F. (1981), *The Political Unconscious: Narrative as a Socially Symbolic Act*, Cornell UP, Ithaca.

JanMohamed, Abdul R. (1986), «The Economy of Manichean Allegory: The Function of Racial Difference in Colonialist Literature», *«Race», Writing and Difference*, ed., H. L. Gates, Jr., The University of Chicago P, Chicago, pp. 78-106.

Jenkins, B. y A. Spyros Sofos, eds. (1996), «Nation and Nationalism in Contemporary Europe: A Theoretical Perspective», *Nation and Identity in Contemporary Europe*, Routledge, Londres, pp. 9-32.

Jones, Anny Brooksbank (1995), «Work, Women and the Family: A Critical Perspective», *Spanish Cultural Studies. An Introduction. The Strug-*

gle for Modernity, eds., H. Graham y J. Labanyi, Oxford UP, pp. 386-393.

Julián, I., C. Cadafalch y C. Grandas (1993), «Academicisme i modernitat en l'arquitectura dels indians a Catalunya», *V Jornades d'Estudis Catalanoamericans*, Generalitat de Catalunya, Barcelona, pp. 225-233.

Kamen, H. (1996), «Limpieza and the Ghost of Américo Castro: Racism as a Tool of Literary Analysis», *Hispanic Review*, 64.1, pp. 19-29.

Kendrick, W. (1998), «Dancing in the Dark», *Salmagundi*, 118-119, pp. 16-28.

Kristeva, J. (1991), *Strangers to Ourselves*, trad., L. Roudiez, Columbia UP, Nueva York.

Labanyi, J. (2000), *Gender and Modernization in the Spanish Realist Novel*, Oxford UP, Oxford.

— (2001), «Internalisations of Empire: Colonial Ambivalence and the Early Francoist Missionary Film», *Discourse*, 23.1, pp. 25-42.

— (1996), «Women, Asian Hordes and the Threat to the Self in Giménez Caballero's, *Genio de España*», *Bulletin of Hispanic Studies*, 73, pp. 377-387.

Lauretis, T. de (1994), *The Practice of Love. Lesbian Sexuality and Perverse Desire*, Indiana UP, Bloomington.

Lechado, J. M. (2005), *La movida: una crónica de los 80*, Algaba, Madrid.

Liniger-Goumaz, M. (1988), *Historical Dictionary of Equatorial Guinea*, 2.ª ed., Scarecrow P., Metuchen, NJ.

Lipovetsky, G. (1994), *The Empire of Fashion. Dressing Modern Democracy*, trad., C. Porter, Princeton UP, Princeton.

Lipsitz, G. (1994), *Dangerous Crossroads*, Verso, Londres.

López García, B. y A. Ramírez (1997), «¿España es diferente? Balance de la inmigración magrebí en España», *Migraciones*, 1, pp. 41-72.

Lucy, N. (1997), *Postmodern Literary Theory. An Introduction*, Blackwell, Oxford.

Madrid, D. (2005), *Insider. Un policía infiltrado en las gradas ultras*, Temas de Hoy, Madrid.

Maluquer de Motes, J. (1974), «La burguesía catalana i l'esclavitud colonial: modes de producció i pràctica política», *Recerques*, 3, pp. 83-136.

Martín-Cabrera, L. (2002), «Postcolonial Memories and Racial Violence in *Flores de otro mundo*», *Journal of Spanish Cultural Studies*, 3.1, pp. 43-55.

Martin-Márquez, S. (2002), «A World of Difference in Home-Making: The Films of Icíar Bollaín», *Women's Narrative and Film in Twenthieth-Century Spain*, eds., O. Ferrán y K. M. Glenn, Routledge, Nueva York, pp. 256-272.

Martínez Veiga, U. (2004), *Trabajadores invisibles. Precariedad, rotación y pobreza de la inmigración en España*, Los libros de la Catarata, Madrid.
Martí-Olivella, J., «When the Latino Family Goes Hollywood», http://fuentes.csh.udg.mx/CUCSH/Sincronia/olivella.htm.
Mateo Dieste, J. L. (1996), *El «moro» entre los primitivos: El caso del Protectorado Español en Marruecos*, La Caixa, Barcelona.
Mbembe, A. (2001), *On the Postcolony*, California UP, Berkeley.
McClintock, A. (1995), *Imperial Leather: Race, Gender and Sexuality in the Colonial Contest*, Routledge, Londres.
Miguens Lado, F. (2004), «Entrevista a Andrés Sorel», *Cuba Debate* (19 de noviembre), Colectivo Cádiz Rebelde, 20/7/2005 http://www.cubadebate.cu/index.php?tpl=especiales.
Miyara, A., *Diccionario argentino-español para españoles*, http://www.elcastellano.org/miyara/dic_arg_esp.html.
Molina Gavilán, Y. y Th. J. Di Salvo (2001), «Policing Spanish/European Borders: Xenophobia and Racism in Contemporary Spanish Cinema», *Ciberletras*, 5, http://www.lehman.cuny.edu/ciberletras/.
Montero, R. (1995), «The Silent Revolution: The Social and Cultural Advances of Women in Democratic Spain», eds., H. Graham y J. Labany, *Spanish Cultural Studies: An Introduction*, Oxford UP, Oxford, pp. 381-85.
Morley, D. y K.-H. Chen, eds. (1996), *Stuart Hall: Critical Dialogues in Cultural Studies*, Routledge, Nueva York.
Morrison, T. (1992), *Playing in the Dark. Whiteness and the Literary Imagination*, Vintage Books, Nueva York.
Mullings, B. (2004), «Caribbean Tourism: Trouble in Paradise?», *Introduction to the Pan-Caribbean*, ed., A. Tracey Skelton, Londres, pp. 97-117.
Museu d'Història de Catalunya (1998), *Escolta Espanya: Catalunya i la crisi del 98*, Proa, Barcelona.
«Música contra el Racismo», http://www.esquinalatina.com/noticias/noticias.asp?id=413.
Nair, P. (2002), «In Modernity's Wake: Transculturality, Deterritorialization and the Question of Community in Icíar Bollaín's, *Flores de otro mundo*», *Post Script*, 21.2, pp. 38-49.
Naïr, S. (1998), *Las heridas abiertas: Las dos orillas del Mediterráneo: ¿un destino conflictivo?*, El País, Madrid.
Ndongo-Bidyogo, D. (1998), «Guineanos y españoles en la interacción colonial (1900-1968)», eds., M. L. de Castro Antolín y D. Ndongo, *España en Guinea: construcción del desencuentro, 1778-1968*, Sequitur, Madrid, pp. 107-217.

Nederveen Pieterse, J. (1992), *White on Black. Images of Africa and Blacks in Western Popular Culture*, Yale UP, New Haven.
Negrín Fajardo, O. (1993), *Historia de la educación en Guinea Ecuatorial: El modelo educativo colonial español*, UNED, Madrid.
Nerín, G. (1998), *Guinea Ecuatorial, historia en blanco y negro*, Península, Barcelona.
N'gom, M'baré (1996), *Diálogos con Guinea: panorama de la literatura guineoecuatoriana de expresión castellana a través de sus protagonistas*, Labrys 54, Madrid.
Nikis, L., http://www.losnikis.com.
Olliz-Boyd, A. y G. Asoanab Abudu (1993), «Afro-Iberian Identity in the Early Literature of Spain: Precursor to the Afro-Hispanic Identity», *Imagination, Emblems and Expressions: Essays on Latin American, Caribbean, and Continental Culture and Identity*, ed., H. Ryan-Ranson, Bowling Green University Popular P, Bowling Green, pp. 283-299.
Omgbá, V. (2004), «África continente negado», *Emergencia*, ed., A. Jaar, Castilla-León, MUSAC.
O'Reilly, K. (2002), «Britain in Europe/the British in Spain: Exploring Britain's Changing Relationships to the Other through the Attitudes of its Emigrants», *Nations and Nationalism*, 8.2, pp. 179-193.
Ortega y Gasset, J. (1996), «Goethe desde dentro», 1932, *Obras completas*, 6.ª ed., vol. 4, *Revista de Occidente*, Madrid, pp. 381-427.
Pardo, J. R. (2005), *Historia del pop español*, Rama Lama, Madrid.
Partido Socialista de España: http://www.psoe.es.
Pratt, M. L. (1997), *Imperial Eyes. Travel Writing and Transculturation*, Routledge, Nueva York.
Radio Futura, http://www.galeon.com/radiofutura.
Ragolta, J. A. (1993), «La huella americana en Barcelona», *Barcelona, puerta europea de América*, Edimurtra, Barcelona, pp. 183-201.
Ramírez Goicochea, E. (1995), *Inmigrantes en España: vidas y experiencias*, CIS, Madrid.
Raphael-Hernández, H. (2004), ed., *Blackening Europe. The African American Presence*, Routledge, Nueva York.
Rodríguez Mediano, F. (1999), «Delegación de Asuntos Indígenas, S2N2. Gestión Racial en el Protectorado Español en Marruecos», *Awr_q* 20, pp. 173-206.
Ribas Mateos, N. (2004), *Una invitación a la sociología de las migraciones*, Bellaterra, Barcelona.
Rivas, M. (2002), «Afrogallegos», *El País semanal* (27 de octubre) http://www.elpais.es/suplementos/eps/eps2002_10_27/p1.html.
S.O.S Racisme Catalunya (1994), http://www.sosracisme.org

Said, E. W., *Orientalism*, Vintage, Nueva York.
Salas, A. (2004), *Diario de un skin. Un topo en el movimiento neonazi español*, 29 ed., Temas de Hoy, Madrid.
Santaolalla, I. (1999), «Close Encounters: Racial Otherness in Imanol Uribe's *Bwana*», *Bulletin of Hispanic Studies*, 76, pp. 111-122.
— (2002), «Ethnic and Racial Configurations in Contemporary Spanish Culture», *Constructing Identity in Contemporary Spain. Theoretical Debates and Cultural Practice*, ed., J. Labanyi, Oxford UP, Oxford, pp. 55-71.
— (2005), *Los «Otros». Etnicidad y «raza» en el cine español contemporáneo*, Prensas Universitarias de Zaragoza y Ocho y Medio, Libros de Cine, Zaragoza.
Scarry, E. (1996), «The Difficulty of Imagining Other People», *For Love of Country. Debating the Limits of Patriotism*, ed., J. Cohen, Beacon Press, Boston, pp. 98-110.
Shohat, E. (1991), «Gender and Culture of Empire: Toward a Feminist Ethnography of the Cinema», *Quarterly Review of Film and Video*, 13, pp. 45-84.
Shuker, R. (2001), *Understanding Popular Music*, Routledge, Londres.
Smart, Ian I. (2000), «Discovering Nicolás Guillén through Afrocentric Literary Analysis», *The Cultures of the Hispanic Caribbean*, eds., J. Conrad y J. Perivolaris, MacMillan, Londres, pp. 104-114.
Soler-Espiauba, D., ed. (2004), *Literatura y pateras*, Akal, Madrid.
Solomos J. y Les Back (1996), *Racism and Society*, MacMillan, Londres.
Spivak, G. (1991), «Can the Subaltern Speak?», eds., C. Nelson y L. Grossberg, *Marxism and the Interpretation of Culture*, University of Illinois P, Urbana, pp. 271-313.
Stolcke, V. (2004), «Qué entendemos por integración social de los inmigrantes», eds., F. Checa, J. Carlos Checa y Á. Arjona, *Inmigración y derechos humanos: La integración como participación social*, Icaria, Barcelona, pp. 17-45.
Subirats, E., ed. (2003), *Américo Castro y la revisión de la memoria (El Islam en España)*, Libertarias/Prodhufi, Madrid.
Subirats, E. (2003), *Memoria y exilio*, Losada, Madrid.
Tagg, Ph. (2000), «Analysing Popular Music: Theory, Method and Practice», *Reading Pop: Approaches to Textual Analysis in Popular Music*, ed., R. Middleton, Oxford UP, Nueva York, pp. 71-101.
Tawadros, G. (2001), «Preface-Modern Europeans», *Unpacking Europe. Towards a Critical Reading*, eds., S. Hassan Salah e I. Dadi, Museum Boijmans Van Beuningen, NAi Publishers, Rotterdam, pp. 8-11.
Tincknell, E. y D. Chambers (2002), «Performing the Crisis. Fathering, Gen-

der and Representation in Two 1990s Films», *The Journal of Popular Film and Television*, 29.4, pp. 146-155.

Torrecilla, J. (1996), *El tiempo y los márgenes. Europa como utopía y como amenaza en la literatura española*, University of North Carolina, Chapel Hill.

Trigo, A. (2000), «Migrancia, memoria, modernidad», *Nuevas perspectivas desde/sobre América Latina: El desafío de los estudios culturales*, ed., M. Moraña, Cuarto Propio/Instituto Internacional de Literatura Iberoamericana, Santiago de Chile, pp. 273-291.

Trouillot, M.-R. (1995), *Silencing the Past. Power and the Production of History*, Beacon Press, Boston.

Ugarte, M., y M'baré N'gom, eds. (2004), *Equatorial Guinea in Spanish Letters*, *Arizona Journal of Hispanic Cultural Studies*, 8.

Underhill, P. (1999), *Why We Buy. The Science of Shopping*, Simon & Schuster, Nueva York.

United Nations, «The Feminization of Poverty», http://www.un.org/womenwatch/daw/followup/session/presskit/fs1.htm.

Urioste, C. de (1999), «Migración y racismo en el cine español», *Monographic Review/Revista Monográfica*, 15, pp. 44-59.

Urrero Peña, G. (2003), «Movida, carnaval y cultura de masas.» *Cuadernos Hispanoamericanos*, 636, pp. 15-29.

Van Sertima, I. (1976), *They Came Before Columbus: The African Presence in Ancient America*, Random House, Nueva York.

Vargas Llovera, M. D. y J. M. Santacreu Soler (1999), *Antropología e historia contemporánea de la inmigración en España*, Universidad de Alicante, Alicante.

Vázquez Arce, C. (2000), «*Tuntún de pasa y grifería*: A Cultural Project», *The Cultures of the Hispanic Caribbean*, eds., C. James y J. Perivolaris, MacMillan, Londres, pp. 86-103.

Vázquez García, R. (2005), «Inmigración y seguridad nacional. Los inmigrantes en la opinión pública española: una interpretación», *Seguridad y diversidad en las sociedades contemporáneas*, ed., C. de Cueto, Biblioteca Nueva, Madrid.

Vázquez Montalbán, M. (1998), *Crónica sentimental de España*, Grijalbo, Barcelona.

Vilarós, T. M. (1998), *El mono del desencanto. Una crítica cultural de la transición española (1973-1993)*, Siglo XXI, Madrid.

Vincenot, E. (2002), «Alou, Saïd, Mihai et les autres: les immigrés dans le cinéma espagnol des années 90», *Penser le cinéma espagnol (1975-2000)*, ed., N. Berthier, GRIMH/GRIMIA, Lyon, pp. 87-95.

Young, R. J. C. (1995), *Colonial Desire: Hybridity in Theory, Culture, and Race*, Routledge, Londres.

Zamora Loboch, F. (1994), *Cómo ser negro y no morir en Aravaca*, Ediciones B, Barcelona.
Zavala, I. M. (2000), *El bolero. Historia de un amor*, Celeste, Madrid.

Otras obras mencionadas

Cine y televisión

Cosas que dejé en La Habana (1997), dir. Manuel Gutiérrez Aragón, Sogetel, Tornasol Films.
En la puta calle (1997), dir. Enrique Gabriel, A.T.P.I.P. Producciones, Trastorno Films.
The Full Monty (1997), dir. Peter Cattaneo, Fox.
Gallego (1987), dir. Manuel Octavio Gómez, ICAIC.
Lejos de África (1996), dir. Cecilia Bartolomé, Marea Films.
Raíces (1977), dir. Marvin J. Chomsky, John Erman, David Greene, Gilbert Moses, 8 episodios, ABC, Warner Bros, TV.
Said (1998), dir. Lorenç Soler, Ferrán Llagostera.
Taxi (1996), dir. Carlos Saura, PC Filmart.
El techo del mundo (1995), dir. Felipe Vega, Marea Films, Fama Films, Cocodrile Productions.
El traje (2002), dir. Alberto Rodríguez, Tesela PC.

Literatura

Alberti, R. (1936), «Cuba dentro de un piano», Mediodía, La Habana.
Aldecoa, J. (1990), *Historia de una maestra*, Anagrama, Barcelona.
Alonso de Santos, J. L. (1998), *Salvajes*, Fundación Autor, Madrid.
Barnet, M. (1985), *Gallego*, Letras cubanas, La Habana.
Baudelaire, Ch. (1991), *Oeuvres Completes*, Seuil, París.
Duncan, Q. (1979), *Final de calle*, Costa Rica, San José.
— (1989), *Kimbo*, Costa Rica, San José.
— (1973), *Los cuatro espejos*, Costa Rica, San José.
— (1996), *Un señor de chocolate: treinta relatos de la vida de Quince*, Universidad Nacional, Heredia.
García Lorca, F. (1999), *Doña Rosita la soltera o el lenguaje de las flores*, Espasa Calpe, México.

García Benito, M. Á. (1999), *Por la vía de Tarifa*, Calambur, Madrid.
Goytisolo, J. (1995), *Coto vedado*, Mondadori, Barcelona.
— (1985), *Juan sin tierra*, Seix Barral, Barcelona.
— (1985), *Paisajes después de la batalla*, Montesinos, Barcelona.
Grandes, A. (1994), *Malena es un nombre de tango*, Tusquets, Barcelona.
Gutiérrez, P. J. (1998), *Trilogía sucia de La Habana*, Anagrama, Barcelona.
Haley, A. (1976), *Roots*, Goldenday, Garden City, NY.
Hernández-Lafuente, A. (1999), *Aguas de cristal, costas de ébano*, Cálamo, Alicante.
López Mozo, J. (1997), *Ahlan*, Cultura Hispánica, Madrid.
Mendoza, E. (1986), *La ciudad de los prodigios*, Seix Barral, Barcelona.
Merino, J. M. (2003), *El heredero*, Alfaguara, Madrid.
Muñoz del Monte, F., «La mulata», http://www.bnrd.gov.do/poesia1/1800-1868.htm.
Omgbá, V. (2002), *Carreró sense sortida*, Galera, Barcelona.
Palés Matos, L. (1995), *La poesía de Luis Palés Matos: Edición Crítica*, ed., M. López-Baralt, Universidad de Puerto Rico, Río Piedras.
Riera, C. (2000), *Por el cielo y más allá*, Alfaguara, Madrid.
Villaverde, C. (1986), *Cecilia Valdés*, Porrúa, México.

Música

Ana Belén y Víctor Manuel (1994), «Contamíname», *Mucho más que dos*, Ariola.
Cano, C. (1992), *Mestizo*, SONY.
Derribos Arias (1983), «Crematorio», *En la guía, en el listín*, Gasa.
— (1983), «Europa», *En la guía, en el listín*, Gasa.
Gámez, C. (1997), «Al Congo», «Mañana me pertenece», *Grandes éxitos 1927-1946*, Blue Moon.
Glutamato Ye-Yé (2001), *Glutamato Ye-Yé. Lo mejor de la edad de oro del pop español*, BMG.
Jarabe de Palo (1996), «La flaca», *La flaca*, EMI-Odeon.
Los Nikis (1985), «El imperio contraataca», *El imperio contraataca*, Dro/3 cipreses.
Radio Futura (1987), «Viento de África», *La canción de Juan Perro*, Ariola.
SKA-P (2000), «Lucrecia» *Planeta eskoria*, Sony, BMG.

Colaboradores

Galina Bakhtiarova. Nacida en Moscú, obtuvo la licenciatura en lenguas de Moscow Linguistic University, y se doctoró por la University of Southern California, Los Angeles (EE.UU.). En la actualidad es profesora de lengua, literatura y cultura hispanas en Western Connecticut State University. Escribe sobre las culturas de España, Catalunya y el Caribe en los siglos XIX y XX desde una perspectiva transatlántica. Sus artículos han aparecido en *Journal of Transatlantic Studies* y *Quaderns-e del Institut Català d'Antropologia*. Actualmente está escribiendo un libro sobre las permutaciones de la habanera catalana en la música y el cine. Su próximo proyecto se enfoca en la representación de España en la ópera.

Silvia Bermúdez, profesora de estudios culturales contemporáneos en University of California-Santa Barbara (EE.UU.), es autora de dos libros y más de treinta ensayos sobre literatura, música y cultura popular, nacionalismos, relaciones transatlánticas y cuestiones de género e identidad sexual en las producciones de España, América Latina y Galicia. Co-editora del volumen *From Stateless Nations to Postnational Spain/ De naciones sin estado a la España Postnacional* (2002), trabaja en la actualidad en cuestiones migratorias y étnico-raciales en su libro *Rocking the Boat: The Rhythms of Immigration in Spanish Pop Music, 1984-2004*, de próxima aparición.

Simplice Boyogueno, estudiante de doctorado en Michigan State University (EE.UU.), falleció cuando este libro estaba en vías de publicación. Trabajaba sobre literatura caribeña centrándose fundamentalmente en el Caribe hispánico, pero también en la producción literaria de las Antillas anglófonas y francófonas. Le interesaban, ante todo, la diáspora y la conexión entre raza, etnia e identidad en el marco del Atlántico. En su tesis doctoral estaba analizando la narrativa y el cine sobre la inmigración de afro-caribeños y africanos a España en los últimos treinta años.

Josefina Cornejo, traductora. Licenciada en Filología Inglesa y en Traducción e Interpretación (inglés y alemán) por la Universidad de Salamanca, obtuvo una beca que le permitió trabajar como traductora en la sede de las Naciones Unidas en Nueva York. Ha colaborado en la *Enciclopedia de Traducción Española* (ENTRAES), proyecto del Instituto Cervantes, con entradas sobre T.S. Eliot y William Shakespeare. Además de dedicarse a la traducción, ha publicado ensayos sobre Edwidge Danticat, Gayl Jones y Alice Walker.

Dosinda García-Alvite es profesora de español en el Departamento de Lenguas Modernas de Denison University (EE.UU.). Ha publicado diversos artículos sobre cine y literatura españoles contemporáneos, centrándose en la cuestión de la migración africana, la emigración española y la política de género. Sus artículos han aparecido en *Arizona Journal of Hispanic Cultural Studies*, *MLA Teaching Series*, *Espéculo* y *Cincinnati Review*.

Olga López Cotín. Doctorada por University of Michigan (EE.UU.), es profesora y directora del programa de español en Residential College (University of Michigan). Su investigación y publicaciones han girado en torno a la reconstrucción histórica del sujeto femenino en el ámbito literario chileno, la ciudad como topografía del deseo, y el efecto de las dictaduras chilena y españolas en el trazado de sociedades que confrontan el peso de la memoria, la violencia y el trauma al tiempo que generan simultáneos discursos de resistencia. Sus intereses actuales se han orientado hacia las definiciones de nación que España ha venido formulando a partir de la guerra civil, desde la recuperación de los mitos imperialistas homogeneizadores del franquismo hasta las apertura a una heterogeneidad cultural a partir de la descentralización gubernamental, la creciente presencia de la población inmigrante, y la participación cívica de la población gitana. Ha sido colaboradora en el diseño de un proyecto docente, *Cultures in Dialogue: Crossing External and Internal Boundaries*, con la participación de profesorado universitario, organizaciones de base y centros culturales en Granada. El proyecto se orienta a formular la inmigración en el marco de referencia más amplio del nuevo cosmopolitismo e hibridación que resultan de los constantes flujos humanos en nuestras sociedades actuales.

Jorge Marí obtuvo su doctorado en la universidad de Cornell (EE.UU.) y actualmente es profesor de estudios culturales, narrativa y cine españoles contemporáneos en la Universidad del Estado de Carolina del Norte (EE.UU.). Ha sido profesor invitado en las universidades de Lyon (Francia) y Duke (EE.UU.) y ha dado numerosas conferencias en Francia, España y

Estados Unidos. Es autor del libro *Lecturas espectaculares: el cine en la novela española desde 1970* (2003) y ha publicado artículos sobre Juan Marsé, Antonio Muñoz Molina, Terenci Moix, Francisco Umbral y Manuel Vázquez Montalbán, entre otros. En la actualidad trabaja en un libro sobre las interacciones de erotismo y política en la España del tardofranquismo y la transición.

Susan Martin-Márquez es profesora en Rutgers University (New Jersey, EE.UU.). Su primer libro, sobre la teoría fílmica feminista y el cine español, fue publicado por Oxford University Press en 1999. Junto con varios autores ha trabajado en otro libro (bajo contrato con Berghahn Books) que estudia la práctica de la memoria y de la vida cotidiana de las primeras décadas de la España franquista, a través de una historia oral de la experiencia del cine de esa época. Acaba de terminar un tercer libro, *Desorientaciones: El colonialismo español en África y la cartografía cultural de la identidad*, producto de diez años de investigación sobre los vínculos entre España y África. En él estudia la reconstrucción de la identidad nacional de España tras el re-descubrimiento del pasado andalusí al comienzo de la época moderna, período en el que los españoles emprenden la colonización (y más tarde, la descolonización) de África a la vez que intentan asimilar su propio pasado afro-islámico.

Salvador A. Oropesa es catedrático de lengua y literatura españolas desde el año 2003 en Kansas State University. Emigrante. Ha estudiado el problema de la identidad sexual, nacional y étnica en el cine y la literatura. Tiene trabajos sobre nacionalismo español a partir de autores como Elvira Lindo, Lorenzo Silva, Carlos Saura y Antonio Cuadri. Ha investigado la identidad sexual, su representación en la literatura y su relación con el nacionalismo en autores de la Generación Contemporáneos de México: Salvador Novo, Xavier Villaurrutia, Agustín Lazo y Guadalupe Marín. Es un firme defensor de una España plural, constitucional, diversa y multiétnica.

María P. Tajes, doctora en Filosofía y Letras por la universidad de Rutgers (New Jersey, EE.UU.), es profesora de Literatura Española en la universidad de William Paterson (New Jersey). Su investigación se centra en literatura y textos visuales resultantes de movimientos migratorios desde y hacia España. Entre sus publicaciones se encuentra el libro *El cuerpo de la emigración y la emigración en el cuerpo; desarraigo y negociación de identidad en la literatura de la emigración española* (Peter Lang, 2006). También ha publicado varios artículos y entrevistas en torno a esta temática. Entre los más recientes destacan «Conversaciones en el margen; entrevista con Víctor

Omgbá» (*Afro-Hispanic Review*), «From Colonial Discourses to Hybrid Identities: Spanish Emigration to Latin America in Two Representative Texts» (*Chasqui*) y «*Mamá*, una novela verdad; conversación con el escritor y periodista argentino Jorge Fernández Díaz» (*Brújula*).

Fernando Valerio-Holguín ha sido profesor de literatura latinoamericana y de teoría literaria en la Universidad Autónoma de Santo Domingo (UASD) y en el Instituto Tecnológico de Santo Domingo (INTEC). Actualmente es profesor de literatura y cultura afro-caribeñas en Colorado State University. Ha obtenido varias becas para realizar estudios y llevar a cabo investigaciones en el área de literatura y cultura afrocaribeñas (Fulbright, Mellon Foundation Grant, International Development Studies, U. S. Department of Education, y British Academy) y ha publicado numerosos ensayos sobre literatura, cine, música y cultura. Es autor de los siguientes libros: *Viajantes insomnes* (cuentos, 1982), *Poética de la frialdad* (crítica, 1996), *Autorretratos* (poesía, 2002), *Memorias del último cielo* (novela, 2002), *Café Insomnia* (cuentos, 2002), reeditado en Tegucigalpa (Honduras), con el título *El Palacio de Eros* (2004), y *Banalidad posmoderna: Ensayos sobre identidad cultural latinoamericana* (crítica, 2006). Ha editado *Arqueología de las sombras: La narrativa de Marcio Veloz Maggiolo (2000)*, y co-editado *The Caribbean(s) Redefined* (1997); *(De)Constructing the Mexican-American Border* (1998) y *La República Dominicana en el umbral del Siglo XXI: Cultura, política y cambio social* (2000).

Alberto Villamandos obtuvo su doctorado en la Universidad de Ottawa (Canadá) y en la actualidad es profesor en la Universidad de Missouri-Kansas City (E.E.U.U) en el área de literatura peninsular de los siglos XX y XXI. Ha trabajado sobre la historia intelectual del tardofranquismo y el papel del intelectual comprometido. Sus últimos proyectos incluyen un libro sobre la producción cultural de la *Gauche divine* de Barcelona y el análisis de la inmigración interior en España desde un enfoque poscolonial.

Índice onomástico

Abaga Edjang, Fernando, 75, 76
Addelston, Judi, 134
Addy, Mark, 131
Adelson, Leslie, 30
Adorno, Theodor, 246
Afinoguénova, Eugenia, 86, 87
Alaska (Olvido Gara), 103, 106
Alberti, Rafael, 40
Alcohol Jazz, 240
Aldecoa, Josefina, 25
Allinson, Mark, 103
Almodóvar, Pedro, 103, 105-108
Alonso de Santos, José Luis, 218
Alonso i Catalá, Manuel 23, 39
Álvarez Junco, 129
Amin, Idi, 76
Amistades peligrosas, 27, 87-91, 93, 95, 98, 111, 240
Ana Belén, 123
Anderson, Paul, 134
Andrés Suárez, Irene, 172, 182, 242
Andújar Persinal, Carlos, 247
Aparicio, Rosa, 196, 197, 205
Arango, Ernesto, 128
Armendáriz, Montxo, 29, 31, 32, 92, 93, 127, 144, 146, 147, 155, 167, 170-175, 179, 180, 182, 185, 187, 189, 220

Artaud, Antonin, 110
Asoanab Abudu, Gabriel, 20
Aughssal, Said, 240
Auserón, Luis y Santiago, 106, 110, 111, 113-117, 123
Aviador Dro, 106

Back, Les, 242, 248, 250
Baez, Joan, 242
Bairoch, Paul, 198
Bajo Ulloa, Juanma, 180
Bakhtiarova, Galina, 23, 24, 39
Bakhtin, Mikhail, 172
Balcells, Albert, 43
Baldwin, Ellen, 176
Balibar, Étienne, 162, 163
Ballesteros, Isolina, 32, 144, 153
Bañón Hernández, Antonio, 240
Barbadillo, Patricia, 240
Barber, Paul, 130
Barnet, Miguel, 172
Barón Rojo, 109
Barricada, 111
Bartolomé, Cecilia, 25
Batista, Fulgencio, 106
Baudelaire, Charles 45
Bauman, Zygmunt, 229
Beiter, Ursula, 35

Berlanga, Carlos, 106
Bermúdez, Silvia, 21, 27, 34, 88, 89, 93, 97, 110, 122, 159, 239, 242
Bethancourt, Elva de, 61
Bhabha, Homi, 29, 68, 104, 157, 168, 169, 171, 185, 192, 213
Bizet, Georges, 43
Bloomfield, Terry, 242
Blum, Lawrence, 228
Bolaños, Mariano, 81
Bollaín, Icíar, 31, 127, 128, 157-162, 166, 170, 219, 220
Bowie, David, 108
Boyogueno, Simplice, 20, 31, 32, 34, 167
Brandes, Stanley, 43
Brooks, Roy L., 246

Cadafalch, Cristina, 42
Calvo Buezas, Tomás, 145, 239-241, 245, 248
Calvo-Sotelo, Alex, 29, 125, 127, 134, 140
Campo Ladero, M.ª Jesús, 240
Campoamor, Manolo, 106
Camporesi, Valeria, 61
Campos Serrano, Alicia, 59, 70
Cano, Carlos, 21, 34, 88, 240, 241, 243, 244, 246, 247, 249, 250
Cano, José María, 100
Cano, Nacho, 100
Canut, Nacho, 106
Carballeira, Enriqueta, 128
Carlyle, Robert, 131
Carrero Blanco, Luis, 61
Cases, Carles, 46
Castells, Manuel, 17
Castro de Paz, José Luis, 65
Castro, Américo, 19, 218, 232
Castro, Josué, 198
Cattaneo, Peter, 29, 125

Cavallaro, Dani, 223
Cea D'Áncona, María Ángeles, 191, 192, 209, 210
Cebrián, Juan Luis, 108
Ceesepe, 107
Certeau, Michel de, 83
Cervantes, Miguel de, 17, 35
Cervera, Rafa, 103, 105, 107
Chambers, Iain, 146, 148, 150, 156, 157, 159, 162, 222
Chamorro, Paloma, 105, 107
Civale, Cristina, 240
Clarke, John, 230, 231
Clifford, James, 30, 158
Cocteau, Jean, 223
Collins, Judy, 242
Colmeiro, José, 172
Colón, Cristóbal, 181, 241, 249
Comesaña, Alberto, 98
Conversi, Daniele, 43
Copjec, Joan, 136
Corkill, David, 227
Cornejo Parriego, Rosalía, 13, 14, 127
Cornelius, Henry, 125
Costa, Joaquín, 224
Covarrubias, Sebastián de, 138
Cuerda, José Luis, 126

Dadi, Iftikhar, 17
Dalmau, Ángeles, 24, 40, 50
Deive, Carlos, 247
Deleuze, Gilles, 110, 217
Delgado, Elena, 18
Derribos Arias, 106, 109
Di Salvo, Thomas, 85, 86, 144, 182, 220
Díez Repolles, Luis, 209
Doane, Mary Ann, 136
Domínguez García, Javier, 139
Donald, James, 136

Índice onomástico _____ 273

Donés, Pau, 123
Drexler, Jorge, 240
Du Bois, W. B., 169
Dumas, Alexandre, 236
Dumont, Remé, 198
Duncan, Quince, 249
Duras, Marguerite, 46
Dylan, Bob, 242

Elliott, Stephen, 137
Elman, Amy, 226
Encarnación, Omar, 227, 228, 231
Enzensberger, Hans Magnus, 155, 239, 243, 244
Escalada, Rafael, 103
Escrivá, Ángeles, 159
Evans, Martin, 228

Fanon, Frantz, 68, 69, 74, 163, 185, 186
Febrés, Xavier, 49
Fernández-Fígares Romero de la Cruz, M.ª Dolores, 54, 58, 59
Ferrater i Mora, J., 40
Fesser, Javier, 127
Fleitas Alonso, Carlos, 54, 55
Folk, Abel, 43
Foucault, Michel, 175, 217
Fraga Iribarne, Manuel, 200
Fra-Molinero, Baltasar, 74
Franco, Francisco, 25, 50, 53-55, 57, 59, 61, 77, 78
Frith, Simon, 242

Gabilondo, Joseba, 19, 180, 245, 246
Gabinete Caligari, 106, 109
Gabriel, Enrique, 170
Galán, Francisco «Pacho», 247
Gallardo, Gina, 248
Gallero, José Luis, 104, 105, 108, 109, 111

Gámez, Celia, 81, 82
Ganivet, Ángel, 224
García Alix, Alberto, 107
García Berlanga, Luis, 125
García Canclini, Néstor, 30, 31, 35
García Gimeno, Fernando, 54, 55, 57
García Lorca, Federico, 40
García-Alvite, Dosinda, 20, 33, 217
García-Benito, Nieves, 171
Gaudí, Antoni, 13, 42
Gaya, C., 239
Gilman, Sander, 112, 120
Gilroy, Paul, 17, 18, 22, 26, 168-171
Giménez Romero, Carlos, 240
Giménez-Caballero, Ernesto, 62
Glutamato Ye-Yé, 27, 87, 88, 90, 91, 93, 95, 99, 109, 110
Gobineau, Arthur, 163
Goddard, Kevin, 136
Gómez de Liaño, Ignacio, 104, 108
Gómez, Manuel Octavio, 172,
Gómez, María Asunción, 176
González, Felipe, 126
Goytisolo, Juan, 13, 18, 19, 22, 34, 144, 217, 218, 234, 235
Graham, Helen, 83
Gramsci, Antonio, 154
Granada, Luis de, 232
Grandas, Carmen, 42
Grandes, Almudena, 23
Greig, Donald, 136
Grinberg, León y Rebeca, 205
Guattari, Felix, 217
Güell, Joan, 42
Guerra, Pedro, 123, 165, 240
Guerrilla Gorila, 240
Guillén, Nicolás, 21, 247
Guillot, Eduardo, 110, 111
Gutiérrez Aragón, Manuel, 170, 220
Gutiérrez, Pedro Juan, 24

Gutiérrez, Txus (Chus), 33, 103, 110, 219

Habana Abierta, 240
Halberstam, Judith, 131, 132, 137
Haley, Alex, 94
Hall, Stuart, 112, 157
Hanson, Steve, 133
Hargreaves, John, 39, 40
Haro Ibars, Eduardo, 107
Hassan, Salah, 17
Herman, Mark, 125
Hernández Lafuente, Adolfo, 171
Herrera, Ángela, 158
Hines, Thomas, 133
Hitler, Adolf, 217, 231
Hobsbawn, Eric J., 139, 140
Holmlund, Christine A., 46
hooks, bell, 67, 121, 122
Hortelano, El, 107
Huntoon, Laura, 228

Iggy Pop, 108

Jaime I el Conquistador, 45
Jameson, Fredric, 166
JanMohamed, Abdul, 112
Jara, Víctor, 243
Jarabe de Palo, 123
Jarju, Mulie, 168
Jávaga, Sonia, 128
Jenkins, Brian, 220
Jiménez Peña, Juanjo, 127
Jofre, Alfonso, 81
Jones, Anny Brooksbank, 131
Jover, Carles, 41
Julián, Imma, 42

Kaka de Luxe, 106, 109, 110
Kamen, Henry, 232
Kendrick, Walter, 133, 139

Kristeva, Julia, 149, 154, 175, 176, 223

Labanyi, Jo, 58, 61, 62, 77, 126, 128
Landa, Alfredo, 131
Las Chinas, 106
Las Costus, 106, 107
Las Vulpess, 107
Lauretis, Teresa de, 136
Lazarillo de Tormes, 35, 223
Le Bon, Gustave, 163
Lechado, José Manuel, 103, 109
Leguina, Joaquín, 108
Legrá, José, 127
Leño, 109
León de Aranoa, Fernando, 125, 127
Liniger-Goumaz, Max, 74, 76
Lipsitz, George, 242
Lope de Vega, Félix, 40, 223
López Cotín, Olga, 19, 27, 30, 33, 127, 143, 176
López García, Bernabé, 228
López Mozo, Jerónimo, 32, 34
López y Lopez, Antonio, 42
Loquillo, 109
Los Nikis, 109
Los Rodríguez, 240
Loyola, Ignacio de, 232

Machín, Antonio, 127
Macías, Francisco, 14, 25, 26, 74, 76-78
MacKendrick, Alexander, 125
MacNamara (Miguel de), Fabio, 106
Madrid, David, 231
Maeztu, Ramiro de, 224
Maluquer de Motes, Jordi, 41
Manger, Christopher, 125
Marí, Jorge, 18, 20, 27, 81, 110
Márquez, Fernando, 106, 108
Martín Begué, Sigfrido, 107

Índice onomástico ——————————————————— 275

Martín-Cabrera, Luis, 159, 163
Martínez Veiga, Ubaldo, 227
Martin-Márquez, Susan, 25, 26, 28, 53, 164, 224
Martí-Olivella, Jaume, 165
Mateo Dieste, Josep Lluís, 55
Mateos, Rosa María, 227
Máximo, 18
Mbembe, Achille, 168, 169, 185
McClintock, Anne, 20, 22, 24, 26, 65, 160, 165
Mecano, 27, 87, 88, 93, 95-97, 100, 111, 240
Medem, Julio, 180
Mejía, Lisette, 158
Mellencamp, Patricia, 136
Menchú, Rigoberta, 247, 248
Mende, Tibor, 198
Mendoza, Eduardo, 38
Menéndez Pelayo, Marcelino, 125
Merino, José María, 40
Milanés, Pablo, 243
Mirena, Juan, 239
Mistral, Jorge, 61
Miyara, Alberto, 81
Molero, Antonio, 128
Molero, Herminio, 106, 110
Molina Gavilán, Yolanda, 85, 86, 144, 182, 220
Molinero, Carlos, 33, 127, 218
Montero, Rosa, 84, 85
Moral, Ignacio del, 148, 150, 151, 176
Moro, V., 81
Morrison, Toni, 26, 27
Mullings, Beverly, 249
Muñoz del Monte, Francisco, 116, 120, 121
Muñoz, René, 61, 65
Mussolini, Benito, 217

N'gom, M'baré, 25

Nacha Pop, 106
Naïr, Sami, 143, 144
Nazario, 107
Ndongo-Bidyogo, Donato, 25, 26, 56, 57, 70-72, 74, 76, 77
Nederveen Pieterse, Jan, 225, 230, 235
Negrín Fajardo, Olegario, 55-57
Nerín, Gustau, 54, 55, 57, 60, 61
Ngugi, wa Thiong'o, 185

O'Reilly, Karen, 230
Obiang, Teodoro, 14
Olliz-Boyd, Antonio, 20
Omgbá, Víctor, 14, 20, 32, 191, 193-195, 197-199, 201, 205, 207, 213
Orduña, Juan de, 25, 57
Orejudo, Antonio, 134, 140
Oropesa, Salvador, 29, 125
Ortega y Gasset, José, 146
Ortiz de Villajos, Ángel, 81
Osorio, Amado, 54
Ouka Lele, 107

Palés Matos, Luis, 21, 247
Paraíso, 106
Parálisis Permanente, 106
Pardo, José Ramón, 106
Parra, Violeta, 243
Pedro el Grande, 45
Pegamoides, 106
Pelayo, I. G., 98
Peña Pérez, Jaime, 65
Peret, 121
Pérez Galdós, Benito, 40
Pérez Mínguez, Pablo, 107
Pérez Villalta, Guillermo, 107
Pérez, Lucrecia, 34, 122, 159, 160, 239-241, 243, 244, 246, 248-250

Petrarca, 121
Pla, Albert, 88
Porres, Martín de, 61, 65
Pratt, Mary Louise, 203
Primo de Rivera, José Antonio, 61

Quevedo, Francisco de, 40, 224
Quiroga, L., 81

Radio Futura, 21, 28, 99, 103, 104, 106, 110-112, 114, 117, 122, 123
Ragolta, Jaime Aymar, 42
Rajoy, Fernando, 209
Ravel, Maurice, 43
Recio, Manuel y Ramón, 99
Reed, Lou, 108
Resines, Antonio, 131
Reyes Católicos, 18
Ribas Mateos, Natalia, 197
Riera, Carme, 23
Rivas, Manuel, 35
Rivas, Quico, 108, 110
Rizo, M., 239
Roach, Jay, 137
Rodríguez Mediano, Fernando, 54
Rodríguez, Alberto, 171
Rodríguez, Silvio, 243
Romay, Ikay, 44
Roy, Ysa, 81
Ruiz de la Prada, Ágatha, 107

Sabina, Joaquín, 88, 240
Sacristán, José, 131
Said, Edward, 26, 117, 149, 184
Saint-Saëns, Camille, 43
Salas, Antonio, 226, 231
Salazar, Antonio, 59
Samà, Salvador, 42
Sánchez Albornoz, Claudio, 218
Sánchez, Antonio, 83

Sánchez-Gijón, Aitana, 43
Santaolalla, Isabel, 25, 29, 85, 144, 222, 224
Saramago, José, 247, 248
Saura, Carlos, 220
Scarry, Elaine, 221
Scott, Ridley, 139
Serrano, David, 125
Serrat, Joan Manuel, 88, 240, 243
Sex Pistols, 106
Shohat, Ella, 46
Sierra, Enrique, 106, 110
SKA-P, 240, 241
Smart, Ian, 247
Sofos, Spyros, 220
Soler, Lorenç, 220
Solomos, John, 242, 248, 250
Sorel, Andrés, 31, 32, 167, 170-175, 177, 178, 182-185, 187, 189
Speer, Hugo, 133
Spivak, Gayatri, 122, 185, 248
Stolcke, Verena, 239, 240
Subirats, Eduardo, 19, 22, 218
Suv, Alfredo, 198
Sybilla, 107

Tagg, Philip, 242
Tajes, María, 20, 32, 191
Tam Tam Go, 240
Tawadros, Gilane, 17, 30
Tena, Carlos, 107
Tierno Galván, Enrique, 107
Tincknell, Estella, 130, 135
Toledo, Guillermo, 128
Topo, 109
Tordesillas, Jesús, 60
Tornos, Andrés, 196, 197, 205
Torrado, Ramón, 25, 57, 61, 65
Torrecilla, Jesús, 18
Torroja, Ana, 100
Tos (Los Secretos), 106

Índice onomástico — 277

Tosar, Luis, 158
Triana, 109
Trigo, Abril, 159, 163
Trouillot, Michel-Ralph, 181
Uribe, Imanol, 92, 127, 144, 151, 153, 155, 171, 176, 220
Urioste, Carmen de, 127
Urrero Peña, Guzmán, 103
Urrutia, Jaime, 109
Valerio-Holguín, Fernando, 20, 31, 32, 157
Valle, Cristina del, 98
Valls Gorina, Manuel, 49
Vázquez Arce, Carmen, 247
Vázquez García, Rafael, 193, 199, 202, 203
Vázquez Montalbán, Manuel, 86, 87, 105
Vega, Felipe, 92, 220
Veloso, Caetano, 243

Verdaguer, Antoni, 23, 39, 42
Víctor Manuel, 123, 243
Vilarós, Teresa, 105
Villamandos, Alberto, 20, 21, 28, 103, 242
Villaverde, Cirilo, 24, 181
Vincenot, Emmanuel, 92

Wargnier, Régis, 46
Warhol, Andy, 107
Wilkinson, Tom, 130

Xifré, Josep, 42
Xoxonees, 110

Yamil, Z., 98
Young, Robert J., 46, 64

Zamora Loboch, Francisco, 223
Zavala, Iris M., 120
Zombies, 106
Zulueta, Iván, 107